国家社会科学基金重大项目"新编孟子正义"

（批准号：22/ZD036）中期成果

全本《孟子》导读

刘瑾辉 著

中华书局

图书在版编目(CIP)数据

　　全本《孟子》导读/刘瑾辉著. —北京:中华书局,2025. 3. —
ISBN 978-7-101-16774-0

　　Ⅰ. B222. 55

中国国家版本馆 CIP 数据核字第 202488LT53 号

书　　　名	全本《孟子》导读	
著　　　者	刘瑾辉	
责任编辑	杜国慧	
封面设计	周　玉	
责任印制	陈丽娜	
出版发行	中华书局	
	(北京市丰台区太平桥西里 38 号　100073)	
	http://www.zhbc.com.cn	
	E-mail:zhbc@zhbc.com.cn	
印　　　刷	高教社(天津)印务有限公司	
版　　　次	2025 年 3 月第 1 版	
	2025 年 3 月第 1 次印刷	
规　　　格	开本/787×1092 毫米　1/16	
	印张 16¼　插页 2　字数 300 千字	
印　　　数	1-5000 册	
国际书号	ISBN 978-7-101-16774-0	
定　　　价	68. 00 元	

前　言

　　儒学是中华优秀传统文化的主导思想，为中华儿女提供了修身、齐家、治国、平天下的智慧和经验，它孕育了中国精神、中国胸怀和中国价值观，对中国文化及社会发展产生了广泛而深远的影响，极大地推动了世界文明的发展。《孟子》是中华文化经典中的经典，其祖述尧舜，宪章文武，弘扬至圣，教人修身养性，诲人亲亲齐家，构建治国方略，指引平天下之道。孟子的"富贵不能淫，贫贱不能移，威武不能屈"，培育了中华民族坚守人格、崇尚气节的精神；孟子的"人皆可以为尧舜"，激发了中华民族自强不息、刚健有为的进取意识；孟子的"乐以天下，忧以天下"，孕育了中华民族忧国忧民的爱国情怀。新世纪新时代，《孟子》的孝亲敬长、亲民爱人以及包容和谐等思想为我们新时期培育和弘扬中华民族精神提供理论依据，有助于传承中华文脉，发扬中华优秀传统，强化公民道德意识，推进社会主义文明建设，增强中华民族凝聚力，推进人类命运共同体的构建。研读《孟子》，不仅能使读者丰富思想，启智增慧，修身成德，成就事业，还能促进社会安定和谐，国家富强康乐，推动世界和平。

　　《孟子》思想内涵丰富，学术价值高，对社会进步影响大，受到古今学者崇尚，研治《孟子》成为历代学者倾力的一项工作，历史上出现了诸多《孟子》注本，对促进孟学发展贡献巨大。尤其是汉赵岐的《孟子章句》、宋朱熹的《孟子集注》、清焦循的《孟子正义》及近人杨伯峻的《孟子译注》，深入研治《孟子》，功绩显著，备受学者珍视。在当今弘扬中华优秀传统文化的浪潮下，除了学者研治《孟子》，亦有更多的《孟子》爱好者希望了解《孟子》。但目前可获取的《孟子》注本，受众对象大体是学者和具有文史哲学术背景的专业读者，对于大众读者来说，阅读起来有一定的门槛。更多的《孟子》爱好者渴望得到一种通俗易懂、方便阅读的《孟子》文本。鉴于此，《全本〈孟子〉导读》是《孟子》的大众读本。本书以2005年1月中华书局出版的杨伯峻《孟子译注》第二版为底本，在《孟子》原文的处理上采用一页双栏、文白对照的排版方式，对原文重点词语进行简明夹注，译文采用意译，每章均有导读，深入浅出，明白晓畅，便于阅读。在原文解读之前，对孟子其人其书进行简要介绍，帮助读者更好地理解《孟子》原文。笔者希望更多的人能读懂《孟子》的文字，了解《孟子》的智慧，践行孟子的思想，修身养性，和谐家庭，成就事业，奉献社会。特别要提到的是，近年来研究《孟子》的学者众多，成果丰硕，尤其是网络资源丰富，对完成《全本〈孟子〉导读》具有重要意义；书中的导读参考吸收了一些网友的研《孟》心得，而这些心得多散见于各个学习交流平台，且多以网名发表，所以在文中未能一一标注，在此向广大研《孟》贤哲致谢。由于笔者学识浅薄，《全本〈孟子〉导读》中浅陋之处在所难免，盼各位贤哲不吝赐教。

刘瑾辉

2024 年 12 月

目　录

导读　孟子其人其书

1. 孟子

孟子（约前372—约前289），名轲，字子舆，一说字子车[①]，邹国（今山东邹城）人。战国时期哲学家、思想家、教育家，是孔子之后的儒家学派代表人物，与孔子并称"孔孟"。

孟子是鲁国贵族孟孙氏之后。三桓衰微，子孙分别流向他国。邹本春秋邾子之国，至孟子时改曰邹。国近鲁，后为鲁所并。孟子早年丧父，幼受慈母三迁之教，长而受业于子思之门人，治儒术之道。孟子完成学业后就到齐威王那里去游说[②]，希望实现自己的政治主张，不被齐威王采纳。于是他便去了梁国。梁惠王不按孟子所言行事，认为孟子之言远离现实，不切合实际。就在这个时期，秦国用商君"变法"，使国家富足，兵力强盛；魏、楚用吴起之谋，强盛一时；齐威王、齐宣王用田忌、孙膑等人之计，国家强大了，使各诸侯国都去朝拜。此时，天下正兴起合纵连横之潮流，以攻伐征战的能力来衡量有无才干。而孟子仍在讲述唐虞三代的德政，所以他所到的国度都没有采纳他的主张。于是他便结束游历生涯，而与学生万章等人一起序言《诗经》《尚书》，宣扬孔子学说，著《孟子》七篇。

孟子的生卒年月和生平事迹不像孔子那样在历史文献中有确切记载，汉代司马迁

[①]魏晋时期的王肃在《圣证论》中说孟子字"子车"，傅玄在《傅子》中言孟子字"子舆"。有学者认为这两种表字都属于臆测，孟子的表字没有传下来，与他周游列国时年辈较高，诸侯公卿均不便称其表字有关。

[②]司马迁认为孟子游齐在齐宣王之时，经后世学者考证，孟子首次至齐，是在齐威王时。

《史记·孟子荀卿列传》云："孟轲，邹人也。受业子思之门人。……序《诗》《书》，述仲尼之意，作《孟子》七篇。"文中仅提到孟子是邹人及其所处的大致时代。汉赵岐《孟子题辞》称孟子为"命世亚圣之大才"，首提"亚圣"尊称。唐韩愈认为，尧、舜、禹、汤、文、武、周公一直传下来的"道统"，由孔子直接传给孟子，孟子是儒学的正宗。《宋书·礼志》记有晋袁瓌、冯怀上疏云："孔子恂恂，道化洙泗；孟轲皇皇，诲诱无倦。"将孔孟并列。此后宋儒即奉"孔孟"为"儒学正宗"。宋仁宗景祐四年（1037），孟子墓旁首建孟子庙。此后，又历经两次迁址，逐步建立起规模较大的孟庙和孟府（今山东邹城南关）。元仁宗延祐三年（1316）诏封孟父为邾国公，孟母为邾国宣献夫人。元文宗至顺元年（1330），追赠孟子为"邹国亚圣公"。至明代普遍尊称孟子为"亚圣"。

历史上关于孟子生卒年多有分歧，钱穆先生概括大致有三种说法：第一种，公元前372年己酉—公元前289年壬申，寿八十四；第二种，公元前385年丙申—公元前302年己未，寿八十四；第三种，公元前390年辛卯—公元前305年丙辰，寿八十六。现在大多数学者和孟子宗亲倾向于第一种说法，主要因其与孟子宗亲家世相传较为吻合。

孟子是儒门"亚圣"，儒家学派的代表人物之一，他的思想是上承孔子、下启荀子的先秦儒学的一个重要发展阶段。孟子宣扬"仁政"，最早提出"民贵君轻"思想，他的"仁政"思想和"性善论"等对后世东西方的政治、经济、文化都有广泛而深远的影响。孟子的思想集中反映在《孟子》一书中。

2.《孟子》

《孟子》分为《梁惠王》《公孙丑》《滕文公》《离娄》《万章》《告子》《尽心》七篇。关于《孟子》作者，存有分歧。有学者认为是孟子自著，如汉赵岐《孟子题辞》言："于是退而论集所与高第弟子公孙丑、万章之徒难疑答问，又自撰其法度之言，著书七篇，二百六十一章三万四千六百八十五字。"有的学者认为是孟子与弟子合著，如汉司马迁《史记》云："退而与万章之徒序《诗》《书》，述仲尼之意，作《孟子》七篇。"还有学者认为是孟子弟子所记，如唐林慎思在《续孟子书》中曰：《孟子》七篇非轲自著，乃弟子共记其言。"唐韩愈在《答张籍书》中亦云："孟轲之书，非轲自著，轲既没，其徒万章、公孙丑相与记轲所言焉耳。"清代崔述《孟子事实录》中详加推考，认为：

"谓《孟子》一书为公孙丑、万章所纂述者,近是;谓孟子与之同撰或孟子所自撰者,则非也。"并提出三个论据:一、七篇之文往往有可议者,果孟子所自著,不应疏略如是;二、七篇中,称时君皆举其谥,其人未必皆先孟子而卒;三、"于孟子门人多以子称之",而万章、公孙丑不称"子"且问答之言也很多,可见《孟子》是孟子弟子公孙丑、万章等追述孟子言行,并非孟子自著。三说中以司马迁说最为可信,且孟子卒后又经叙定。

《孟子》一书是孟子的言论汇编,记录了孟子的言行,彰显其政治主张和政治行动,乃儒家经典著作。南宋时朱熹将《孟子》与《论语》《大学》《中庸》合在一起称"四书"。自宋、元、明、清以来,都把它当作家传户诵之书。《孟子》是"四书"中篇幅最大的一部,有三万多字,一直到清末,"四书"一直是科举必考内容。

《孟子》有七篇十四卷传世:《梁惠王》上、下卷;《公孙丑》上、下卷;《滕文公》上、下卷;《离娄》上、下卷;《万章》上、下卷;《告子》上、下卷;《尽心》上、下卷。

《史记》说孟子有著述七篇传世,《汉书·艺文志》说有十一篇。汉赵岐说孟子有《性善辩》《文说》《孝经》《为政》四篇外书,则十一篇当是在七篇外又加外书四篇。赵岐认为外书四篇内容浮浅,与内篇不合,当是后人所作。流传至今的《孟子》,即赵岐所说的内篇。

《孟子》不管是孟子亲笔,还是弟子所记,皆为孟子言行无疑。从书中可见孟子主要思想:孟子主张性善论,以为人生来就具备仁、义、礼、智四种品德。人可以通过内省去保持和扩充它,否则将会丧失这些善的品质。因而他要求人们重视内省的作用。在社会政治观方面,孟子提出仁政、王道理论。仁政就是爱民惠民,对人民"省刑罚,薄税敛"。他从历史经验总结出"暴其民甚,则身弑国亡",又说三代得天下都因为仁,而又由于不仁而失天下。强调发展农业,体恤民众,关注民生。他又提出"民贵君轻"的主张,认为君主必须重视人民,"诸侯之宝三:土地、人民、政事"。孟子反对霸道,反对用兼并战争去征服别的国家;倡导行仁政,争取民心归附,认为"仁者无敌",实行王道就可以无敌于天下。在价值观方面,孟子强调舍生取义,"生亦我所欲也,义亦我所欲也,二者不可得兼,舍生而取义者也"。强调要以"礼义"来约束自己的言行,不能因为优越的物质条件而放弃礼义,"万钟则不辩礼义而受之,万钟于我何加焉!"

孟子是儒家重要的代表人物之一,被后人称为"亚圣"。自唐韩愈著《原道》,把孟子列为先秦儒家中唯一继承孔子"道统"的人开始,出现了一个孟子的"升格运动",孟子其人其书的地位逐渐上升。《孟子》一书,在汉代被认为是辅翼"经书"的"传",和孔子的《论语》并列。宋代孟子的地位迅速上升。五代后蜀广政元年(938)开刻的蜀石经在宋代补刻时加入了《孟子》《公羊传》《穀梁传》,使原有的十经增至十三经,这也是"十三经"名称的由来。蜀石经是《孟子》第一次从子部转到经部的重要载体。宋神宗熙宁四年(1071),《孟子》一书首次被列入科举考试科目之中。元丰六年(1083),孟子首次被官方追封为"邹国公",翌年被批准配享孔庙。其后《孟子》一书升格为儒家经典,南宋朱熹又把《孟子》与《论语》《大学》《中庸》合为"四书",其实际地位更在"五经"之上。在明清两代,官方规定,科举考试的八股文题目必须从"四书"中选取,要"代圣人立言"。于是,《孟子》一书便成了明清两代士子的必读之书。

3. 孟子故里

孟子的出生地,司马迁在《史记》中明确在邹县,孟子是邹国人(今山东邹城)这一观点在清代以前并没有产生异议。但是,由于历史上邹、鲁毗邻,疆界屡变,更有孟母死后葬于"鲁"等文献记载,后世学者对"邹人"之"邹",地属邹国还是鲁国理解不同,由此形成对孟子籍贯究竟是邹国还是鲁国鄹邑的歧见。在中华民族的传统观念中,邹城、曲阜和济宁乃至整个山东,之所以被称为孔孟之乡,盖因两千多年前的邹鲁大地,前后一百多年的时间,相继产生了两位伟大的先哲——孔子和孟子。

孟子是战国中期的邹国人,出生地在邹国马鞍山下的凫村。孟子故居位于曲阜城南13公里的凫村内偏西,这里是孟子的出生地,村内的东西大街为孟子故里街,路北坐北向南为孟子故宅。元代曾加以修复,现有孟子故里坊、孟子故宅、孟母泉、孟母井、孟母池等。现存正殿一座,高5米,长11米,进深7米。殿前一池,名曰孟母池,池西有一南北流向的小河,称白马河。过河上小桥西行,路南为孟母故井,井内壁为砖砌,直径约1米,石盖井口约0.6米,深2米,为孟母当年汲水之处。据统计,山东省孟姓人口约占全国汉族孟姓人口的26%,约一百五十万,属于全国孟姓最多的一个省。一般认为此与孟子出生在邹有关。

　　邹城既是孟子的故里，也是孟母三迁故事的发源地，更是全国各地孟氏族人心中的圣地。历代孟氏祖先在此生活又在这里长眠，有的也从这里迁居各地，甚至迁徙到海外。很多孟子后裔都认为邹城是孟氏的根，也是孟氏族人的魂之所系。国家级尼山世界儒学中心孟子研究院坐落于邹城，是海内外孟学专家的研学聚集地，邹城作为孟子思想和孟氏文化研究的"大本营"实至名归。

　　邹城三孟，指孟府、孟庙和孟林。孟庙，又称亚圣庙，为历代祭祀孟子的场所。孟子庙奉祀，始于宋景祐四年。初建于邹城东北，距城13公里的四基山西南麓，孟轲陵墓前。孟庙、孟府于1988年被公布为全国重点文物保护单位，2006年被评定为国家4A级旅游景区；孟林于2006年被公布为全国重点文物保护单位。

4. 孟子与孔子

　　孔子和孟子都是儒家的代表人物。学界一般认为孔子是儒学的创始人，但把儒学发扬光大，传承济世，并且集大成者却是孟子，所以后人尊孔子为"至圣"，孟子为"亚圣"，两人的学说合称为"孔孟之道"。

　　孟子对于孔子推崇至极，孟子自言"私淑"孔子，就是说想做其弟子而未能。孟子被称为"亚圣"，属于孔子学说的真传，因而后人将其与孔子合称，将他们的学说称为"孔孟之道"。这种合称时间较晚，大约是在朱熹合《论语》《孟子》《大学》《中庸》为"四书"之后。孟子对孔子思想既有继承又有发展。

　　第一，由"仁"到"仁政"。"仁"是孔子哲学思想体系的核心，是最根本的道德原则和治国之道。他主张的"仁"可以理解为关爱一切人，但关爱人有一个起点，对父母的孝顺，对兄弟的敬爱，这是为仁的基础，推而广之，爱亲人师友，乃至于泛爱众。孟子继承了孔子的"仁"学，提出了"仁政"的思想，这是孟子最重要的政治主张。所谓"仁政"就是要求统治者要宽以待民，要亲民，要任用贤良，要有同情心，要用仁慈的政策对待百姓，如此百姓才能安居乐业，国家才能稳固，世间才能太平。孟子的"仁政"思想实际上是将孔子的"仁"从个人层面上升到了国家层面，是一种自上而下的"仁"，他从统治者的角度出发，将"仁"发展成为一种治国的理念，这是对孔子"仁"的一种极大的发展。孟子的仁政思想，展现了较为鲜明的人文主义精神，具有历史性进步意义，也为后世君主治国理政奠定了坚实的思想基础。

第二，"性善论"。在对人性的论述上，孟子认为人性本善，这也是呼应孔子"性相近，习相远"之说。孔子曾经提到并承认人性，但始终未回答什么是人性，孟子的"性善论"便是完善了孔子之说。孟子说："恻隐之心，人皆有之；羞恶之心，人皆有之；恭敬之心，人皆有之；是非之心，人皆有之。恻隐之心，仁也；羞恶之心，义也；恭敬之心，礼也；是非之心，智也。仁义礼智，非由外铄我也，我固有之也。"在这其中，孟子正视了人的欲望，并认为人的本性中有善的种子，人们应该充分认识自己，并大力发扬本性中善的部分，造福社会，这是对孔子思想的一种继承与发展。

第三，民本思想。孔子强调社会等级秩序，强调"礼"，通过"礼"，通过对社会尊卑的划分，来维护周朝的礼乐制度，维护社会秩序。而与孔子尊卑有序、君君臣臣的思想不同的是，孟子主张以民为本，认为人民才是社会的根本，要始终把人民群众放到第一位，并鲜明提出"民为贵，社稷次之，君为轻"这一彻底颠倒儒家传统的上尊下卑的思想，所以说"民本"思想是一种先进的思想，实际上是对传统儒家思想的一种冲击，也是对孔子思想的超越，同时也为"仁政"思想奠定了基础。

第四，有教无类的教育思想。孔子作为一个教育家，坚持"有教无类"的教育理念，而孟子继承了这一理念，同时在孔子的教育思想基础上，对教育进行了拓展，在教育对象、目的、内容、方式上都有创新。从教育对象来看，从普通的百姓发展到了君主，孟子重视对君主的教育，告诫他们要施仁政；从教育内容、方式来看，孟子在教学中融入思辨精神，大大提高了教育质量；从教育目的来看，孟子不仅重视传授知识和道理，还重视伦理道德教育，增强了教育的社会功能。

孟子对孔子思想的继承与发展是多方面的，继承中有进步，发展中有创新。

5. 孟子与墨子

孟子是儒家学派的集大成者，墨子是墨家学派的创立者，中国文化轴心时代的春秋战国，儒墨同显，一致百虑，对立互补，相反相成。墨子先学儒，后觉察儒学缺点，自创墨学，非儒反儒，补充改造儒学，提出兼爱等重要学术思想。墨子肯定孔学有"当而不可易"的真理成分。墨家是先秦唯一堪与儒家分庭抗礼的学派。孟子非墨，是因为墨子先非儒。事实上孟子在非墨之时，并不反对墨子兼爱的人格精神。《孟子·尽心上》说："墨子兼爱，摩顶放踵利天下，为之。"墨子提倡全人类兼爱交利，即使从头秃到脚破，只要对天下有利，都甘愿付出。这种损己利人、大公无私的精神，凸显了墨子追求真善美的理想品格。同时孟子又辟墨，骂"杨氏为我，是无君也；墨氏兼爱，是无父也。无父无君，是禽兽也"。墨子提倡兼爱，兼爱就是兼相爱，就像爱父母一样爱着每一个人。儒家提倡的是"君君，臣臣，父父，子子"，强调"首孝悌，次谨信"。所以儒家的爱是有差别的爱，那么这样有差别的爱如何来弥补呢？儒家提出了仁爱、宽恕，"己所不欲，勿施于人"。所以两家的观点就出现了激烈的冲突。而且墨子提倡节俭，他抨击儒家提出的父母死后要守孝三年的说法，认为这是极大的浪费，墨子认为守孝一年就可以了。那么在节俭的看法上，墨子不仅仅挑战了儒家对于父母的孝，更挑战了儒家整个礼教系统。所以孟子骂墨子无父无母是禽兽。宋陆游《杂兴》诗说："孟子辟杨墨，吾道方粲然。……伐木当伐根，攻敌当攻坚。"孟子辟墨，孔孟之道才能鲜亮发光。

　　"仁爱"与"兼爱"是儒墨之争的核心问题。要击退墨家的进攻，必须彻底揭露兼爱的危害。恰好，墨者夷之厚葬其亲的举动暴露了墨家的理论缺陷。墨家赞同薄葬，批评儒家的厚葬主张，而墨者夷之厚葬其亲的做法正违反了自家学说。当孟子批评夷之时，夷之却以儒家主张的"若保赤子"为借口，辩解说"爱无差等，施由亲始"亦为儒家所赞同。孟子对夷之的论调予以坚决反击，他指出，丧礼的真正内涵不在于财产的多寡，而是源于子女发自内心对父母的真爱情感。这种特定的情感体验由血缘关系决定，而绝不可能来自外部，也不可能依靠推论方式获得。但墨家既承认有发自内心的情感之爱，又认为这种爱可以用语言与推论方式施于他人，那么墨子津津乐道的"视人之国若视其国，视人之家若视其家，视人之身若视其身"的兼爱精神，实际上是把特定情感庸俗化了。孟子认为，墨家把他人之父视为己之父，消弭了父亲的特定内涵。仁爱是儒家的核心价值观，儒、墨在仁爱与兼爱问题上有着不可弥合的分歧，因此，孟子才一针见血地指出墨家的"兼爱"学说是使人成为无异于"禽兽"的"无父"之学。

　　从公元前5世纪墨子推出《兼爱》之论，到公元前3世纪后期墨家《墨经》六篇现于世，历时近三百年的学理积淀，墨家学人从十多个角度，阐发"兼爱"学说的深层意蕴。墨家"兼爱"理论的论证，强调全人类的共同本性和爱的整体性、普遍性、穷尽性、交互性、平等性与不可分割性，强调兼爱是人类善良的理想愿望和奋斗目标。墨家"兼爱"，又称尽爱、俱爱、周爱，强调不分民族、阶层、亲疏、区域、人己、时代等所有差别，包括过去、现在和未来一切人，皆在"兼爱"的范围。

墨子"兼爱"讲"仁义"。《兼爱下》说："兼即仁矣，义矣。"《墨子》讲"仁"一百一十六次。"仁"指爱人，仁爱指所有人相互亲爱。墨子"兼爱"的理论基础是全人类的共同人性论。墨家肯定全人类必然具有共同的本性。《辞过》说："凡回（运转）于天地之间，包于四海之内，天壤之情，阴阳之和，莫不有也，虽至圣不能更也。何以知其然？圣人有传：天地也，则曰上下；四时也，则曰阴阳；人情也，则曰男女；禽兽也，则曰牝牡雄雌也。真天壤之情，虽有先王不能更也。"墨子主张"爱无差等"（兼爱），反映了手工业行会成员间平等互助的朴素愿望，明确提出全人类共同的人性论、人格论和人权论。墨家"兼爱"学说，是理想人道主义。墨子"兼爱"论题含义是"所有人应该爱所有人"，属"应然"的道义逻辑，是"道德义务"范畴，不属"实然"的事实逻辑范畴。

秦汉学界，儒墨对举，孔墨并提；汉后至清，墨学衰竭。作为墨子"兼爱"理想深刻理论基础的全人类共同人性论，不符合宗法等级制的要求。"兼爱"理想在一个相当长的历史时期内，是具有超越性且无法实现的善良愿望和理论假设。儒家"爱有差等"，适应宗法等级制要求，随血缘亲疏远近，施爱厚薄不同，其人性论的理论基础是"亲亲尊尊"的"血统论"，是"中世纪"漫长宗法等级制社会的主流思想。墨子坚决反对儒家"亲亲尊尊"的"血统论"，主张"可学而能"的共同人性论，认为知识由后天学习得来。

清代学者汪中在《墨子序》中说："彼（指墨子）且以兼爱，教天下之为人子者，使以孝其亲，而谓之无父，斯已枉矣！后之君子日习《孟子》之说，而未睹《墨子》之本书，其以耳食，无足怪也。"墨子兼爱是教育天下做儿子的孝顺父亲，孟子说墨子兼爱为"无父"，显然是冤枉墨子。"是故墨子之诬孔子，犹孟子之诬墨子也，归于不相为谋而已矣。"孔、孟与墨三子，因道不同不相为谋，纯属正常。

春秋战国时期是中国历史上的大裂变时期，在思想文化领域出现了百家争鸣的局面。不同学派之间由于其立场观点的不同，互相进行诘难非议，使得各个学派的思想更加丰富。战国前期，儒、墨并称"显学"，中期以后儒家被边缘化，而墨家则流行于天下。作为该时期的重要学派，以墨子为代表的墨家学派对儒家思想多有非议，对其思想进行批评。这一方面更加广泛地传播了墨家学派的思想，另一方面也促使儒家学者自省其学术思想，从而使之更加完善，这也是汉武帝以后儒家学派取得独尊地位的重要原因。

墨家非儒是百家争鸣时期的重要学术现象，这一现象的出现是其时社会发展的结果。作为两个不同社会主要阶层的代表，为了解决众多的社会问题，提出不同的解决方式进而互相诘难实属必然，富有积极意义。墨家非儒既有部分合理的地方，也有不少不恰当的地方，这在后来社会发展中也得到了验证。同时，墨子非儒也促使儒家对其学说进行反思，对其非儒的合理部分进行吸收以改进儒家学说的不足，非儒实质上也促进了儒家学说的发展和传播。

6. 孟子与荀子

自从汉武帝独尊儒术以后，儒家的地位大大提高，历代皇帝都喜欢给儒家先贤加封号，先是孔子被封为至圣，之后孟子被封为亚圣，颜回被封为复圣，曾子被封为宗圣，子思被封为述圣，荀子被封为后圣。然而，当下学术界比较看重的、认为对先秦儒家思想有重大影响的还是孔、孟、荀。其实，这三人的地位在古代是很不一样的。孔子属于儒家学说的开山祖师，地位一直很高；孟子原来并不被看重，到了东汉赵岐给《孟子》作注后才慢慢被人关注，孟子真正被世人普遍重视是宋代二程表章、朱熹注"四书"以后，而荀子则几乎一直被排斥在儒家道统之外。

亚圣、后圣，一字之别，为何地位差距如此之大呢？主要还是二人的思想主张大相径庭。孟子主张性善，荀子主张性恶，孟子是儒家中的理想主义，荀子是儒家中的现实主义。因为性善的学说比较容易为古人接受，所以，荀子因性恶的主张在古代一直备受排挤，程、朱等人更是直接将他踢出儒家道统。

孟荀之争的焦点主要在于性善、性恶之分，二人思想之不同，可能主要是由对孔子政治学说继承的侧重点不同造成的。孟子主要继承了孔子仁的学说，荀子主要继承了孔子礼的学说。孟子提倡实行仁政，必然会逆推出人性本善的结论，因为假如人性本恶，统治者为何要推行仁政呢？荀子特别重视礼的学说，礼是对人的一种修饰，既然要修饰，说明人性本恶，假如人性纯善，自然不需要特别强调后天的修饰了。这是两人的根本差别。但两人也有相同之处，比如，两人都认为，通过后天的努力，人人都可以成为圣人。孟子的原话是"人皆可以为尧舜"，荀子的原话是"涂之人可以为禹"。然而，对于成为圣人的方法，两人是完全不同的。孟子因为坚持性善论，所以认为只需要将善心保持并扩充下去，人就可以成为圣人，这种思想主要反映在《孟子》"人皆有不忍人之心"章中。荀子坚持性恶论，故认为人必须经过科学系统的学习才能成为圣人，这种思想主要反映在《荀子·劝学》中。因此，我们可以由这两文来看看孟荀之争的具体情况。

先看看孟子是怎么提出人性本善的。《孟子·告子上》曰："人性之善也，犹水之就下也。人无有不善，水无有不下。今夫水，搏而跃之，可使过颡；激而行之，可使在山。是岂水之性哉？其势则然也。"人性向善，就像水往低下流一样。人性没有不善良的，水没有不向下流的。当然，如果水受拍打而飞溅起来，能使它高过额头；加压迫使它倒行，能使它流上山岗。这难道是水的本性吗？形势迫使它如此的。孟子认为性善是人性本然。

再看看荀子是怎么提出人性本恶的。《荀子·性恶》云："人之性恶，其善者伪也。今人之性，生而有好利焉，顺是，故争夺生而辞让亡焉；生而有疾恶焉，顺是，故残贼生而忠信亡焉；生而有耳目之欲，有好声色焉，顺是，故淫乱生而礼义文理亡焉。然则从人之性，顺人之情，必出于争夺，合于犯分乱理，而归于暴。"人的本性是恶的，善良的行为是通过后天努力达到的。人一生下来就有贪图私利之心，顺着这种本性，人与人之间就要发生争夺，也就不再讲求谦让了；人一生下来就有嫉妒憎恨之心，顺着这种本性，就会发生残杀陷害的事情，这样忠诚信实就丧失了。人生来就有爱好声色的本能，喜好听悦耳的，喜欢看悦目的，因循着这种本性，就会发生淫乱的事情，礼仪制度和道德规范就都丧失了。既然这样，放纵人的本性，顺着人的情欲，就一定会发生争夺，就会出现违反等级名分、扰乱礼仪制度的事，从而引起暴乱。荀子认为贪图私利是人生来本性。

孟子的学说不是可以轻易驳倒的。孟子曰："人皆有不忍人之心。先王有不忍人之心，斯有不忍人之政矣。以不忍人之心，行不忍人之政，治天下可运之掌上。所以谓人皆有不忍人之心者，今人乍见孺子将入于井，皆有怵惕恻隐之心——非所以内交于孺子之父母也，非所以要誉于乡党朋友也，非恶其声而然也。由是观之，无恻隐之心，非人也；无羞恶之心，非人也；无辞让之心，非人也；无是非之心，非人也。恻隐之心，仁之端也；羞恶之心，义之端也；辞让之心，礼之端也；是非之心，智之端也。人之有是四端也，犹其有四体也。有是四端而自谓不能者，自贼者也；谓其君不能者，贼其君者也。凡有四端于我者，知皆扩而充之矣，若火之始然，泉之始达。苟能充之，足以保四海；苟不充之，不足以事父母。"孟子认为，人人皆有不忍人之心，因为人性本善。既然人性本善，"有四端于我者，知皆扩而充之"就可以成为圣人了，所以他说"苟能充之，足以保四海"。这就是孟子著名的四端学说。孟子的学说可以简单概括为：人因有"四心"而性善，人只要不断扩充"四端"即能扬善，君王顺性而为即可推行仁政。

荀子认为人性本恶，善良的行为是通过后天接受教育与自身努力才能实现的。欲使人呈现善良行为，就必须推行礼乐制度。他在《劝学》中说："君子曰：学不可以已。青，取之于蓝，而青于蓝；冰，水为之，而寒于水。木直中绳，糅以为轮，其曲中规。虽有槁暴，不复挺者，糅使之然也。故木受绳则直，金就砺则利，君子博学而日参省乎己，则知明而行无过矣。"荀子强调：人的本性没有天生"木直中绳""其曲中规"的，即人天生存有恶的本性，因此，木要受绳，金要就砺。那么学什么、怎么学呢？荀子曰："吾尝终日而思矣，不如须臾之所学也；吾尝跂而望矣，不如登高之博见也。登高而招，臂非加长也，而见者远；顺风而呼，声非加疾也，而闻者彰。假舆马者，非利足也，而致千里；假舟楫者，非能水也，而绝江河。君子生非异也，善假于物也。"认为学习就像登高、顺风，臂非加长也，而见者远；声非加疾也，而闻者彰。学习又像"舆马""舟楫"，是人们成为圣人的工具。进而指出，"君子生非异也"，因为都是"性本恶"，只不过有些人"善假于物也（学习）"才成为圣人君子的。荀子的主张是把人性分成两半。一半叫性，一半叫伪。什么叫性？生之所以然者谓之性。什么叫伪？可学而能，可事而成，谓之伪。也就是说，天生如此的就叫性，事在人为的就叫伪。性，就是人的自然属性；伪，就是人的社会属性。性和伪加起来，才相当于我们今天说的人性。而在荀子那里，就叫"性伪之分"。这样区分，有什么意义？解决善恶问题。怎样解决？恶来自性，善来自伪；性是恶的，伪是善的。性具恶，伪则善。我们知道，儒家主张的仁义道德，包括孟子主张的向善之心，是从哪里来的了。按照荀子的说法，是教育出来，熏陶出来，改造出来的。所以，善，是社会性。教育、熏陶、改造之前的性，是恶的。这就是荀子的"性恶论"。

荀子主张性恶，不是说人性本恶，而是说人的自然属性恶。至于社会属性，则仍可善。所以，孟子的人性论应该是"人性向善"，而不是"人性本善"。荀子的人性论也是"人性有恶"，而不是"人性本恶"。不把人性看作本恶，就还有希望。因为人性之中除了性，还有伪。性战胜了伪，就是恶人；伪战胜了性，就是好人。一个人是善是恶，就看你选择的是性还是伪。那么，伪能战胜性吗？能。因为性是自然属性，伪是社会属性。人定胜天，就包括战胜恶的天性和天性的恶。这就叫"化性而起伪"。化，就是改造。起，就是兴起。化性，就是改造天性（自然属性）。起伪，就是兴起善心（社会属性）。换句话说，就是以人的社会性去改造人的动物性和自然性。这跟荀子的世界观是完全一致的，他的天论和人论也是高度统一的。荀子的乐观，并非没有道理。所以，荀子主张人类自为，君子自强。他也得出了与孟子异曲同工的结论，叫"涂之人可以为禹"。也就是说，任何一个普通人，只要"化性而起伪"，就能成为高尚的人，纯粹的人，脱离了低级趣味的人。

事实上，孟子和荀子都赞同人性是道德的基础，都认为人的社会性是善，也都承认人类社会有善和恶两种可能。不同之处仅仅在于：孟子更看重善的倾向，并把它看作水，主张积极引导；荀子更注意恶的可能，并把它看作火，主张严加防范。结果是什么呢？是孟子侧重讲仁义，荀子侧重讲礼乐，他们从不同的方向继承了孔子。然而分歧也正在于此。按照孟子的观点和逻辑，一个人的内心世界，即使没有天生的善，也是趋向于善的，只要注重引导和养护就好。因此，思想教育是管用的，以德治国也是可行的。所以，孟子往往被看作是儒家正宗。他不厌其烦地讲爱人，讲仁政，讲王道，希望通过正君王而正天下。荀子却认为事情没有这么简单。在他那里，人性中的恶是先天的、与生俱来的。这就不能靠引导，只能靠防范，靠约束，靠改造。这是只有圣人才能完成的任务。荀子告诉人们，圣人知道人的天性是恶的，这才设立君权来进行统治，明确礼义来进行教化，制定法度来进行治理，加重刑罚来禁止犯罪，以求普天之下都"出于治，合于善"。君权、礼义、法度、刑罚，就是化性起伪的手段，天下大治的途径。在此似乎看见了法家的影子，专制集权的主张更是蓄势待发。因此，先秦最后一位儒学大师的学生竟是法家的集大成者——韩非，也就不意外了。

7. 孟子与儒家道统

明末心学大家刘宗周曾说："(《论语》)第二十篇历叙尧、舜、禹、汤、文、武之传，而终之以夫子之论政，又推本君子之学。内圣外王，于斯为至矣。""尧授舜，言祈天永命之道，而推本于'执中'，其旨微矣。""圣人为天地立心，为生民立命，为万世开道统，亦准诸此而已矣。圣人立天命人心之极而修道以立教者，更无偏倚之私、过不及之弊。"关于"道统"，曾有人说自韩愈《原道》始，儒家道统即已清晰。非也！事实上，儒家道统自《论语·尧曰》就已经明晰。换言之，首论"道统"者，《论语》也。

《尧曰》篇是《论语》终篇，终篇想表达什么呢？朱熹《论语集注》云："杨氏曰：《论语》之书皆圣人微言，而其徒传守之，以明斯道者也。故于终篇具载尧舜咨命之言，汤武誓师之意，与夫施诸政事者。以明圣学之所传者一于是而已。所以著明二十篇之大旨也。《孟子》于终篇亦历叙尧、舜、汤、文、孔子相承之次，皆此意也。"《论语》终篇具载尧舜咨命之言，汤武誓师之意，与夫施诸政事者，即尧舜乃治统，即以仁爱治天下。孔子以明圣学之所传者，目的是倡导尧舜之道。也就是说，《论语》将"治统"与"道统"合一，将实践上升到理论，并将自己归入儒家统系。

《孟子·公孙丑下》曰："彼一时，此一时也。五百年必有王者兴，其间必有名世者。由周而来，七百有余岁矣。以其数，则过矣；以其时考之，则可矣。夫天未欲平治天下也；如欲平治天下，当今之世，舍我其谁也？"《孟子》终篇提到圣人之道的继承问题："由尧舜至于汤，五百有余岁，……由汤至于文王，五百有余岁，……由文王至于孔子，五百有余岁，……由孔子而来至于今，百有余岁，去圣人之世若此其未远也，近圣人之居若此其甚也，然而无有乎尔，则亦无有乎尔。"孟子从"五百年必有王者兴"的观点出发，历述历史上那些具有里程碑性质的圣人，同时对圣人之道的不继深感忧虑，以"舍我其谁"的豪气，俨然以大道继承者自居。

民国时期的唐文治曰：唐柳宗元谓："《论语》之大，莫大乎《尧曰》一篇，是乃孔子常常讽道之辞。"盖治统者原于道统，尧以是传之舜，舜以是传之禹，禹以是传之汤，汤以是传之文、武、周公，文、武、周公传之孔子。《尧曰》一篇以孔子之道统，继尧、舜、禹、汤、文、武、周公之治统也。至知命、知礼、知言三者，乃又示万世学者继续道统之全功。是道统也，亦治统也，综全篇数百言中，天下万世之学术、治术包括而无不尽。呜呼！神乎微乎！二千数百年之后有王者起，其必来取法乎！

唐韩愈尤重孟子，并且推举孟子学说。韩愈在《原道》中详细排列圣人传承谱系，即儒家"道"统。《原道》云："斯吾所谓道也，非向所谓老与佛之道也。尧以是传之舜，舜以是传之禹，禹以是传之汤，汤以是传之文、武、周公，文、武、周公传之孔子，孔子传之孟轲，轲之死，不得其传焉。"在韩愈的道统论中，把孟子视为孔子之后儒家道统的唯一继承人。韩愈曾说："始吾读孟轲书，然后知孔子之道尊，圣人之道易行。"所以他主张"故求观圣人之道，必自《孟子》始"。韩愈所编织的道统就是儒家"道"的传授系统。通过这个传承系统使自己所承担之道的合法性获得了历史性依据。但是"道"在中国古代是一个共名，各家都言道。所以韩愈又给他所说的儒家之道的含义进行了界定："博爱之谓仁，行而宜之之谓义，由是而之焉之谓道，足乎己无待于外之谓德。仁与义为定名，道与德为虚位。""凡吾所谓道德云者，合仁与义言也。"这样不仅使儒家的道与其他的道区分开来，而且还使儒家的道落到了实处。所以他特别标明儒家的道并不是仅仅可用于个人的修养，而且还完全适用治国理政的实践。

宋儒发明"道统"并且完善道统学说。北宋大儒理学家孙复、张载、二程等都为道统站队。其中孙复提出"尊王明道""崇儒排佛"的主张，并延展了道统传承的队伍，在《孙明复小集》中言："吾之所谓道者，尧、舜、禹、汤、文、武、周公、孔子之道也，孟轲、荀卿、扬雄、王通、韩愈之道也。"到了二程的时候，对道统进行进一步阐述，并且提高"四书"的地位。宋儒理学和孟子的学说有很密切的联系，于是孟子地位进一步上升。朱子延续了二程的理念，正式将这种传承命名为道统。所以朱子强化了道统概念，但是其根据却可以追溯至孔子、三王。朱子《中庸章句序》言："《中庸》何为而作也？子思子忧道学之失其传而作也。盖自上古圣神继天立极，而道统之传有自来矣。"朱子特尊二程，认为他们是孟子之后的道统传人，朱子之学和二程之间密不可分。所以朱熹言下之意就是自己是二程之后儒家道统的承继者。

康熙在《日讲四书解义》序言中曰："朕惟天生圣贤，作君作师。万世道统之传，即万世治统之所系也。自尧、舜、禹、汤、文、武之后，而有孔子、曾子、子思、孟子；自《易》《书》《诗》《礼》《春秋》而外，而有《论语》《大学》《中庸》《孟子》之书。……盖有四子而后，二帝三王之道传，有四子之书而后，五经之道备，四子之书得五经之精意而为言者也。孔子以生民未有之圣，与列国君、大夫及门弟子论政与学，天德王道之全、修己治人之要，俱在《论语》一书。《学》《庸》皆孔子之传，而曾子、子思独得其宗。明新止善，家国天下之所以齐、治、平也；性教中和，天地万物之所以位育，九经达道之所以行也。至于孟子，继往圣而开来学，辟邪说以正人心，性善仁义之旨著明于天下。此圣贤训辞诏后，皆为万世生民而作也。道统在是，治统亦在是矣。"他对道统的推崇与维护，也正是宣扬清王朝治统的正统性，同时也自然而然地将自己归入儒家道统和治统之中。

民国时期，孙中山说："中国有一个道统，尧、舜、禹、汤、周文王、周武王、周公、孔子相继不绝，我的思想基础，就是这个道统，我的革命，就是继承这个正统思想，来发扬光大！"明言自己接续儒家道统。

综上所述，不管是圣贤伟人还是帝王，不管是否能践行儒家仁学，都能视仁爱天下是正统善道，都欲将自己归入道统之中，自言是道统的接续者，起码主观上是认可儒家仁爱学说的，其崇仁理念是可嘉的。

梁惠王章句上

（凡七章）

1.1 　孟子见梁惠王。王曰："叟！不远千里而来，亦将有以利吾国乎？"

孟子对曰："王！何必曰利？亦有仁义而已矣。王曰：'何以利吾国？'大夫曰：'何以利吾家（大夫统治的政治区域）？'士庶人曰：'何以利吾身？'上下交征利而国危矣。万乘（古代用四匹马拉的一辆兵车叫一乘）之国，弑（shì，下杀上、卑杀尊、臣杀君叫弑）其君者，必千乘之家；千乘之国，弑其君者，必百乘之家。万取千焉，千取百焉，不为不多矣。苟为后义而先利，不夺不餍（yàn，满足）。未有仁而遗其亲者也，未有义而后其君者也。王亦曰仁义而已矣，何必曰利？"

孟子拜见梁惠王。梁惠王说："老先生！您不远千里而来，一定是有对我的国家有利的高见吧？"

孟子回答说："大王！何必说利呢？只要说仁义就行了。如果大王说：'怎样对我的国家有利？'大夫说：'怎样对我家有利？'士人和老百姓说：'怎样对我自己有利？'如此上下互相争夺利益，国家就危险了。在一个拥有万辆兵车的国家里，杀害国君的人一定是拥有千辆兵车的大夫；在一个拥有千辆兵车的国家里，杀害国君的人一定是拥有百辆兵车的大夫。这些大夫在拥有万辆兵车的国家中就拥有千辆，在拥有千辆兵车的国家中就拥有百辆，他们拥有的兵车不算少。可是，如果他们把义放在后而把利摆在前，不夺得国君的地位是永远不会满足的。（换句话说，）从没有讲仁的人会抛弃父母的，从没有讲义的人会不顾及君王的。所以，大王只要谈仁义就行了，为什么一定要说利呢？"

【导读】

梁惠王（前400—前319），即魏惠王，惠是谥号。公元前370年继位，即位后九年由旧都安邑（今山西夏县）迁都至大梁（今河南开封），所以又叫梁惠王。

儒家关注义利之辨。孔子说"君子喻于义，小人喻于利"，义是孔子心目中理想君子必备的品格。梁惠王向孟子请教治国方略，一开口便问利，这当然与孟子的仁义思想相违背。在孟子看来，一个国家，如果从君王到老百姓都只追逐私利而不顾及仁义道德，那么就有国破家亡的危险。因此孟子希望梁惠王能够秉持重义轻利的原则治理国家。

追求正当的利益本身没错，但追求利益的前提是正义。"义"者，"宜"也。孔子说："仁者先难而后获，可谓仁矣。"孟子在特定对象和背景下进行的义利之辨，实际是针对当时上层统治者奢侈贪婪、不顾百姓疾苦的现状而发的。

孟子见梁惠王是在这样的社会背景下发生的：从春秋时期开始，中国社会进入一个历史性的变革时期，即由奴隶制向封建制转化。到了战国中期，各诸侯国互相攻伐，强者称霸，列国由分立开始趋向统一。这一前所未有的巨变，激起了各种不同政治主张的剧烈斗争，形成了百家争鸣的局面。儒、道、墨、法、兵、名、纵横诸家都竭力宣扬自己的政治主张。孟子是孔子学说的继承者，属于儒家学派。他一生周游列国，宣传自己"仁政王道"的政治主张。曾多次到齐国，尽管受到齐王的礼遇，但齐威王倾心于春秋时期齐国的霸主地位，一心想建立霸业，任用名将田忌、孙膑等，伐魏大胜，后齐宣王攻伐燕等弱小国家，最终都未能采纳孟子的政治主张。孟子第一次离开齐国后，就到大梁见梁惠王，对梁惠王行游说，宣扬"保民而王""仁义为本"的思想，希望梁惠王行王道，黜霸道。这在当时符合人民的愿望，富有积极意义。

1.2　孟子见梁惠王。王立于沼上，顾鸿雁麋鹿，曰："贤者亦乐此乎？"

孟子对曰："贤者而后乐此，不贤者虽有此，不乐也。《诗》云：'经始灵台，经之营之。庶民攻之，

孟子拜见梁惠王。梁惠王站在池塘边，一边看着鸿雁麋鹿，一边问孟子："贤人也以此为乐吗？"

孟子回答说："正因为是贤人才能够以此为乐，不贤的人即使拥有这些东西，也不会快乐。《诗经》说：'开始规划建造灵台，

不日成之。经始勿亟，庶民子来。王在灵囿，麀（yōu，雌鹿）鹿攸伏。麀鹿濯濯，白鸟鹤鹤。王在灵沼，於牣（rèn，满）鱼跃。'文王以民力为台为沼，而民欢乐之，谓其台曰灵台，谓其沼曰灵沼，乐其有麋鹿鱼鳖。古之人与民偕乐，故能乐也。《汤誓》曰：'时日害（通"曷"，什么时候）丧（毁灭）？予及女（rǔ，通作"汝"）偕亡。'民欲与之偕亡，虽有台池鸟兽，岂能独乐哉？"

仔细营造巧妙安排。天下百姓争相来干，几天建成，速度很快。建灵台本来不着急，百姓高兴自发赶来。文王游览灵囿中，母鹿伏在深草丛。母鹿肥大毛色润，白鸟洁净羽毛丰。文王游览到灵沼，满池鱼儿欢跳跃。'周文王虽然征用老百姓来修建高台深池，可是老百姓非常高兴，把那个台叫作'灵台'，把那个池叫作'灵沼'，因那里面有麋鹿鱼鳖等珍禽异兽而快乐。古代的君王与民同乐，所以能真正快乐。（相反，）《汤誓》说：'（夏桀）你这太阳啊，什么时候毁灭呢？我宁愿与你一起毁灭。'（作为帝王，）老百姓恨不得与你同归于尽，即使拥有高台深池、珍禽异兽，难道能独自享受快乐吗？"

【导读】

梁惠王在园中休闲散心，前日劝他不要谈利的孟子又去拜见。他一边观赏珍禽异兽，一边漫不经心地问孟子："你们这些不言利的贤人也喜欢园林风光和珍禽异兽？"言辞中充满奚落的味道。想不到孟子就像什么也没有觉察出来似的，顺势接过话来，并亮出了自己的观点："贤者而后乐此，不贤者虽有此，不乐也。"然后以周文王和夏桀的典型例证作为论据，提出了当政者应"与民同乐"的思想主张。孟子认为快乐是精神享受，物质条件和环境可以影响精神和心理，但它毕竟不是决定因素，决定因素是人而不是物。如果当政者不顾百姓疾苦，百姓恨不得与其同归于尽，即使有台池鸟兽，岂能独乐？只有与他人分享快乐时，才会真正感到快乐。

1.3 梁惠王曰："寡人之于国也，尽心焉耳矣。河内凶（荒年），

梁惠王说："我治理国家，尽心尽力罢了。河内发生灾荒，就把那里的灾民移往

则移其民于河东，移其粟于河内。河东凶亦然。察邻国之政，无如寡人之用心者。邻国之民不加（更）少，寡人之民不加多，何也？"

孟子对曰："王好战，请以战喻。填然（形容鼓声大）鼓之，兵刃既接，弃甲曳兵而走（逃跑）。或百步而后止，或五十步而后止。以五十步笑百步，则何如？"

曰："不可；直（只不过）不百步耳，是亦走也。"

曰："王如知此，则无望民之多于邻国也。

"不违农时，谷不可胜食也；数（cù，细密）罟（gǔ，渔网）不入洿（wū，大）池，鱼鳖不可胜食也；斧斤以时入山林，材木不可胜用也。谷与鱼鳖不可胜食，材木不可胜用，是使民养生丧死无憾也。养生丧死无憾，王道之始也。

"五亩之宅，树之以桑，五十者可以衣帛矣。鸡豚（tún，小猪）狗彘（zhì，猪）之畜，无失其时，七十者可以食肉矣。百亩之田，勿夺其时，数口之家可以无饥矣。谨庠序（庠和序，指古时的学校。庠音xiáng）之

河东，把河东的粮食运到河内。当河东发生灾荒，我也是同样做的。看看邻国的君主治国，没有像我这样尽心尽力的。可是，邻国的百姓并不见减少，而我的百姓也并不见增多，这是什么原因呢？"

孟子回答说："大王您喜欢打仗，就让我用打仗来打比方吧。战鼓咚咚响，交战很激烈，战败的士兵丢盔弃甲拖着武器逃跑。有的跑了上百步才停下，有的跑了五十步就停下来了。跑了五十步的人因此就去讥笑跑了一百步的人，您觉得合适吗？"

梁惠王说："不合适；只不过没有逃跑到一百步罢了，同样也是逃跑。"

孟子说："大王您既然懂得这个道理，就不必期望您国家的百姓比邻国增多了。

"只要不违背农时，粮食就吃不完；密孔的渔网不入池塘，鱼鳖水产就吃不完；砍伐林木有定时，木材就用不尽。粮食和鱼类吃不完，木材用不尽，这样百姓就能够养活家小、送葬死者，没有不满了。百姓养生葬死没有不满，这正是王道的开始。

"在五亩大的宅园里种上桑树（养蚕），五十岁以上的老人就可以穿上丝绵衣服了。鸡猪狗等家禽家畜好好养起来，七十岁以上的老人就可以有肉吃了。一家一户所种的百亩田地不误农时得到耕种，数口之家就可以吃饱饭了。注重学校教育，强调孝

教，申之以孝悌（tì，敬爱兄长为悌）之义，颁（通"斑"，须发半白）白者不负戴于道路矣。七十者衣帛食肉，黎民不饥不寒，然而不王（wàng，称王）者，未之有也。

"狗彘食人食而不知检（制约），涂（通"途"）有饿莩（piǎo，饿死的人）而不知发（开仓赈济）；人死，则曰：'非我也，岁也。'是何异于刺人而杀之，曰：'非我也，兵也。'王无罪岁（归罪于年成不好），斯天下之民至焉。"

顺父母、敬爱兄长的道理，须发花白的老人就不再会肩挑头顶，出现在道路上了。年满七十岁的人能穿上丝绵、吃上肉食，百姓不缺衣少食，做到了这些的君主而不称王于天下，是不可能的。

"现在猪狗吃的是人吃的食物而不知道设法制止，路上出现饿死的人而不知道赈济饥民；人死了却说：'与我无关，是年成不好的缘故。'这和杀了人却说：'与我不相干，是武器杀的。'又有什么区别呢？大王如果不将老百姓无法养生葬死归罪于自然灾害，天下百姓便会涌向您这儿来。"

【导读】

孟子与梁惠王的对话，找准梁惠王"民不加多"的症结：梁惠王没有从根本上解决民生问题。孟子认为：要想从根本上解决民生问题，必须最大限度地调动百姓的积极性，使其乐其所为，还须施行仁政。首先，不违农时，发展生产；其次，发展教育事业，让孝悌之理深入民心，人人孝顺父母、敬爱兄长，从而推而广之。这样就可以使"天下之民至焉"。

1.4　梁惠王曰："寡人愿安（乐意）承教。"

孟子对曰："杀人以梃（tǐng，杖）与刃，有以异乎？"

曰："无以异也。"

"以刃与政，有以异乎？"

曰："无以异也。"

梁惠王说："我很乐意听您的指教。"

孟子问："用木棒打死人和用刀子杀死人有什么不同吗？"

梁惠王说："没有什么不同。"

孟子又问："用刀子杀死人和用政治害死人有什么不同吗？"

梁惠王回答："没有什么不同。"

曰："庖有肥肉，厩有肥马，民有饥色，野有饿莩，此率兽而食人也。兽相食，且人恶之；为民父母，行政，不免于率兽而食人，恶（wū，凭什么）在其为民父母也？仲尼曰：'始作俑者，其无后乎！'为其象人而用之也。如之何其使斯民饥而死也？"

孟子说："厨房里有肥嫩的肉，马厩里有健壮的马，可是百姓面带饥色，野外躺着饿死的人，这等于是统治者率领野兽吃人啊。野兽自相残杀，人尚且厌恶它；作为百姓的父母官，统治一方，却不免于率领野兽来吃人，那有什么资格做百姓的父母官呢？孔子说：'最初采用土偶木偶陪葬的人，应该会断子绝孙！'这不过是因为土偶木偶太像活人而用来陪葬罢了。又怎么忍心让百姓活活地饿死呢？"

【导读】

在孟子提出一系列王道爱民政策后，梁惠王不得不虚心向孟子求教。孟子首先诱使和逼迫梁惠王承认用刀杀人和暴政逼死人没有区别，进而推导出：统治者"庖有肥肉，厩有肥马"，而百姓却面有饥色，"野有饿莩"，等于是养肥野兽吃人。作为一国之君，如果"使斯民饥而死"，就如同"率兽而食人"，那就配不上百姓父母官之称。百姓的父母官，应该承担起让百姓生活无忧的职责。反之，如果出现"朱门酒肉臭，路有冻死骨"的局面，那就是率兽食人。

1.5　梁惠王曰："晋国（因韩、赵、魏三家由晋分来，又因为地理位置和文化认同等多种原因，分裂后魏国继续沿用"晋"的称呼，故梁惠王亦称魏国为晋国），天下莫强焉，叟之所知也。及寡人之身，东败于齐，长子死焉；西丧地于秦七百里；南辱于楚。寡人耻之，愿比（替，为）死者壹（全，都）洒（xǐ，同"洗"，洗刷）之，如之何则可？"

梁惠王说："魏国，曾一度在天下最强，这您是知道的。可是到了我做君王的时候，东边被齐国打败，连我的大儿子都死了；西边秦国占领我七百里土地；南边又受楚国的侮辱。我为这些事感到羞耻，希望替所有的死难者报仇雪恨，要怎样做才行呢？"

孟子对曰："地方百里而可以王。王如施仁政于民，省刑罚，薄税敛，深耕易（速，快）耨（nòu，除草）；壮者以暇（xiá，空闲）日修其孝弟忠信，入以事其父兄，出以事其长上，可使制梃以挞（tà，用鞭棍等打人，引申为攻打、抵抗）秦楚之坚甲利兵矣。

"彼夺其民时，使不得耕耨以养其父母。父母冻饿，兄弟妻子离散。彼陷溺其民，王往而征之，夫谁与王敌？故曰：'仁者无敌。'王请勿疑！"

孟子回答说："只要有方圆一百里的土地就可以使天下归服。大王如果对老百姓施行仁政，减免刑罚，少收赋税，（让老百姓）深耕细作，及时除草；让身强力壮的人抽出时间修养孝顺、尊敬、忠诚、守信等品德，在家侍奉父母兄长，出门尊敬长辈上级，这样就是让他们手持木棒也可以抵抗那些拥有坚实盔甲锐利刀枪的秦楚军队了。

"因为秦国、楚国的执政者剥夺了百姓的生产时间，使他们不能够深耕细作来赡养父母。父母受冻挨饿，兄弟妻儿东离西散。秦国、楚国的执政者使百姓陷入深渊之中，大王您去征伐他们，有谁会来抵抗您呢？所以说：'施行仁政的人是无敌于天下的。'大王请不要怀疑！"

【导读】

梁惠王从之前勉强向孟子请教到本章倾诉苦衷、寻求雪耻图强的良方，可见已经对孟子信任有加了。因此孟子就直截了当地提出了他的仁政主张。在物质生产方面强调三点：一是减免刑罚，二是少征赋税，三是不误农时、深耕易耨。这些举措都是为了提高百姓劳动生产的积极性，发展生产。伦理道德的提升靠的是教化。孟子认为，在发展经济的同时要加强对百姓"孝、悌、忠、信"的教育。只要生产发展了，伦理道德强化了，国家无论大小都可以发展壮大。小国可以打败大国，弱国可以战胜强国。因为施行仁政的人是无敌于天下的。

1.6 孟子见梁襄王（梁惠王的儿子），出，语（yù，告诉）人曰："望

孟子拜见梁襄王，出来以后，告诉人说："梁襄王远看不像个国君，近看也显示

之不似人君，就（靠近）之而不见所畏焉。卒然（突然。卒通"猝"）问曰：'天下恶（wū，如何）乎定？'

"吾对曰：'定于一（统一）。'"

"'孰能一之？'"

"对曰：'不嗜杀人者能一之。'"

"'孰能与之？'"

"对曰：'天下莫不与也。王知夫苗乎？七、八月之间旱，则苗槁（gǎo，干枯）矣。天油然作云，沛然下雨，则苗浡然兴之矣。其如是，孰能御之？今夫天下之人牧（治理人民的人，指国君），未有不嗜杀人者也。如有不嗜杀人者，则天下之民皆引领而望之矣。诚如是也，民归之，由（通"犹"，好像）水之就下，沛然谁能御之？'"

不出威严的样子。突然问我：'天下要怎样才能安定？'

"我回答说：'要统一才会安定。'"

"他又问：'谁能统一天下呢？'"

"我又答：'不喜欢杀人的国君能统一天下。'"

"他又问：'有谁愿意跟随不喜欢杀人的国君呢？'"

"我又答：'天下的人没有不愿意跟随他的。大王知道禾苗的情况吗？当七、八月间天旱的时候，禾苗就要干枯了。一旦天上乌云密布，哗啦哗啦下起大雨来，禾苗便会蓬勃生长起来。这样的情况，谁能够阻挡得了呢？如今各国的国君，没有一个不喜欢杀人的。如果有一个不喜欢杀人的国君，那么天下的百姓都会伸长脖子期待着他来解救。真像这样，百姓归服他，就像水向下奔流一样，哗啦哗啦谁能阻挡得住呢？'"

【导读】

正当孟子与梁惠王越谈越投机的时候，梁惠王却一命呜呼了。惠王不成器的儿子襄王继位，并召见了孟子。襄王一开口就问："天下恶乎定？"孟子明确指出：一是天下统一才能够安定，二是不喜欢杀人的人才能统一天下。孟子所说的道理并不深奥，因为当时战火纷飞，各国百姓饱受战争之苦。这时候如果哪个国君竖起和平的旗帜，不再让他的百姓去打仗卖命，而营造出社会稳定和发展生产的局面，那天下的百姓就会闻风而至，诚心归服。孟子见梁襄王，展示其"仁政""王道"的一贯主张。

1.7 齐宣王（齐威王的儿子）问曰："齐桓（齐桓公，春秋时第一个霸主）、晋文（晋文公，也是"春秋五霸"之一）之事可得闻乎？"

孟子对曰："仲尼之徒无道桓文之事者，是以后世无传焉，臣未之闻也。无以（不得已），则王乎？"

曰："德何如则可以王矣？"

曰："保民而王，莫之能御也。"

曰："若寡人者，可以保民乎哉？"

曰："可。"

曰："何由知吾可也？"

曰："臣闻之胡龁（齐宣王的近臣，龁音hé）曰，王坐于堂上，有牵牛而过堂下者，王见之，曰：'牛何之？'对曰：'将以衅（xìn）钟。'王曰：'舍之！吾不忍其觳觫（hú sù，因恐惧而发抖），若无罪而就死地。'对曰：'然则废衅钟与？'曰：'何可废也？以羊易之！'——不识有诸？"

曰："有之。"

曰："是心足以王矣。百姓皆以王为爱（吝啬）也，臣固知王之

齐宣王问孟子："齐桓公、晋文公在春秋时代称霸的事情，您可以讲给我听听吗？"

孟子回答说："孔子的学生没有谈论齐桓公、晋文公称霸之事的，所以没有传到后代来，我没有听说过。大王如果一定要我说，那我就说说用道德的力量来统一天下的王道吧？"

宣王问："道德怎样才可以统一天下呢？"

孟子说："一切为了让百姓安居乐业，这样统一天下，就没有谁能够阻挡了。"

宣王问："像我这样的人能够让百姓安居乐业吗？"

孟子说："能够。"

宣王问："凭什么知道我能够呢？"

孟子说："我听胡龁告诉过我一件事，说是大王您有一天坐在大殿上，有人牵着牛从殿下走过，您看到了，便问：'把牛牵到哪里去？'牵牛的人回答：'准备杀了取血祭钟。'您便说：'放了它吧！我不忍心看到它那害怕得发抖的样子，就像毫无罪过就被处以死刑一样。'牵牛的人问：'那就不祭钟了吗？'您说：'怎么可以不祭钟呢？用羊来代替牛吧！'——不知道有没有这件事？"

宣王说："有这件事。"

孟子说："凭大王您有这样的仁心就可以统一天下了。百姓听说这件事后都认为

不忍也。"

王曰："然；诚有百姓者。齐国虽褊（biǎn，狭小）小，吾何爱一牛？即不忍其觳觫，若无罪而就死地，故以羊易之也。"

曰："王无异（奇怪）于百姓之以王为爱也。以小易大，彼恶知之？王若隐（可怜）其无罪而就死地，则牛羊何择（挑选）焉？"

王笑曰："是诚何心哉？我非爱其财而易之以羊也。宜（无怪）乎百姓之谓我爱也。"

曰："无伤也，是乃仁术也，见牛未见羊也。君子之于禽兽也，见其生，不忍见其死；闻其声，不忍食其肉。是以君子远庖厨也。"

王说（同"悦"，高兴）曰："《诗》云：'他人有心，予忖度之。'夫子之谓也。夫我乃行之，反而求之，不得吾心。夫子言之，于我心有戚戚焉。此心之所以合于王者，

您是吝啬，我却知道您不是吝啬，而是因为不忍心。"

宣王说："是的；确实有百姓这样认为。不过，我们齐国虽然不大，但我怎么会吝啬到舍不得一头牛的程度呢？我实在是不忍心看到它害怕得发抖的样子，就像毫无罪过就被判处死刑一样，所以用羊来代替它。"

孟子说："大王不要责怪百姓认为您吝啬。他们只看到您用小羊去代替大牛，哪里知道其中的深意呢？何况，大王如果可怜牛毫无罪过就被宰杀，那牛和羊又有什么区别呢？"

宣王笑着说："是啊，这一点连我自己也不知道是一种什么心理了。我的确不是吝啬钱财才用羊去代替牛的。不过，百姓这样认为，的确也有他们的道理啊。"

孟子说："没有关系，大王这种不忍心正是仁慈的表现，因为您当时亲眼见到了牛而没有见到羊。君子对于飞禽走兽，见到它们活着，便不忍心见到它们死去；听到它们哀号，便不忍心吃它们的肉。所以，君子总是远离厨房。"

齐宣王高兴地说："《诗经》说：'别人有什么心思，我能揣测出。'说的就是先生您吧。我自己这样做了，反过来想想为什么要这样做，却说不出所以然来。倒是您老人家这么一说，我的心便豁然开朗了。

何也？"

曰："有复于王者曰：'吾力足以举百钧（古代重量单位，三十斤为一钧），而不足以举一羽；明足以察秋毫之末，而不见舆薪。'则王许之乎？"

曰："否。"

"今恩足以及禽兽，而功不至于百姓者，独何与？然则一羽之不举，为不用力焉；舆薪之不见，为不用明焉；百姓之不见保，为不用恩焉。故王之不王，不为也，非不能也。"

曰："不为者与不能者之形（情况）何以异？"

曰："挟太山以超北海，语人曰：'我不能。'是诚不能也。为长者折枝（折取树枝，比喻轻而易举。一说"枝"同"肢"，拜揖。另一说指按摩搔痒），语人曰：'我不能。'是不为也，非不能也。故王之不王，非挟太山以超北海之类也；王之不王，是折枝之类也。

"老吾老，以及人之老；幼吾幼，以及人之幼。天下可运于掌。

但您说我的这种心态与用道德力量统一天下的王道相合，又怎么理解呢？"

孟子说："假如有人来向大王报告说：'我的力量能够举得起三千斤，却拿不起一根羽毛；视力能够看得清秋天毫毛的末梢，却看不见摆在眼前的一车柴草。'大王您会相信他的话吗？"

宣王说："当然不会相信。"

孟子便接着说："如今大王您的恩惠能够施及动物，却偏偏不能够施及百姓，这是为什么呢？一根羽毛拿不起，是不愿意用力气拿的缘故；一车柴草看不见，是不愿意用眼睛看的缘故；百姓不能安居乐业，是君王不愿意施恩惠的缘故。所以大王您没有能够用道德的力量来统一天下，是不愿意做，而不是做不到。"

宣王说："不愿意做和做不到有什么区别呢？"

孟子说："要一个人把泰山夹在胳膊下跳过北海，这人告诉人说'我做不到'，这是真的做不到。要一个人为老年人折一根树枝，这人告诉人说'我做不到'，这是不愿意做，而不是做不到。大王您没有做到用道德的力量来统一天下，不是属于把泰山夹在胳膊下跳过北海这一类，而是属于为老年人折树枝这一类。

"孝敬自己的长辈，并由此推广到孝敬别人的长辈；爱护自己的孩子，并由此推

《诗》云：'刑（同"型"，指树立榜样，做示范）于寡妻，至于兄弟，以御于家邦。'言举斯心加诸彼而已。故推恩足以保四海，不推恩无以保妻子。古之人所以大过人者，无他焉，善推其所为而已矣。今恩足以及禽兽，而功不至于百姓者，独何与？

"权（本指秤，这里指称物），然后知轻重；度，然后知长短。物皆然，心为甚。王请度（duó，权衡）之！

"抑（选择连词，相当于现代汉语的"还是"）王兴甲兵，危士臣，构怨于诸侯，然后快于心与？"

王曰："否；吾何快于是？将以求吾所大欲也。"

曰："王之所大欲可得闻与？"

王笑而不言。

曰："为肥甘不足于口与？轻暖不足于体与？抑为采色不足视于目与？声音不足听于耳与？便嬖（pián bì，君王身边能说会道，善于迎合的宠臣亲信）不足使令于前与？王之

广到爱护别人的孩子。做到了这一点，整个天下便会像在自己的手掌心里运转一样容易治理了。《诗经》说：'先给妻子做榜样，再推广到兄弟，再推广到治理家族和国家。'说的就是要把自己的心推广到别人身上去。所以，推广恩德足以安定天下，不推广恩德连自己的妻子儿女都保不了。古代的圣贤之所以能远远超过一般人，没有别的原因，不过是善于推广他们的好行为罢了。如今大王您的恩惠能够施及动物，却偏偏不能够施及百姓，这是为什么呢？

"称一称，才知道轻重；量一量，才知道长短。什么东西都是如此，人心更是这样。大王您请考虑考虑吧！

"还是大王您真要发动全国军队，让将士冒着生命危险，去和别的国家结下仇怨，这样心里才痛快吗？"

宣王说："不；我为什么这样做心里才痛快呢？我只不过想实现我心里的最大愿望啊。"

孟子问："大王的最大愿望是什么，可以讲给我听听吗？"

齐宣王笑了笑，却不说话。

孟子便说："是因为肥美的食物不够吃吗？是因为轻暖的衣服不够穿吗？还是因为艳丽的色彩不够看呢？是因为美妙的音乐不够听吗？还是因为身边伺候的人不够使唤呢？这些，您手下的大臣都能够尽量

诸臣皆足以供之，而王岂为是哉？"

曰："否；吾不为是也。"

曰："然则王之所大欲可知已，欲辟（开辟）土地，朝（cháo，使⋯⋯来朝）秦楚，莅（本指走到近处察看，此处指治理，统治）中国而抚（安抚）四夷也。以若所为求若所欲，犹缘木（爬树）而求鱼也。"

王曰："若是其甚与？"

曰："殆（dài，可能）有甚焉。缘木求鱼，虽不得鱼，无后灾。以若所为求若所欲，尽心力而为之，后必有灾。"

曰："可得闻与？"

曰："邹人与楚人战，则王以为孰胜？"

曰："楚人胜。"

曰："然则小固不可以敌大，寡固不可以敌众，弱固不可以敌强。海内之地方千里者九，齐集有其一。以一服八，何以异于邹敌楚哉？盖（同"盍"，为什么不）亦反其本矣？

"今王发政施仁，使天下仕者皆欲立于王之朝，耕者皆欲耕于王

满足您，难道您是为了这些吗？"

宣王说："不；我不是为了这些。"

孟子说："那么，您的最大愿望便可以知道了；您是想扩张国土，使秦、楚这些大国都来朝贡您，自己君临中国，安抚四方民族。不过，以您现在的做法来实现您的愿望，就好像爬到树上去捉鱼一样。"

宣王说："竟然有这样严重吗？"

孟子说："恐怕比这还要严重。爬上树去捉鱼，虽然捉不到鱼，却也没有什么后患。以您现在的做法来实现您的愿望，费心尽力去干，一定会有灾祸在后头。"

宣王说："可以把其中的道理说给我听听吗？"

孟子说："假定邹国和楚国打仗，大王您认为哪一国会打胜呢？"

宣王说："当然是楚国胜。"

孟子说："显然，小国的确不可以与大国为敌，人口稀少的国家的确不可以与人口众多的国家为敌，弱国的确不可以与强国为敌。中国的土地，方圆千里的共有九块，齐国不过占有其中一块罢了。想用这一块去征服其他八块，这跟邹国和楚国打仗有什么区别呢？大王为什么不回过头来好好想一想，从根本上着手解决问题呢？

"现在大王如果能施行仁政，使天下做官的人都想到您的朝廷上来做官，天下的

之野，商贾皆欲藏于王之市，行旅皆欲出于王之涂，天下之欲疾（痛恨）其君者皆欲赴愬（同"诉"，控告）于王。其若是，孰能御之？"

王曰："吾惛（同"昏"，糊涂），不能进（深入理解）于是矣。愿夫子辅吾志，明以教我。我虽不敏，请尝试之。"

曰："无恒产（固定产业或收入）而有恒心（本指与生俱来的善心，此处指道德观念和行为准则）者，惟士（此处指有道德修养的人）为能。若民，则无恒产，因（古语"因"与"就"相通）无恒心。苟无恒心，放辟邪侈，无不为已。及陷于罪，然后从而刑之，是罔（欺骗，陷害）民也。焉有仁人在位罔民而可为也？是故明君制（订立制度、政策）民之产，必使仰足以事父母，俯足以畜妻子；乐岁终身饱，凶年免于死亡。然后驱而之善，故民之从之也轻（容易）。

"今也制民之产，仰不足以事父母，俯不足以畜妻子；乐岁终身苦，凶年不免于死亡。此惟救死而恐不赡（足够），奚暇（怎么顾得上）治礼义哉？

农民都想到您的国家来种地，天下做生意的人都想到您的国家来做生意，天下旅行的人都想到您的国家来旅行，天下痛恨本国国君的人都想到您这儿来控诉。果真做到了这些，还有谁能够与您为敌呢？"

齐宣王说："我头脑昏乱，对您的说法不能进一步领会。希望先生开导我的心智，更明确地教导我。我虽然不聪明，也不妨试它一试。"

孟子说："没有固定的产业收入却有恒定的道德观念，只有士人才能做到。至于一般百姓，如果没有固定的产业收入，也就没有恒定的道德观念。一旦没有恒定的道德观念，那就会胡作非为，什么事都做得出来。等到他们犯了罪，然后才去加以处罚，这等于是陷害他们。哪里有仁爱的国君当政，却干出陷害百姓的事情？所以，贤明的国君制定产业政策，一定要让他们上足以赡养父母，下足以抚养妻子儿女；好年成丰衣足食，坏年成也不至于饿死。然后督促他们向善，百姓也就很容易听从了。

"现在各国国君实行的产业政策，百姓上不足以赡养父母，下不足以抚养妻子儿女；好年成尚且艰难困苦，坏年成更是性命难保。到了这个地步，百姓连保命都恐来不及，哪里还有什么工夫来修养礼义呢？

"王欲行之，则盍（为什么不）反其本（从根本上着手）矣？五亩之宅，树之以桑，五十者可以衣帛矣。鸡豚狗彘之畜，无失其时，七十者可以食肉矣。百亩之田，勿夺其时，八口之家可以无饥矣。谨（本义慎重小心，此处指重视）庠序之教，申（宣扬）之以孝悌之义，颁白者不负戴于道路矣。老者衣帛食肉，黎民不饥不寒，然而不王者，未之有也。"

"大王如果想施行仁政，为什么不从根本上着手呢？在五亩大的宅园里种上桑树（养蚕），五十岁以上的老人就可以穿上丝绵衣服了。鸡狗猪等家禽家畜好好养起来，七十岁以上的老人就可以有肉吃了。每户都有百亩耕地，不要妨碍他们生产，八口之家就可以吃得饱饱的。认真地兴办学校，用孝顺父母、敬爱兄长的道理反复教导，头发斑白的老人也就不会在路上负重行走了。老年人有丝绵衣服穿有肉吃，一般老百姓吃得饱穿得暖，这样还不能使天下归服，那是从来没有的事。"

【导读】

齐宣王虽然不像梁惠王一样开口就问"何以利吾国"，也不像梁襄王开口便问"天下恶乎定"，而是含蓄地问"齐桓、晋文之事可得闻乎"，但仍关心如何称霸天下的问题。齐桓公和晋文公在春秋时代都是靠"霸道"而称雄天下的，而孟子所奉行的是"王道"，反对"霸道"。所以，孟子避而不谈霸道之事，只言王道之理。孟子"君子远庖厨"之论，目的是唤醒齐宣王内心"不忍"的仁慈之心。孟子认为：如果仁心被唤醒，施行王道仁政就是顺理成章的事情了。

然后，孟子用是否相信"力足以举千钧，而不足以举一羽；明足以察秋毫之末，而不见舆薪"两种假设问齐宣王，宣王对此加以否定。孟子欲使齐宣王认识到自己目前未能推行仁政，不是不能，而是不为。为了清晰区别"不为"与"不能"，孟子又以"挟太山以超北海"与"为长者折枝"作比，目的是指出齐宣王缺乏"为"的愿望和精神，希望宣王好好反省自己的所作所为，激发宣王实行仁政、推行王道的决心。

最后，孟子把齐宣王原本所想的靠战争来解决问题的"霸道"与自己要向他推举的靠仁政来解决问题的"王道"做对比，指出两种做法会有截然不同的结局。孟子认为齐宣王着力发展生产，仁爱百姓，重视道德教化，"然而不王者，未之有也"。

梁惠王章句下

（凡十六章）

2.1　庄暴见孟子，曰："暴见于王（前后两章皆言齐宣王之事，故推测此处应为齐宣王），王语暴以好乐（yuè），暴未有以对也。"曰："好乐何如？"

齐宣王的近臣庄暴来见孟子，说："我朝见大王，大王和我谈论喜好音乐的事，我没有话应答。"接着问道："喜好音乐好不好？"

孟子曰："王之好乐甚，则齐国其庶几（差不多治理好了，有希望了）乎！"

孟子说："大王如果非常喜好音乐，那齐国恐怕就治理得很不错了！"

他日，见于王曰："王尝语庄子以好乐，有诸？"

几天后，孟子在拜见齐宣王时问道："大王曾经和庄暴谈论过爱好音乐，有这回事吗？"

王变乎色，曰："寡人非能好先王之乐也，直（仅仅）好世俗之乐耳。"

齐宣王脸色一变，不好意思地说："我并不是喜好先王清静典雅的音乐，只不过喜好当下流行的音乐罢了。"

曰："王之好乐甚，则齐其庶几乎！今之乐由（通"犹"）古之乐也。"

孟子说："大王如果非常喜好音乐，那齐国恐怕就治理得很不错了！在音乐这件事情上，现在的俗乐与古代的雅乐差不多。"

曰："可得闻与？"

齐宣王说："能把这个道理说给我听听吗？"

曰："独乐乐（独自一人欣赏音乐快乐。前一个"乐"音yuè，指欣赏音乐；后一个"乐"音lè，指快乐），与人乐乐，孰乐？"

曰："不若与人。"

曰："与少乐乐，与众乐乐，孰乐？"

曰："不若与众。"

"臣请为王言乐。今王鼓乐于此，百姓闻王钟鼓之声，管籥（yuè）之音，举疾首蹙頞（形容心里非常怨恨和讨厌。頞音è，鼻梁）而相告曰：'吾王之好鼓乐，夫何使我至于此极也？父子不相见，兄弟妻子离散。'今王田猎于此，百姓闻王车马之音，见羽旄（旗帜的意思。古代用野鸡毛、牦牛尾装饰旗子。旄音máo）之美，举疾首蹙頞而相告曰：'吾王之好田猎，夫何使我至于此极也？父子不相见，兄弟妻子离散。'此无他，不与民同乐也。

"今王鼓乐于此，百姓闻王钟鼓之声，管籥之音，举欣欣然有喜色而相告曰：'吾王庶几无疾病与，何以能鼓乐也？'今王田猎于此，百姓闻王车马之音，见羽旄之美，

孟子说："独自一人欣赏音乐和与他人一起欣赏音乐，哪个更快乐？"

齐宣王说："不如与他人一起欣赏音乐快乐。"

孟子说："和少数人一起欣赏音乐与和很多人一起欣赏音乐，哪个更快乐？"

齐宣王说："不如和很多人一起欣赏音乐快乐。"

孟子说："那就让我来为大王讲讲欣赏音乐吧！假如大王在奏乐，百姓听到大王鸣钟击鼓、吹箫奏笛的声音，都愁眉苦脸地相互诉说：'我们大王喜好音乐，为什么会使我们这般穷困不堪呢？父亲和儿子不能相见，兄弟和妻儿分离流散。'假如大王在围猎，百姓听到大王车马的喧嚣，见到旗帜的华丽，都愁眉苦脸地相互诉说：'我们大王喜好围猎，为什么会使我们这般穷困不堪呢？父亲和儿子不能相见，兄弟和妻儿分离流散。'这没有别的原因，是因为大王不和民众一起娱乐的缘故。

"假如大王在奏乐，百姓听到大王鸣钟击鼓、吹箫奏笛的声音，都眉开眼笑地奔走相告说：'我们大王应该没有疾病吧，要不怎么能奏乐呢？'假如大王在围猎，百姓听到大王车马的喧嚣，见到旗帜的华丽，

举欣欣然有喜色而相告曰：'吾王庶几无疾病与，何以能田猎也？'此无他，与民同乐也。今王与百姓同乐，则王矣。"

都眉开眼笑地奔走相告说：'我们大王应该没有疾病吧，要不怎么能围猎呢？'这没有别的原因，是因为大王和民众一起娱乐的缘故。如果大王能和百姓同乐，那就可以统一天下了。"

【导读】

孟子长于言辞，经常在辩论中设喻，逻辑性很强，有极强的说服力。本章由叙入议，通过庄暴和孟子的问答引出"好乐何如"，然后孟子以"与少乐乐，与众乐乐，孰乐"设问，因势利导地劝说齐宣王应"与民同乐"，阐明不"与民同乐"就会失去民心，贤君"与民同乐"，百姓就会"举欣欣然有喜色"，那么就能得到民心、统一天下。

2.2　齐宣王问曰："文王之囿（yòu，古代畜养禽兽的没有围墙的园林）方七十里，有诸？"

齐宣王问孟子道："听说周文王的狩猎场纵横各七十里，有这事吗？"

孟子对曰："于传（zhuàn，史籍文献）有之。"

孟子答道："在文献上有这样的记载。"

曰："若是其大乎？"

宣王问："真有这么大吗？"

曰："民犹以为小也。"

孟子说："百姓还觉得小。"

曰："寡人之囿方四十里，民犹以为大，何也？"

宣王说："我的狩猎场纵横只有四十里，百姓还觉得大，这是为什么呢？"

曰："文王之囿方七十里，刍荛（chú ráo，割草打柴）者往焉，雉兔者往焉，与民同之。民以为小，不亦宜乎？臣始至于境，问国之大禁（最严厉的禁令），然后敢入。臣闻郊关（古代城邑四郊起捍卫防御作用的关门）之内有囿方四十里，杀其

孟子说："文王的狩猎场纵横各七十里，割草砍柴的人可以去，捕鸟猎兽的人可以去，是与百姓共同享用的。百姓认为小，不也是很自然的吗？我初到齐国边境时，问明了齐国最严厉的禁令后，这才敢入境。我听说国都郊关之内有个狩猎场纵横四十里，杀了里面的麋鹿就如同犯了杀人罪。这就像是

麋鹿者如杀人之罪。则是方四十里为阱（jǐng，捕野兽用的陷坑）于国中。民以为大，不亦宜乎？"

在国内设下了一个四十里见方的陷阱。百姓认为太大了，不也是应该的吗？"

【导读】

齐国百姓对宣王圈定游猎园林有意见，宣王不能理解，因为周文王游猎的园林规模更大。孟子告诉宣王，虽然名义上都是君王游猎的园林，可是文王并非据为己有，而是与百姓共享；宣王却只打算独自享用，并滥用刑罚残害误杀其中野兽的百姓，必然会受到百姓的非议。因为囿无围墙，误入其中，误杀其鹿很有可能。所以齐宣王说"寡人之囿方四十里，民犹以为大"，孟子认为理所当然。

2.3 齐宣王问曰："交邻国有道乎？"

孟子对曰："有。惟仁者为能以大事小，是故汤事葛（葛伯，葛国的国君），文王事昆夷（也写作"混夷"，周朝初年的西戎国名）。惟智者为能以小事大，故太王（周文王的祖父，即古公亶父）事獯鬻（xūn yù，当时北方的少数民族），勾践事吴。以大事小者，乐天（乐天之德，胸怀宽广，能包容四海，足以安定天下）者也；以小事大者，畏天（畏天之威，顺势尊道，不畏天道则戮其身而害其国）者也。乐天者保天下，畏天者保其国。《诗》云：'畏天之威，于时保之。'"

王曰："大哉言矣！寡人有疾，寡人好勇。"

齐宣王问孟子："和邻国交往有什么讲究吗？"

孟子回答说："有。只有有仁德的人才能够以大国的身份侍奉小国，所以商汤侍奉葛伯，周文王侍奉昆夷。只有有智慧的人才能够以小国的身份侍奉大国，所以周太王侍奉獯鬻，越王勾践侍奉吴王夫差。以大国身份侍奉小国者，是以天命为乐的人；以小国身份侍奉大国者，是敬畏天命的人。以天命为乐的人安定天下，敬畏天命的人安定自己的国家。《诗经》说：'畏惧上天的威灵，因此才能够安定。'"

宣王说："先生的话可真高深呀！不过，我有个毛病，就是逞强好勇。"

对曰:"王请无好小勇。夫抚剑疾视曰:'彼恶敢当我哉!'此匹夫之勇,敌一人者也。王请大(扩充)之!

"《诗》云:'王赫斯(勃然)怒,爰(语助词,无义)整其旅,以遏(止)徂(cú,往,到)莒(jǔ,古国名,在今山东莒县),以笃(增加)周祜(福祉),以对于天下。'此文王之勇也。文王一怒而安天下之民。

"《书》曰:'天降下民,作之君,作之师,惟曰其助上帝宠之。四方有罪无罪惟我在,天下曷(hé,谁)敢有越厥(jué,相当于"其",指代上帝)志?'一人衡(通"横")行于天下,武王耻之。此武王之勇也。而武王亦一怒而安天下之民。今王亦一怒而安天下之民,民惟恐王之不好勇也。"

孟子说:"那就请大王不要好小勇。有的人按着剑瞪着眼说:'他怎么敢抵挡我呢!'这只是匹夫之勇,只能与个把人较量。大王请不要好这样的匹夫之勇,而要把它扩大。

"《诗经》说:'我王义愤激昂,发令调兵遣将,把侵略莒国的敌军阻挡,增添了周国的吉祥,不辜负天下百姓的期望。'这是周文王的勇。周文王一怒便使天下百姓都得到安定。

"《尚书》说:'上天降生了百姓,又替他们降生了君王,降生了师表,这些君王和师表的唯一责任,就是帮助上帝来爱护百姓。所以,天下四方的有罪者和无罪者,都由我来负责,普天之下,何人敢超越上帝的意志呢?'所以,只要有一人在天下横行霸道,周武王便会感到羞耻。这是周武王的勇。周武王一怒同样能使天下百姓都得到安定。如今大王如果也能做到一怒使天下百姓得到安定,那么百姓就怕大王不好勇。"

【导读】

齐宣王问孟子:"交邻国有道乎?"孟子的观点是:大国要有乐天之德,胸怀宽广,包容四海,不搞霸道,推行王道,与小国友好相处。小国要展示智慧,顺势尊道,与大国搞好外交关系。如此就会出现大国安定天下、小国安定国家的局面。齐宣王说自己"好勇",恐怕难以接受孟子的意见,实则是不愿接受孟子的意见。孟子抓住齐宣王软肋，论"大勇"与"小勇"。"小勇"就是常说的匹夫之勇，匹夫之勇是一种血气之怒，动辄以性命相拼。"大勇"是为了天下百姓安居乐业而用智用武，文王、武王有一怒而安天下的"大勇"。"小勇"只能敌个把人，"大勇"则能安定天下。

2.4 齐宣王见孟子于雪宫（战国时齐国的离宫）。王曰："贤者亦有此乐乎？"

孟子对曰："有。人不得，则非（埋怨）其上矣。不得而非其上者，非也；为民上而不与民同乐者，亦非也。乐民之乐者，民亦乐其乐；忧民之忧者，民亦忧其忧。乐以天下，忧以天下，然而不王者，未之有也。

"昔者齐景公问于晏子曰：'吾欲观（游）于转附、朝儛，遵（顺着）海而南，放（至，到）于琅邪。吾何修（修行）而可以比于先王观也？'

"晏子对曰：'善哉问也！天子适（去）诸侯曰巡狩（xún shòu，巡视诸侯为天子所守的疆土）。巡狩者，巡所守也。诸侯朝于天子曰述职。述职者，述所职也。无非事者。春省（检查）耕而补不足，秋省敛（收成）而助不给。夏谚曰："吾王不游，吾何以休？吾王不豫（义同"游"），

齐宣王在雪宫接见孟子。宣王说："贤人也有在这样的别墅居住游玩的乐趣吗？"

孟子回答说："有。人们要是得不到这种快乐，就会埋怨他们的国君。得不到这种快乐就埋怨国君，是不对的；可是作为一国之主而不与民同乐，也是不对的。国君以百姓的快乐为快乐，百姓也会以国君的快乐为快乐；国君以百姓的忧愁为忧愁，百姓也会以国君的忧愁为忧愁。以天下人的快乐为快乐，以天下人的忧愁为忧愁，这样还不能够使天下人归服，是没有过的事情。

"从前齐景公问晏子说：'我想到转附、朝儛两座山去观光游览，然后沿着海岸向南行，一直到琅邪。我该怎样做才能够和古代圣贤君王的巡游相比呢？'

"晏子回答说：'问得好呀！天子到诸侯国去叫作巡狩。巡狩就是巡视各诸侯所守疆土的意思。诸侯朝见天子叫述职。述职就是报告在他职责内的工作完成情况。没有不和工作有关的。春天巡视耕种情况，对粮食不够吃的百姓给予补助；秋天巡视收获情况，对歉收的百姓给予补助。夏朝的谚语说："我王不出来巡游，我怎么能得

吾何以助（救济）？一游一豫，为诸侯度（制度）。"今也不然：师行而粮食（作动词，到处筹集粮食），饥者弗食，劳者弗息。睊睊（juàn，因愤恨侧目而视的样子）胥（相互）谗，民乃作慝（tè，邪恶）。方命（违反命令）虐民，饮食若流。流连荒亡（沉迷于田猎酒色），为诸侯忧。从流下而忘反谓之流，从流上而忘反谓之连，从兽无厌谓之荒，乐酒无厌谓之亡。先王无流连之乐，荒亡之行。惟君所行也。'

到休息？我王不出来巡视，我怎么能得到救济？一游一巡，足以作为诸侯的法度。'现在可不是这样了：国君一出游就兴师动众，到处筹集粮食，饥饿的人得不到粮食补助，劳苦的人得不到休息。大家侧目而视，怨声载道，违法乱纪的事情也就做出来了。这种出游违背天意，虐待百姓，大吃大喝如同流水一样。真是流连荒亡，连诸侯都为此而忧虑。什么叫流连荒亡呢？从上游向下游的玩乐忘返叫作流；从下游向上游的玩乐忘返叫作连；打猎不知厌倦叫作荒；嗜酒不加节制叫作亡。古代圣贤君王既无流连的享乐，也无荒亡的行为。至于大王的行为，只有您自己选择了。'

"景公悦，大戒（充分的准备）于国（指都城），出舍（宿营）于郊，于是始兴发补不足。召大师（读为"太师"，古代的乐官）曰：'为我作君臣相说之乐！'盖《徵（zhǐ）招（sháo）》《角（jué）招》是也。其诗曰：'畜君何尤（错误）？'畜君者，好君也。"

"齐景公听了晏子的话非常高兴，先在都城内做了充分的准备，然后驻扎在郊外，打开仓库赈济贫困的人。又召集乐官说：'给我创作一些君臣同乐的乐曲！'这就是《徵招》《角招》。其中的歌词说：'畜君有什么不对呢？'畜君，就是热爱国君的意思。"

【导读】

孟子向齐宣王宣扬"乐以天下，忧以天下"的理念，这一理念是儒家"仁义"思想的核心。范仲淹《岳阳楼记》中传诵千古的名句——"先天下之忧而忧，后天下之乐而乐"，正是从孟子"乐以天下，忧以天下"生发而来。从"乐以天下，忧以天下"到"先"天下之忧而忧，"后"天下之乐而乐，注入了更为强烈的责任感和使命感。

2.5 齐宣王问曰:"人皆谓我毁明堂,毁诸?已乎?"

孟子对曰:"夫明堂者,王(wàng,施行王政)者之堂也。王欲行王政,则勿毁之矣。"

王曰:"王政可得闻与?"

对曰:"昔者文王之治岐也,耕者九一,仕者世禄,关(道路上的关卡)市(集市)讥(稽查)而不征,泽梁(在流水中拦鱼的设备)无禁,罪人不孥(nú,指妻子儿女)。老而无妻曰鳏(guān),老而无夫曰寡,老而无子曰独,幼而无父曰孤。此四者,天下之穷民而无告者。文王发政施仁,必先斯四者。《诗》云:'哿(gě,过得去)矣富人,哀此茕(qióng,孤单)独。'"

王曰:"善哉言乎!"

曰:"王如善之,则何为不行?"

王曰:"寡人有疾,寡人好货(钱财)。"

对曰:"昔者公刘(后稷的后代,周朝的创业始祖)好货,《诗》云:'乃积乃仓,乃裹糇粮,于橐于囊。思(语气词,无义)戢(安宁,和睦)用(因而)光,弓矢斯张,干戈戚扬(四种兵器),爰(于是)方启行。'故居

齐宣王问孟子:"别人都建议我拆掉明堂,究竟是拆好呢,还是不拆好呢?"

孟子回答说:"明堂是施行王政的殿堂。大王如果想施行王政,就请不要拆掉它吧。"

宣王说:"可以把王政说给我听听吗?"

孟子回答说:"从前周文王治理岐的时候,对农民征收九分抽一的税,对于做官的人是给予世代承袭的俸禄,在关卡和市场上只稽查不征税,任何人到河流湖泊捕鱼都不禁止,对罪犯的处罚不牵连妻子儿女。失去妻子的老年人叫鳏夫,失去丈夫的老年人叫寡妇,没有儿女的老年人叫独老,失去父亲的儿童叫孤儿。这四种人是天下穷苦无靠的人。文王施行仁政,一定最先考虑他们。《诗经》说:'有钱人是可以过得去了,可怜那些无依无靠孤单的人吧。'"

宣王说:"这话说得真好呀!"

孟子说:"大王如果认为说得好,为什么不这样做呢?"

宣王说:"我有个毛病,我喜爱钱财。"

孟子说:"从前公刘也喜爱钱财,《诗经》说:'收割粮食装满仓,备好充足的干粮,装满小袋和大囊。百姓和睦,神采激昂。张弓带箭齐武装,盾戈斧扬拿手上,开始动身向前方。'因此留在家里的人有谷,行军的人有干粮,这才能够率领军队前进。

者有积仓，行者有裹囊也，然后可以爰方启行。王如好货，与百姓同之，于王何有？"

王曰："寡人有疾，寡人好色。"

对曰："昔者太王好色，爱厥妃。《诗》云：'古公亶父，来朝走马，率（循）西水浒，至于岐下。爰及姜女，聿（语助词，无义）来胥（视察）宇。'当是时也，内无怨女，外无旷夫。王如好色，与百姓同之，于王何有？"

大王如果喜爱钱财，能想到百姓也喜爱钱财，这对施行王政有什么影响呢？"

宣王说："我还有个毛病，我喜爱女色。"

孟子回答说："从前周太王也喜爱女色，非常爱他的妃子。《诗经》说：'周太王古公亶父，一大早驱驰快马，沿着西边的河岸，一直走到岐山下。带着妻子姜氏女，勘察地址建新居。'那时，没有找不到丈夫的老处女，也没有娶不到妻子的老光棍。大王如果喜爱女色，能想到百姓也喜爱女色，这对施行王政又有什么影响呢？"

【导读】

明堂是古代帝王宣明政教的地方。明堂制度，《周礼》《礼记》诸书，其说各不相同。有的说是为天子接见诸侯而设，有的说是天子的太庙。这里是指泰山明堂，应是准备天子巡狩接见诸侯用的。

"耕者九一"是指井田制。把耕地划分成井字形，每井九百亩，八家各一百亩，属私田，中间一百亩属公田，由八家共同耕种，收入归公家，所以叫九一税制。

齐宣王问孟子，"人皆谓我毁明堂"，是毁还是不毁？孟子认为：明堂若是作为施行王政的殿堂那就不要拆掉，若是作为游乐之居还是拆掉吧。孟子以文王治理岐的政策为依据，向齐宣王宣扬王道政治，内容牵涉到农业税收、官吏制度、商业政策、渔业开放、刑法制度等等，还重点言及重视弱势群体。齐宣王以自己"好货""好色"为托词，不想实行王道政治。孟子借古论今，强调只要国君心系百姓，与百姓同甘共苦，"好货""好色"对施行王政没有影响。

2.6　孟子谓齐宣王曰："王之臣有托其妻子于其友而之楚游者。

孟子对齐宣王说："如果大王您有一个臣子把妻子儿女托付给他的朋友照顾，自比（等到）其反（通"返"）也，则冻馁（něi，挨饿）其妻子，则如之何？"

王曰："弃之。"

曰："士师（司法官）不能治士，则如之何？"

王曰："已之。"

曰："四境之内不治，则如之何？"

王顾左右而言他。

己出游楚国。等他回来的时候，他的妻子儿女都在挨饿受冻，对待这样的朋友，应该怎么办呢？"

齐宣王说："和他绝交！"

孟子说："如果您的司法官不能管理他的下属，那应该怎么办呢？"

齐宣王说："撤他的职！"

孟子又说："如果一个国家治理得很糟糕，那又该怎么办呢？"

齐宣王左右张望，把话题扯到别处去了。

【导读】

这一章显示了孟子高超的论辩才能，层层设套，引君入瓮。一个人替朋友照料家眷，却让朋友妻儿挨饿受冻，怎么办？断交！为官一任，却不能管好下属，怎么办？撤职！身为君王，不能让老百姓安居乐业，而使国家陷入混乱，怎么办？应该被废黜。齐宣王掉入"陷阱"，所以只能"顾左右而言他"了。孟子本来不一定非要出齐宣王的洋相，因为齐宣王总是东推西挡，不肯表态是否实施仁政，孟子为了迫使他思考如何施仁治国，故而设套。

2.7 孟子见齐宣王，曰："所谓故国者，非谓有乔木之谓也，有世臣之谓也。王无亲臣矣，昔者所进（选用），今日不知其亡也。"

王曰："吾何以识其不才而舍之？"

曰："国君进贤，如不得已，将使卑逾尊，疏逾戚，可不慎与？

孟子拜见齐宣王，说："我们平时所说的历史悠久的国家，并不是指有高大的树木，而是指有世代建立功勋的大臣。可大王您现在没有值得信任的大臣了，过去任用的一些人，现在不知到哪里去了。"

齐宣王说："我应该怎样识别那些缺乏才能的人而不用呢？"

孟子回答说："国君选择贤才，在不得已的时候，甚至会把原本地位低的人提拔左右皆曰贤，未可也；诸大夫皆曰贤，未可也，国人皆曰贤，然后察之；见贤焉，然后用之。左右皆曰不可，勿听；诸大夫皆曰不可，勿听；国人皆曰不可，然后察之，见不可焉，然后去之。左右皆曰可杀，勿听；诸大夫皆曰可杀，勿听；国人皆曰可杀，然后察之，见可杀焉，然后杀之。故曰，国人杀之也。如此，然后可以为民父母。"

到地位高的人之上，把原本关系疏远的人提拔到关系亲近的人之上，这能够不慎重吗？因此，亲近的人都说某人好，不可轻信；众位大夫都说某人好，还是不可轻信；全国的人都说某人好，然后去考察他，发现他是真正的贤才，再任用他。亲近的人都说某人不好，不可轻信；众位大夫都说某人不好，还是不可轻信；全国的人都说某人不好，然后去考察他，发现他真不好，再罢免他。亲近的人都说某人该杀，不可轻信；众位大夫都说某人该杀，还是不可轻信；全国的人都说某人该杀，然后去考察他，发现他真该杀，再杀掉他。所以说是全国的人杀的他。这样做，才可以做百姓的父母官。"

【导读】

孟子的人才选拔观彰显其民本和民主思想，强调选人用人要广泛听取意见并认真考察。不管选拔哪一层级的管理者，都需要广泛听取多方面的意见，因为所选拔的管理者将担负治国安民的重大责任，如果不慎重选拔，小则会影响一个区域的发展，大则会影响国家的发展乃至稳定。孟子认为国家大事，不能由一个人或者几个人说了算，应该广泛听取"国人"意见，全面了解，深入考察，然后再决定取舍。

2.8　齐宣王问曰："汤放桀，武王伐纣，有诸？"

孟子对曰："于传有之。"

曰："臣弑其君，可乎？"

曰："贼（残害）仁者谓之'贼'，

齐宣王问孟子道："商汤流放夏桀，武王讨伐商纣，有这些事吗？"

孟子回答道："文献上有这样的记载。"

宣王问："臣子杀他的君主，可以吗？"

孟子说："败坏仁的人叫'贼'，败坏

贼义者谓之'残（凶恶）'。残贼之人谓之'一夫'。闻诛一夫纣矣，未闻弑君也。"

义的人叫'残'。残、贼这样的人叫'独夫'。我只听说杀了独夫纣罢了，没听说臣杀君啊。"

【导读】

对于历史上是否有商汤流放夏桀、武王讨伐商纣之事，齐宣王明知故问。在齐宣王看来，凡是杀死君王的行为都应称为"弑"，是世人所不能容忍的，作为君王的自己就更不能容忍。孟子则区分了"弑"与"诛"的不同：杀死仁义之君称为"弑"，而杀死不仁义之君则称为"诛"。夏桀、商纣残暴无道，荒淫无度，是"残贼"之人，因而不用"弑"字。孟子"诛一夫"之说，主要是告诫齐宣王，只有守仁义行仁政才能避免出现类似的情况。

2.9　孟子见齐宣王，曰："为巨室，则必使工师（主管工匠的官）求大木。工师得大木，则王喜，以为能胜其任也。匠人斫（zhuó，砍）而小之，则王怒，以为不胜其任矣。夫人幼而学之，壮而欲行之，王曰：'姑舍女（rǔ，你）所学而从我。'则何如？今有璞玉于此，虽万镒（yì，古代重量单位，二十两为一镒），必使玉人雕琢之。至于治国家，则曰：'姑舍女所学而从我。'则何以异于教玉人雕琢玉哉？"

孟子拜见齐宣王，说："建造大房子，就一定要让工师去寻找大木料。工师找到大木料，大王就高兴，认为工师是称职的。木匠砍削木料，把木料砍小了，大王就发怒，认为木匠是不称职的。一个人从小学到了一种本领，长大了想运用它，大王却说：'暂且放弃你所学的本领，听我的吧。'那样行吗？假如现在有块璞玉在这里，虽然价值万金，也必定要让玉人来雕琢加工。至于治理国家，却说：'暂且放弃你所学的本领，听我的吧。'那么，这和非要玉匠按您的办法去雕琢玉石有什么不同呢？"

【导读】

孟子用打比方的方法告诫齐宣王应该选贤任能，让贤能之人学以致用，治理国家。他首先以修建房屋打比方，从工师、匠人两方面正反对比，向齐宣王明确提出贤才的重要性。然后又以雕琢璞玉打比方。雕琢璞玉需要能工巧匠，君王如果要求玉匠按照自己的主观想象去雕琢，很可能损害玉石的价值。贤能之人在治理国家时有一套科学有效的方法，如果事事都要按照君王旨意和好恶办理，那就像外行指导玉匠如何雕琢玉石一样。既然知道雕琢玉石需要请玉匠，同理，治理国家也需要贤才。孟子告诫齐宣王：要求贤能之人按自己的意愿办事，外行指挥内行，结果一定是害政乱国。

2.10　齐人伐燕，胜之。宣王问曰："或谓寡人勿取，或谓寡人取之。以万乘之国伐万乘之国，五旬而举（攻取）之，人力不至于此。不取，必有天殃。取之，何如？"

孟子对曰："取之而燕民悦，则取之。古之人有行之者，武王是也。取之而燕民不悦，则勿取。古之人有行之者，文王是也。以万乘之国伐万乘之国，箪（dān，盛饭用的竹筐）食壶浆以迎王师（天子的军队，此处指仁义之师），岂有他哉？避水火也。如水益深，如火益热，亦运（转，指由燕转为齐统治）而已矣。"

齐国攻打燕国，大获全胜。齐宣王问孟子道："有人劝我不要占领燕国，又有人劝我占领它。我觉得，以一个拥有万辆兵车的大国去攻打一个同样拥有万辆兵车的大国，只用五十天就打下来了，光凭人力是做不到的。（这是天意。）如果我们不占领它，（就是违背天意，）一定会遭到天谴。占领它，怎么样？"

孟子回答说："占领它能使燕国的百姓高兴，那就占领它。古人有这样做的，周武王便是。若占领它燕国的百姓不高兴，那就不要占领它。古人有如此做的，周文王便是。以齐国这样一个拥有万辆兵车的大国去攻打燕国这样一个同样拥有万辆兵车的大国，燕国的百姓却用饭筐装着饭、用酒壶盛着酒来欢迎大王您的军队，难道有别的什么原因吗？不过是想摆脱他们那水深火热的日子罢了。如果您让他们生活得更加水深火热，那他们也仅仅是原来由燕统治，现在变成了被齐统治而已。"

【导读】

这段对话应发生在齐伐燕胜利之初。孟子反对不义战争，但齐国的军队进入燕国时，燕国的老百姓"箪食壶浆以迎王师"，说明齐伐燕是救燕国百姓于水火，是仁义之师。对于胜利后是否占领燕国，孟子认为应看燕国百姓的态度。这说明孟子并不是一味反对战争，只要是正义的，符合百姓利益和愿望的战争，他也是认可的。所以在伐燕之初，孟子是支持齐国出兵的。但在伐燕胜利之后，齐宣王干的事情完全超乎孟子的想象，不仅吞并了燕国，还"杀其父兄，系累其子弟，毁其宗庙，迁其重器"，无恶不作。最终，齐国军队被燕人驱逐。

2.11　齐人伐燕，取之。诸侯将谋救燕。宣王曰："诸侯多谋伐寡人者，何以待之？"

孟子对曰："臣闻七十里为政于天下者，汤是也。未闻以千里畏人者也。《书》曰：'汤一征，自葛始。'天下信之。东面而征，西夷怨；南面而征，北狄怨，曰：'奚为后我？'民望之，若大旱之望云霓也。归市者不止，耕者不变，诛其君而吊（安抚）其民，若时雨降，民大悦。《书》曰：'徯（xī，等待）我后（王，君主），后来其苏。'今燕虐其民，王往而征之，民以为将拯己于水火之中也，箪食壶浆以迎王师。若杀其父兄，系累其子弟，毁其宗庙，迁其重器，如之何其可也？天下固畏齐之强也，今又倍地而不行仁政，是动（招致）天下之兵也。

齐国攻打并占领了燕国。一些诸侯谋划着救助燕国。齐宣王问孟子道："不少诸侯谋划着要来攻打齐国，我该怎么办呢？"

孟子回答说："我听说过有凭借方圆七十里的国土就统一天下的，商汤就是。却没有听说过拥有方圆千里的国土而害怕别国的。《尚书》说：'商汤征伐，从葛国开始。'天下人都相信他。所以，当他向东方进军时，西边国家的老百姓便不高兴；当他向南方进军时，北边国家的老百姓便不高兴，都说：'为什么把我们放到后面呢？'百姓盼望他，就像久旱盼乌云和虹霓一样。（这是因为汤的征伐一点也不惊扰百姓。）做生意的人照常做生意，种地的人照常种地，只是诛杀暴虐的国君，抚慰那些受害的百姓，就像天上下了及时雨一样，百姓非常高兴。《尚书》说：'等待我们的王，他来了，我们也就得到拯救了。'如今，燕国的国君虐待百姓，大王您的军队去征伐他，王速出令，反其旄（通"耄"，老人）倪（幼儿），止其重器，谋于燕众，置君而后去之，则犹可及止也。"

燕国的老百姓以为您是要把他们从水深火热之中拯救出来，所以用饭筐装着饭、用酒壶盛着酒来欢迎您的军队。如果您杀死他们的父兄，抓走他们的子弟，毁坏他们的宗庙，抢走他们的宝器，这样怎么可以呢？天下各国本来就害怕齐国强大，现在齐国的土地又扩大了一倍，还不施行仁政，这就必然会激起天下各国兴兵抗齐。大王您赶快发出命令，放回俘虏来的燕国老老小小，停止搬运燕国的宝器，再和燕国的各界人士商议，为他们选立一位新君，然后从燕国撤回齐国的军队，这样做，让各国停止兴兵动武还来得及。"

【导读】

　　齐伐燕引起了各诸侯国的恐慌，诸侯集体谋划讨伐齐国，一场诸侯国大战将要爆发。齐宣王问计于孟子。孟子告诉齐宣王，商汤的讨伐军随便到哪里都受到当地百姓欢迎，晚去百姓还会抱怨，这是因为商汤的军队只杀暴虐的君主，不惊扰百姓，更不抢他们的宝物，所以百姓盼商汤的军队就像盼及时雨一样。燕国百姓本以为齐国的军队是来解救他们的，所以箪食壶浆夹道欢迎，殊不知是引狼入室。齐国的军队无恶不作，使燕国百姓"水益深，火益热"，燕国百姓无法容忍。其他诸侯国也担心齐国继续扩张，故合谋讨伐齐国。孟子希望齐宣王悬崖勒马，赶快撤军，避免诸侯国大战爆发。进也民心，退也民心。民心向背是孟子政治思想的核心。

　　2.12　邹与鲁哄（hòng，争吵，冲突）。穆公（即邹穆公。孟子是邹国人，故问他）问曰："吾有司（官吏）死者三十三人，而民莫之死也。诛

邹国与鲁国发生冲突。邹穆公问孟子道："我的官吏死了三十三个，百姓却没有一个为他们死难的。杀他们吧，杀不了那么多；不杀他们吧，又实在恨他们眼睁睁

之，则不可胜诛；不诛，则疾（憎恨）视其长上之死而不救。如之何则可也？"

孟子对曰："凶年饥岁，君之民老弱转（丢弃，这里指弃尸）乎沟壑，壮者散而之四方者，几（差不多）千人矣；而君之仓廪实，府库充，有司莫以告，是上慢（冷漠）而残下也。曾子曰：'戒之戒之！出乎尔者，反乎尔者也。'夫民今而后得反之也。君无尤焉！君行仁政，斯民亲其上，死其长矣。"

地看着长官被杀而不去营救。到底怎么办才好呢？"

孟子回答说："灾荒年岁，您的百姓，年老体弱的弃尸于山沟，年轻力壮的四处逃荒，差不多有上千人吧；而您的粮仓里堆满粮食，货库里装满财宝，官吏却从来不向您报告百姓的情况，这是他们不关心百姓并且还残害百姓的表现。曾子说：'小心啊，小心啊！你怎样对待别人，别人也会怎样对待你。'现在就是百姓报复他们的时候了。您不要归罪于百姓吧！只要您施行仁政，百姓自然就会亲近他们的长官，情愿为他们的长官赴死。"

【导读】

孟子认为，君爱民则民拥君。在战争中，百姓如何对待为政者，是治国者平时为政如何的试金石。要想赢得百姓的支持，就必须时时关心爱护百姓。假如百姓灾荒年岁饿死或逃荒时，当政者见死不救，那么百姓看到官吏战死也会不救，即"你不仁，我不义"。如果官吏施行仁政，关心百姓疾苦，百姓自然就会亲近他们的长官，情愿为他们的长官赴死，就如曾子所说"出乎尔者，反乎尔者也"。故曾子一再提醒："戒之戒之！"

2.13 滕文公问曰："滕（西周分封的诸侯国，在今山东滕州西南），小国也，间于齐、楚。事齐乎？事楚乎？"

孟子对曰："是谋非吾所能及

滕文公问孟子道："滕国是一个小国，地处齐和楚两个大国之间。是归服齐国好呢，还是归服楚国好呢？"

孟子回答说："到底归服哪个国家好我

也。无已（不得已），则有一焉：凿斯池（护城河）也，筑斯城也，与民守之，效（赴）死而民弗去，则是可为也。"

也说不清。如果您一定要我谈谈看法，那倒是另有一个办法：把护城河挖深，把城墙筑坚固，与百姓一起坚守它，百姓宁可死也不退去，做到了这样，就可以有所作为了。"

🌀 【导读】

　　弱国无外交。在诸侯混战时期，两大之间难为小，归顺哪一方都会招来麻烦。孟子认为只有一条路可走，那就是自立自强。管理好自己的内政，增强百姓的向心力，然后加强国防设施建设，把护城河挖得深深的，把城墙加高加厚，君民同心合力，保卫自己的国家。

　　2.14　滕文公问曰："齐人将筑薛（加固薛地的城池），吾甚恐，如之何则可？"

　　孟子对曰："昔者大王居邠（也作"豳"，在今陕西旬邑西），狄人侵之，去之岐山之下居焉。非择而取之，不得已也。苟为善，后世子孙必有王者矣。君子创业垂统，为可继也。若夫成功，则天也。君如彼何哉？强为善而已矣。"

　　滕文公问孟子道："齐国要加固薛城，我很害怕，怎么办才好呢？"

　　孟子回答说："从前太王居住在邠地，狄人侵犯那里，他便离开迁到岐山下居住。不是愿意选择那里居住，迫不得已罢了。一个君主如果能施行善政，后代子孙中必定会有称王于天下的。仁德之人创立基业，传给后世，是为了可以继承下去。至于能否成功，那就由天决定了。您如何对付齐国呢？唯有努力施行仁政罢了。"

🌀 【导读】

　　齐国将薛国归入自己的版图，并将薛地封给田氏，且在薛地加强军事建设。滕文公忧心忡忡，又一次请教孟子。孟子举最能谦让的太王为例，说明在敌强我弱的情况下，不能好勇斗狠，要忍辱负重，勉励为善，强化内政，自立自强。这样不仅能富民强国，还能受到别国尊重。

2.15　滕文公问曰："滕，小国也，竭力以事大国，则不得免焉，如之何则可？"

孟子对曰："昔者大王居邠，狄人侵之。事之以皮币（毛皮和缯帛。古代用作聘享的贵重礼物），不得免焉；事之以犬马，不得免焉；事之以珠玉，不得免焉。乃属（会集）其耆（qí，六十岁曰耆）老（七十曰老）而告之曰：'狄人之所欲者，吾土地也。吾闻之也：君子不以其所以养人者害人。二三子（古语指诸君）何患乎无君？我将去之。'去邠，逾（越过）梁山（在今陕西乾县西北），邑（yì，本义城市，此处指新建城市）于岐山之下居焉。邠人曰：'仁人也，不可失也。'从之者如归市。

"或曰：'世守也，非身之所能为也，效死勿去。'

"君请择于斯二者。"

滕文公问孟子道："滕国是个小国，竭力去侍奉大国，却不能免除威胁，怎么办才好呢？"

孟子回答说："从前，周太王居住在邠地，狄人侵犯那里。周太王拿毛皮和缯帛送给狄人，不能免遭侵犯；拿名犬良马送给狄人，不能免遭侵犯；拿珠宝玉器送给狄人，还是不能免遭侵犯。于是召集邠地的父老，对他们说：'狄人想要的是我们的土地。我听说过这样一句话：仁德之人不拿用来养活人的东西害人。你们何必担心没有君主？我要离开这里了。'于是离开邠地，越过梁山，在岐山下建城邑定居下来。邠地的人说：'周太王是个仁人啊，不能失去他啊。'追随他迁居的人多得像赶集一般。

"也有人说：'土地是必须世世代代守护的，不能自作主张舍弃，拼了命也要保住它。'

"请您在这两种办法中选择吧。"

🌀 【导读】

滕文公意识到，即使尽心竭力侍奉两个大国，最后还是免不了受侵略，不知如何是好，于是求教于孟子。孟子以周太王住在邠地受狄人侵犯不得已迁居为例，认为在没有办法的情形之下，可以选择迁居。但孟子也认为，世代传下来的土地应该好好守护，不可以在自己手里丧失，宁可战死，也不要轻言放弃。两种办法，如何选择？孟子将决定权交给了滕文公。

2.16　鲁平公将出，嬖人（被宠幸的人。嬖音bì）臧仓者请曰："他日君出，则必命有司所之。今乘舆已驾矣，有司未知所之，敢请。"

公曰："将见孟子。"

曰："何哉，君所为轻身（降低自己身份）以先于匹夫者？以为贤乎？礼义由贤者出；而孟子之后丧逾前丧。君无见焉！"

公曰："诺。"

乐正子（名克，孟子的学生）入见，曰："君奚为不见孟轲也？"

曰："或告寡人曰：'孟子之后丧逾前丧。'是以不往见也。"

曰："何哉？君所谓逾者，前以士，后以大夫；前以三鼎，而后以五鼎与？"

曰："否。谓棺椁（古代棺木有两层，内层叫棺，外层叫椁）衣衾之美也。"

曰："非所谓逾也，贫富不同也。"

乐正子见孟子，曰："克告于君，君为来见也。嬖人有臧仓者沮（阻止）君，君是以不果来也。"

曰："行，或使之；止，或尼

鲁平公将要外出，他的宠臣臧仓请示说："往日您外出，去哪儿一定要令有关官员知道。今天车马已经备好，有关官员还不知道要去哪里，斗胆请您示下。"

鲁平公说："要去见孟子。"

臧仓说："您为什么要降低身份去见一个平民呢？您以为他贤能吗？礼义是贤者所提倡的；而孟子为后去世的母亲操办丧事的规格超过先前为父亲操办丧事的规格。您还是不要见他的好。"

鲁平公说："好吧。"

乐正子入宫见鲁平公，说："您为什么不去见孟轲呢？"

鲁平公说："有人告诉我：'孟子为后去世的母亲操办丧事的规格超过先前为父亲操办丧事的规格。'所以我不去见他。"

乐正子说："为什么呀？您所谓的超过，是前面用士后面用大夫的丧礼规格，还是前面用三鼎后面用五鼎祭祀？"

鲁平公说："不是。我所说的是指棺椁和寿衣的精美不同。"

乐正子说："这不叫超过，这是前后家境贫富不同而已。"

后来乐正子见到孟子时说："我告诉国君，国君本来要来见您的。但他的宠臣臧仓阻止了他，鲁君因此没能来。"

孟子说："一个行动，或许有人促进它；

（阻止）之。行止，非人所能也。吾之不遇鲁侯，天也。臧氏之子焉能使予不遇哉？"

停止了，或许有人阻止它。是行动还是停止，不是一个人所能左右的。我之所以不能与鲁君相见，这是天意。臧仓那小子怎么能使我们不相见呢？"

【导读】

鲁平公，名叔，鲁国第三十三任君主，在位二十年，其在位时鲁国国力衰弱，当时战国七雄中的六国均已称王，鲁国苟延残喘于列国之中。

鲁平公准备去见孟子，其宠臣臧仓以孟子"后丧逾前丧"为由，劝阻了鲁平公，故孟子未能与鲁平公相见。孟子认为这都是命，"臧氏之子焉能使予不遇哉？"孟子强调君王的一言一行，一举一动，都关乎广大百姓的安危，所有统治者都应该做到施仁爱民。而孟子多次提到的"天"或"命"，并不是"宿命论"，是指宇宙现象及人类发展的规律。孟子常言天命，是指天道（规律）、宇宙的法则。当人事、物理、历史的命运、时间和空间聚合起来，形成一股力量，成为一种趋势的时候，孟子称其为天命，时下称之为"时代的趋势"。

文中提到的"三鼎""五鼎"，是士礼和卿大夫礼的区别。鼎是古代祭祀时用来盛祭品的器皿。士礼三鼎，卿大夫五鼎。三鼎：豕、鱼、腊各一鼎。五鼎：羊、豕、肤（切肉）、鱼、腊各一鼎。

公孙丑章句上

（凡九章）

3.1　公孙丑问曰："夫子当路（执政）于齐，管仲、晏子之功，可复许（再次兴起）乎？"

孟子曰："子诚齐人也，知管仲、晏子而已矣。或问乎曾西曰：'吾子（亲密的对称敬词）与子路（即仲由。孔子学生，"孔门十哲"之一）孰贤？'曾西蹴然（不安的样子。蹴音cù）曰：'吾先子（指已逝的长辈。这里指曾西的父亲曾参）之所畏也。'曰：'然则吾子与管仲孰贤？'曾西艴然（恼怒的样子。艴音bó）不悦，曰：'尔何曾（竟然、居然）比予于管仲？管仲得君如彼其专也，行乎国政如彼其久也，功烈（功勋业绩）如彼其卑也；尔何曾比予于是？'"

曰："管仲，曾西之所不为也，而子为（犹"谓"，认为）我愿之乎？"

公孙丑问孟子道："您如果在齐国当权，管仲、晏子的功业可以再度兴起吗？"

孟子说："你可真是个齐国人啊，只知道管仲、晏子。曾经有人问曾西：'您和子路相比，哪个更有才能？'曾西不安地说：'子路可是我父亲所敬畏的人啊，我怎么能和他相比呢？'那人又问：'那么您和管仲相比，哪个更有才能呢？'曾西马上不高兴地说：'你竟然拿管仲来和我相比？管仲受到齐桓公那样信任不疑，行使国家政权那样长久，而功绩却是那样少，你怎么竟拿他来和我相比呢？'"

孟子接着说："管仲是曾西都不愿跟他相比的人，你以为我愿意跟他相提并论吗？"

曰："管仲以其君霸，晏子以其君显。管仲、晏子犹不足为与？"

曰："以齐王（称王天下），由（通"犹"，好像）反手也。"

曰："若是，则弟子之惑滋甚。且以文王之德，百年而后崩，犹未洽于天下；武王、周公继之，然后大行。今言王若易然，则文王不足法与？"

曰："文王何可当也？由汤至于武丁，贤圣之君六七作，天下归殷久矣，久则难变也。武丁朝诸侯，有天下，犹运之掌也。纣之去武丁未久也，其故家遗俗，流风善政，犹有存者；又有微子、微仲、王子比干、箕子、胶鬲（五人皆商朝贤臣）——皆贤人也——相与辅相之，故久而后失之也。尺地，莫非其有也；一民，莫非其臣也；然而文王犹方百里起，是以难也。齐人有言曰：'虽有智慧，不如乘势；虽有镃基（类似今天的锄头），不如待时。'今时则易然也：夏后、殷、周之盛，地未有过千里者也，而齐有其地矣；鸡鸣狗吠相闻，而达乎四境，而齐有其民矣。地不改（更也。进一

公孙丑说："管仲辅佐桓公称霸天下，晏子辅佐景公名扬诸侯。难道管仲、晏子还不值得相比吗？"

孟子说："以齐国的实力用王道来统一天下，易如反掌。"

公孙丑说："您这样说我就更加疑惑不解了。以周文王那样的仁德，活了将近一百岁，还没能统一天下；直到周武王、周公继承他的事业，然后才统一天下。现在您说用王道统一天下易如反掌，那么，连周文王都不值得学习了吗？"

孟子说："怎么能够比得上周文王呢？由商汤到武丁，贤明的君主有六七个，天下人归服殷朝已经很久了，久就难以变动。武丁使诸侯来朝，统治天下就像在自己的手掌心里运转一样容易。纣王的年代离武丁并不久远，武丁的勋臣世家、良好习俗、传统风尚、慈善政治都还有遗存；又有微子、微仲、王子比干、箕子、胶鬲等一批贤臣共同辅佐，所以能统治很久以后才失去政权。当时没有一尺土地不属于纣王，没有一个百姓不是纣王的臣民，在那种情况下，文王只能从方圆百里的小地方兴起，所以是非常困难的。齐国俗话说得好：'纵然有智慧，还得顺应时势；纵然有锄头，还得待农时。'现在的时势就很利于用王道统一天下：夏、商、周三代兴盛的时候，没有哪一国的国土有超过方圆千里的，而现

步）辟（开拓）矣，民不改聚矣，行仁政而王，莫之能御也。且王者之不作，未有疏于此时者也；民之憔悴于虐政，未有甚于此时者也。饥者易为食，渴者易为饮。孔子曰：'德之流行，速于置邮（置和邮相当于后世的驿站，此处指传得快）而传命。'当今之时，万乘之国行仁政，民之悦之，犹解倒悬也。故事半古之人，功必倍之，惟此时为然。"

在的齐国却有这么广阔的土地；从国都一直到四方边境，处处都能听得见鸡鸣狗叫的声音，这说明齐国人口众多。齐国国土不需要再开辟，百姓不需要再增加，如果施行仁政来统一天下，没有谁能够阻挡。何况，仁治天下的贤君没有出现，从来没有像现在相隔这么久的；百姓受暴政的折磨，从来没有像现在这么厉害过。饥饿的人不择食物，口渴的人不择饮料。孔子说：'道德的流行，比驿站传递政令还要迅速。'现在这个时候，拥有一万辆兵车的大国施行仁政，百姓的喜悦之情，就像被吊着的人得到解救一样。所以，做古人一半的事，就可以成就古人双倍的功绩，只有这个时候才能做得到。"

【导读】

公孙丑，孟子的学生，齐国人。传说曾与万章等人编纂《孟子》。

公孙丑问孟子，如果在齐国当政，能否复兴"管仲、晏子之功"。孟子认为管仲、晏子受到君主高度信任，行使国家政权久却功绩少，不愿与之相比。实际上，孟子是不赞同管仲、晏子的治国方略。孟子是"王道"政治的倡导者，他不屑与"霸道"政治家管仲、晏婴相提并论，这正如齐宣王问"齐桓、晋文之事"他不予回答一样。孟子热衷的是在齐国推行"王道"政治，希望靠施行"仁政"来统一天下。孟子认为无论从土地、人口还是时机来看，当时是施行王道的最好时候，可以收到事半功倍的效果。孟子关于待时乘势、事半功倍的论述富有启迪意义。

3.2 公孙丑问曰："夫子加（担任）齐之卿相，得行道焉，虽由此

公孙丑问："老师您要是担任齐国的卿相，您的仁政之道就能得到推行，由此成

霸王，不异（不以为奇）矣。如此，则动心否乎？"

孟子曰："否。我四十不动心。"

曰："若是，则夫子过孟贲（古代的勇士）远矣。"

曰："是不难，告子（兼治儒墨之道，传说曾学于孟子）先我不动心。"

曰："不动心有道乎？"

曰："有。北宫黝（传说为齐国勇士）之养勇也：不肤挠（náo，退），不目逃，思以一豪（通"毫"）挫于人，若挞（tà，用鞭棍等打人）之于市朝；不受于褐宽博（地位低下的人。褐音hè，粗布），亦不受于万乘之君；视刺万乘之君，若刺褐夫（地位低下的人）；无严（畏惧）诸侯，恶声至，必反之。孟施舍（人名，事无可考）之所养勇也，曰：'视不胜犹胜也；量敌而后进，虑胜而后会，是畏三军者也。舍岂能为必胜哉？能无惧而已矣。'孟施舍似曾子，北宫黝似子夏（孔子学生，即卜商，"孔门十哲"之一）。夫二子之勇，未知其孰贤，然而孟施舍守约（简易可行）也。昔者曾子谓子襄（曾子弟子）曰：'子好勇乎？吾尝闻大勇于夫子矣：自反而不缩（直），虽褐宽博，

就霸业乃至王业，都不足为奇。像这样，您会动心吗？"

孟子说："不。我四十岁之后就不动心了。"

公孙丑说："若是这样，先生比孟贲要强多了。"

孟子说："做到这个并不难，告子做到不动心比我还要早。"

公孙丑问："做到不动心有什么诀窍吗？"

孟子说："有。北宫黝培养勇气的方法是：肌肤被刺破而不退避，看见危险不逃避，即使有一根毫毛被别人伤害，也觉得犹如在大庭广众之下遭到鞭打一样；他不受制于贫贱的人，也不受制于大国的君主；把刺杀大国君主看作如同刺杀普通人一样；他不惧怕诸侯，受到辱骂必然要回击。孟施舍培养勇气的方法又不同，他说：'我对待不能战胜的对手和能够战胜的对手是一样的；假如事先估量对手的强弱，考虑胜败再去交手，那就会畏惧对手众多和强大。我哪能一定打胜仗呢？只不过无所畏惧罢了。'孟施舍像曾子，北宫黝像子夏。这两个人的勇，不知道谁更好些，然而孟施舍比较简易可行。从前曾子告诉子襄说：'你崇尚勇敢吗？我曾经听孔子阐述过大勇：反躬自问，正义不在我，虽然是卑微的人，我也不恐吓他；反躬自问，正义在我，对方纵有千军万马，我亦勇往直前。'孟施舍

吾不慊（不使惊恐）焉；自反而缩，虽千万人，吾往矣。'孟施舍之守气，又不如曾子之守约也。"

曰："敢问夫子之不动心与告子之不动心，可得闻与？"

"告子曰：'不得于言，勿求于心；不得于心，勿求于气。'不得于心，勿求于气，可；不得于言，勿求于心，不可。夫志，气之帅也；气，体之充（充满身体的力量）也。夫志至（周密）焉，气次焉。故曰：'持其志，无暴（乱）其气。'"

"既曰'志至焉，气次焉'，又曰'持其志，无暴其气'者，何也？"

曰："志壹则动气，气壹则动志也。今夫蹶（jué，失足跌倒）者趋（奔跑）者，是气也，而反动（动摇）其心。"

"敢问夫子恶乎长？"

曰："我知（善于分析）言，我善养吾浩然之气。"

"敢问何谓浩然之气？"

曰："难言也。其为气也，至

只是保持无所畏惧的态度，但又不如曾子的方法简易可行。"

公孙丑说："请问先生您的不动心与告子的不动心有什么不同，可以说来听听吗？"

孟子说："告子说：'不理解对方的语言，就无法理解对方的心思；不理解对方的心思，就无法理解对方的意气。'不理解对方的心思，就无法理解对方的意气，是可以的；不懂得对方的语言，就无法理解对方的心思，就不可以了。人的意志，乃是人的意气的主帅；人的意气，是充满人体内的巨大的精神力量。那意志是周密的，意气比起来就稍差一点。所以说：'保持自己的意志，不要糟蹋自己的意气。'"

公孙丑又问："既然说'那意志是周密的，意气比起来就稍差一点'，又说'保持自己的意志，不要糟蹋自己的意气'，这是为什么呢？"

孟子说："意志专一则会使意气为之转移，意气专一又会影响意志的坚定。假如跌倒和奔跑，只是体气上专注于某一方面造成的，然而也会影响到思想，造成心的浮动。"

公孙丑又问："请问先生擅长什么呢？"

孟子说："我善于分析别人的言辞，我善于培养我的浩然之气。"

公孙丑问："请问什么叫浩然之气？"

孟子说："这很难说透。这种气，最伟

大至刚，以直（正义）养而无害，则塞（充实）于天地之间。其为气也，配义与道；无是，馁（něi，丧失勇气）也。是集义所生者，非义袭而取之也。行有不慊（qiè，满足）于心，则馁矣。我故曰，告子未尝知义，以其外之也。必有事焉，而勿正，心勿忘，勿助长也。无若宋人然：宋人有闵（忧）其苗之不长而揠（yà，拔）之者，芒芒然（疲惫不堪的样子）归，谓其人曰：'今日病（疲倦）矣，予助苗长矣！'其子趋而往视之，苗则槁矣。天下之不助苗长者寡矣。以为无益而舍之者，不耘苗者也；助之长者，揠苗者也——非徒无益，而又害之。"

大、最刚强，用正义去培养它而不损害它，就会充满于天地之间。这种气必须配上正义与道，缺乏它就没有力量。这种气是由正义的长期积累所产生的，不是凭偶然的正义行为所能获取的。只要做一件于心有愧的事，这种气就会疲软。所以我说，告子不曾懂得义，因为他把义看作是心外之物。如果要把义看成内在的东西，一定要培养它，先不要有特定的目标，心里时时刻刻记住它，但不要违背规律去助长它。千万不要像宋国人那样：宋国有个人担心他的禾苗长不快而把禾苗拔高，累了一天回家，告诉家里人说：'今天太累了，我帮助禾苗生长了！'他的儿子赶快跑去一看，禾苗都枯萎了。天下不拔苗助长的人太少了。认为无益而放弃不干，就是种庄稼不锄草松土的懒汉；违背规律帮助禾苗快速成长的人，就是拔苗助长的人。这种助长行为，不但没有什么好处，反而会伤害它。"

"何谓知言？"

公孙丑又问："怎样才算善于分析别人的言辞呢？"

曰："诐（bì，偏颇）辞知其所蔽，淫（过分）辞知其所陷，邪辞知其所离，遁辞知其所穷。——生于其心，害于其政；发于其政，害于其事。圣人复起，必从吾言矣。"

孟子说："听偏颇不正的言辞就知道其有所隐蔽，听过分的言辞就知道其有所沉溺，听邪恶的言辞就知道其有所偏离，听搪塞的言辞就知道其有所困窘。——这四种言辞是从内心中产生的，必然会危害到政务；如果萌发于政务，就会妨害事情的办理。如果再有圣人出现，也会赞同我这个见解的。"

"宰我（宰予，孔子学生）、子贡（端木赐，孔子学生）善为说辞，冉牛（冉耕，孔子学生）、闵子（闵损，孔子学生）、颜渊（颜回，孔子学生）善言德行。孔子兼之，曰：'我于辞命（辞令），则不能也。'然则夫子既圣矣乎？"

曰："恶（哎）！是何言也！昔者子贡问于孔子曰：'夫子圣矣乎？'孔子曰：'圣则吾不能，我学不厌而教不倦也。'子贡曰：'学不厌，智也；教不倦，仁也。仁且智，夫子既圣矣。'夫圣，孔子不居，是何言也！"

"昔者窃闻之：子夏、子游（言偃，孔子学生）、子张（颛孙师，孔子学生）皆有圣人之一体，冉牛、闵子、颜渊则具体而微，敢问所安。"

曰："姑舍是。"

曰："伯夷（商末孤竹君的长子。他和弟弟叔齐互相让位双双出逃。武王伐纣时，二人曾扣住马头劝谏，武王不听，于是二人隐居首阳山，不食周粟活活饿死）、伊尹（商朝大臣，曾辅佐商汤攻灭夏桀）何如？"

曰："不同道（志向，追求）。非其君不事，非其民不使；治则进，

公孙丑又问："宰我、子贡善于言辞，冉牛、闵子、颜渊善于阐述道德。孔子则兼而有之，可他还说：'我对于辞令，是不擅长的。'那么您既善于分析别人的言辞，又善养浩然之气，已经是圣人了？"

孟子说："哎！你这是什么话！从前子贡问孔子道：'先生是圣人吗？'孔子说：'圣人，我做不到，我不过是学习不知道满足，教人不觉得疲劳罢了。'子贡说：'学习不知道满足，是智慧；教人不觉得疲劳，是爱人。既有爱又有智，先生就是圣人了。'圣人，孔子都不敢自居，你却加在我头上，这是什么话呢！"

公孙丑又问："从前我听说：子夏、子游、子张都各有孔圣人的一部分长处，冉牛、闵子、颜渊则大体近于孔子，请问您属于其中哪一种？"

孟子说："暂时不谈这些吧。"

公孙丑又问："伯夷、伊尹这两个人如何？"

孟子说："他们不是同一条道上的人。不是他理想中的君主就不侍奉，不是他理

乱则退，伯夷也。何事非君，何使非民；治亦进，乱亦进，伊尹也。可以仕则仕，可以止则止，可以久则久，可以速则速，孔子也。皆古圣人也，吾未能有行焉；乃所愿，则学孔子也。"

"伯夷、伊尹于孔子，若是班（等齐）乎？"

曰："否。自有生民以来，未有孔子也。"

曰："然则有同与？"

曰："有。得百里之地而君之，皆能以朝诸侯，有天下；行一不义，杀一不辜，而得天下，皆不为也。是则同。"

曰："敢问其所以异？"

曰："宰我、子贡、有若（孔子学生），智足以知圣人，污（意指地位低下）不至阿其所好。宰我曰：'以予（宰我之名）观于夫子，贤于尧、舜远矣。'子贡曰：'见其礼而知其政，闻其乐而知其德，由百世

想中的百姓就不使唤；天下太平就出来做官，天下昏暗就退而隐居，这就是伯夷。任何君主都侍奉，任何百姓都使唤；天下太平出来做官，天下昏暗也出来做官，这就是伊尹。可以出仕就出仕，可以退避就退避，能长久干就长久干，应该马上离开就马上离开，这就是孔子。他们都是古代的圣人，我没有能做到他们那样；至于我的愿望，就是学习孔子。"

公孙丑又问："伯夷、伊尹能与孔子相提并论吗？"

孟子说："不。自有人类以来，没有人能比得上孔子的。"

公孙丑说："那么，这三位圣人有相同的地方吗？"

孟子说："有。得到方圆百里的土地而统治它，他们都能使诸侯来朝见，而拥有天下；如果叫他们做一件不合道义的事，杀一个无辜的人，而得到天下，他们都不会干。这就是他们的共同之处。"

公孙丑又问："请问他们之间的不同之处又在哪里？"

孟子说："宰我、子贡、有若，他们的智谋足以了解圣人，他们再不好也不至于偏袒他们喜欢的人。宰我说：'依我来观察孔夫子，其贤能远远超过尧、舜。'子贡说：'观察一国的礼制就知道它的政治，听到一国的音乐就知道它的德教，即使百世之后

之后，等百世之王，莫之能违也。自生民以来，未有夫子也。'有若曰：'岂惟民哉？麒麟之于走兽，凤凰之于飞鸟，太山之于丘垤（小土堆。垤音dié），河海之于行潦（路上积水，意指小溪。潦音lǎo），类也。圣人之于民，亦类也。出于其类，拔乎其萃，自生民以来，未有盛于孔子也。'"

来评价这百世中的君王，也没有一个人能违背孔夫子的观点。自有人类以来，没有孔子这样的人。'有若说：'难道只有人有高下之分吗？麒麟与走兽，凤凰与飞鸟，泰山与土堆，河海与小溪，都是同类。圣人与百姓，也是同类。远远高出同类，大大超越群体，自有人类以来，没有谁比孔子更伟大的了。'"

【导读】

本章较长，可以划分为三个层次。

第一层围绕"不动心"展开。孟子所说的"不动心"，是说不受外界功名利禄的影响而改变自己的心志和追求，在取得功名富贵、对国家和人民有了贡献之后，仍能保持没有成功时的心态，不骄傲自大，也不会颐指气使，始终保持一心求进的状态。这也是"素富贵行乎富贵，素贫贱行乎贫贱"的智者本色。这是对待外界事物的一种态度，也是得意而不忘形的修养。只有智者才能不动心，才能始终如一。孟子强调的是不忘初心，方得始终。

第二层围绕"浩然之气"展开。孟子所谓浩然之气，就是刚正之气，就是人间正气，是大义大德造就的一身正气。一个人有了浩气长存的精神力量，不管是面对诱惑，还是面对威胁，都能处变不惊，镇定自若，达到"不动心"的境界——也就是孟子所说的"富贵不能淫，贫贱不能移，威武不能屈"的高尚情操。浩然之气，至大至刚，是充满仁义道德的正气、骨气。一个人若能"不淫""不移""不屈"，靠的就是这种气。然而，这种气"是集义所生者，非义袭而取之也"，需要日积月累，水到渠成；切忌拔苗助长，急于求成。

第三层围绕公孙丑提出的"然则夫子既圣矣乎"展开。公孙丑言下之意就是孟子可称当代的圣人。孟子举出孔子当年不以圣人自居的故事，而今孟子在学生面前也不以圣人自居。那么孟子内心究竟自比为谁呢？这是一个耐人寻味的问题。孟子明面上不承认自己是圣人，又引用孔子不自居圣人的故事，真正用意只能让公孙丑自己去体悟。此章以伯夷、伊尹和孔子三人为例，重点言出仕之道。伯夷是天下安定的时候做官，天下混乱的时候就隐居。伊尹是天下安定时做官，天下大乱时也照样做官。孔子是看具体情况，可以做官就做官，可以辞职就辞职；可以长做就长做，可以短做就短做。所谓"可以"，就是因时因事而定。世事复杂多变，不可简单划一。孟子认为三位都可以说是圣人，而自己则倾向于以孔子为榜样。

3.3 孟子曰："以力假（凭借）仁者霸，霸必有大国；以德行仁者王，王不待（依靠）大——汤以七十里，文王以百里。以力服人者，非心服也，力不赡（充足）也；以德服人者，中心悦而诚服也，如七十子之服孔子也。《诗》云：'自西自东，自南自北，无思（语助词，无义）不服。'此之谓也。"

孟子说："奉行强力假借仁的名义是霸道，霸道一定要凭借强大的国力；依靠道德施行仁政的是王道，行王道不一定要依靠强大的国力——商汤凭借七十里国土，周文王凭借百里国土，就使人心归服。倚仗实力使人臣服，并不能使人心服，是因为实力不足以与之对抗的缘故；依靠仁德使人臣服，人心中喜悦而诚心诚意归服，如同七十多个弟子诚心诚意拜服孔子。《诗经》说：'从西面到东面，从南面到北面，无不心悦诚服。'说的就是这个道理。"

【导读】

霸道借助权势和武力，却常常打着仁义道德的旗号，施行霸道需要拥有强大的国力。而王道则是以道德政治为核心推行仁政，施行王道则无所谓国家的大小强弱。以力服人是一种手段和方法，以德服人不仅是一种方法，更是目的。只有以德服人，才能让人心悦诚服，才能长治久安。道理能征服人，主要靠真理的力量；道德能征服人，主要靠人格的力量。人格和德行作为非智力因素，尽管不是道理，但往往胜于道理。

3.4 孟子曰："仁则荣，不仁则辱；今恶辱而居不仁，是犹恶湿

孟子说："如果施行仁政就会有荣耀，不施行仁政就会遭受屈辱；如今憎恶屈辱

而居下也。如恶之，莫如贵德而尊士，贤者在位，能者在职；国家闲暇（指国家安定无内忧外患），及是时，明其政刑（法典）。虽大国，必畏之矣。《诗》云：'迨天之未阴雨，彻彼桑土，绸缪牖户。今此下民，或敢侮予？'孔子曰：'为此诗者，其知道乎！能治其国家，谁敢侮之？'今国家闲暇，及是时，般（pán，大）乐怠（惰）敖（同"遨"，遨游），是自求祸也。祸福无不自己求之者。《诗》云：'永言配命，自求多福。'《太甲》（《尚书》篇名）曰：'天作孽，犹可违；自作孽，不可活（"逭"的借字，"逃"的意思。逭音huàn）。'此之谓也。"

而又不施行仁政，就好像憎恶潮湿又居住在地势低洼的地方一样。如果憎恶屈辱，不如以德为贵而尊敬士人，使仁德的人居于相当的官位，有才能的人担任一定的职务；趁国家无内忧外患之机，修明政教法典。即使是强大的邻国，也必然会畏惧它。《诗经》说：'趁着还没有阴天下雨，桑树根上削剥皮，门儿窗户修理好。下面的人们，谁敢来欺侮呢？'孔子说：'作这篇诗的人懂得道理呀！能够治理国家，谁敢侮辱他？'如今国家无内忧外患，趁此时机，纵情享乐，怠慢国政，四处游乐，是自找灾祸。无论是福是祸，无不是自己招致的。《诗经》说：'长久地遵从天命，为自己寻找更多的幸福。'《尚书·太甲》说：'天降灾祸，还可以躲避；自己酿造的灾祸，就逃脱不了灭亡。'说的就是这个意思。"

【导读】

一个人，一个国家，要想改变自己的命运，不是靠他力，而是靠"自求多福"，即发奋图强。"天作孽，犹可违；自作孽，不可活。"也就是说，台风、地震、水灾、旱灾等自然灾害有时还可以抗拒避免，如果自己放、僻、邪、侈，就逃不掉灾祸的降临。孟子从"恶湿居下"这个浅显的道理入手，劝诫统治者要施行仁政。进而指出，有些国君既厌恶屈辱，却又安于现状，不施行仁政。他奉劝国君，如果真的厌恶屈辱，就应该崇尚仁德，尊敬贤士，施行仁政。应居安思危，防患于未然。

3.5 孟子曰："尊贤使能，俊杰在位，则天下之士皆悦，而愿立

孟子说："尊重贤才使用能人，才华出众的人有相应的职位，那么天下的士子都

于其朝矣；市，廛（chán，将货物储藏在市中货栈）而不征（征税），法（形成制度）而不廛，则天下之商皆悦，而愿藏于其市矣；关，讥（盘查）而不征，则天下之旅（旅行者，做生意的人）皆悦，而愿出于其路矣；耕者，助而不税（古代的一种劳役租赋制度，只帮助种公田而不再收税），则天下之农皆悦，而愿耕于其野矣；廛（民居），无夫里之布（古代的税收名称，即"夫布""里布"，大致相当于后世的劳役税、土地税），则天下之民皆悦，而愿为之氓（méng，民）矣。信（确实）能行此五者，则邻国之民，仰之若父母矣。率其子弟，攻其父母，自有生民以来，未有能济（成功）者也。如此，则无敌于天下。无敌于天下者，天吏也。然而不王者，未之有也。"

会喜悦，愿意在这样的朝廷里供职；在市场上，储藏货物的地方不征税，政府把滞销的货物依法收购不使积压，那么天下的商人都会喜悦，从而愿意将货物屯藏在这样的市场；在关卡隘口，仅是盘查而不征税，那么天下的旅客都会喜悦，从而愿意行走于这样的道路上；耕田的人，只需助耕井田中的公田而不课以其他租税，那么天下的农民都会喜悦，从而愿意耕种这样的土地；人们居住的地方，没有额外的徭役地税，那么天下的百姓都会喜悦，从而愿意成为这里的居民。确实能做到这五点，那么邻国的百姓就会像对待父母一样敬仰该国君王。如果邻国之君要率领这样的百姓攻打该国，就好像率领儿女攻打他们的父母一样，自有人类以来，这种事是没有成功的。如此就会无敌于天下。天下无敌的人，是尊奉上天旨意的执政者。如此还不能统一天下，那是从来不曾有过的。"

【导读】

任何时代，都需要有正确的用人导向。能干、肯干、会干的人受尊重、受重用，才能让想干、实干者心无旁骛地施展身手，让开拓者无忧前行。孟子一直关注任人唯贤和惠民而王的问题。在古代，实行的是人治而非法治，统治者的能力和好恶决定了政治环境和百姓生活的好坏。那么任人唯贤和惠民而王便是施行仁政的重要途径，因此，孟子提出了"尊贤使能"和"保民而王"的思想。孟子认为"尊贤使能"是实现仁政的一项重要措施，"尊贤"才能聚集人才，"使能"可让德才出众的人身居相应的位置为国出力，实现王天下的目标。所谓惠民而王，希望统治者能让士、农、商、旅都享受到实惠，感受到统治者的爱民之心和诚意。人民富裕了，国家就会富强。

3.6　孟子曰："人皆有不忍人之心。先王有不忍人之心，斯有不忍人之政矣。以不忍人之心，行不忍人之政，治天下可运之掌上。所以谓人皆有不忍人之心者，今人乍见孺子将入于井，皆有怵惕（chù tì，恐惧）恻隐之心——非所以内交（结交。内同"纳"）于孺子之父母也，非所以要（求取）誉于乡党朋友也，非恶其声而然也。由是观之，无恻隐之心，非人也；无羞恶之心，非人也；无辞让之心，非人也；无是非之心，非人也。恻隐之心，仁之端（开始）也；羞恶之心，义之端也；辞让之心，礼之端也；是非之心，智之端也。人之有是四端（指仁义礼智）也，犹其有四体也。有是四端而自谓不能者，自贼者也；谓其君不能者，贼其君者也。凡有四端于我者，知皆扩而充之矣，若火之始然，泉之始达。苟能充之，足以保四海；苟不充之，不足以事父母。"

孟子说："每个人都有同情体恤别人的情感。先王有同情体恤别人的情感，所以才有同情体恤百姓的政治。用同情体恤别人的情感，施行同情体恤百姓的政治，治理天下就可以像在手掌心运转东西一样容易了。之所以说每个人都有怜悯体恤别人的情感，是因为如果现在有人突然看见一个小孩要掉进井里去了，必然会产生惊悚同情之心——这不是因为想去和这孩子的父母拉关系，不是因为想在乡邻朋友中博取声誉，也不是因为厌恶这孩子的哭叫声才产生这种惊悚同情之心的。由此看来，没有同情心，简直不是人；没有羞耻心，简直不是人；没有礼让心，简直不是人；没有是非心，简直不是人。同情心是仁的萌芽，羞耻心是义的萌芽，辞让心是礼的萌芽，是非心是智的萌芽。人有这四种萌芽，就像有四肢一样。有了这四种萌芽却自认为不能成就事业的，是自暴自弃的人；认为他的君主不能行仁政的，是残害君主的人。凡是有这四种萌芽的人，如果懂得扩大充实它们，就像火刚刚开始燃烧，泉水刚刚开始流淌。如果能够扩充它们，便足以安定天下；如果不能够扩充它们，就连赡养父母都成问题。"

【导读】

在人类发展史上，一切有利于善性的扩展、良知的培养、正气的周流和道德的提升的思想，都应该得到尊崇和发扬。孟子的"四心""四端"，就是这样的思想。孟子从性善论出发，认为恻隐、羞恶、辞让、是非四种情感，是仁、义、礼、智的萌芽。孟子把"四心"作为完美人格心性的基本价值尺度，假如缺乏，那就是一个心性有缺陷的人，一个麻木的人，一个不合格的人。孟子还认为："四心""四端"是先天潜在的自性，但需要后天继续培养。因为"四心"只是仁、义、礼、智四种道德范畴的发端和萌芽。不用心加以培养扩充，则很容易夭折。孟子从人性的前提推导出政治结果，即从人人都有"不忍人之心"推导出仁政。由于这种"不忍人之心"是人本身所固有的，所以仁政也应该是顺理成章的。孟子所提出的"仁义礼智"发端于"不忍人之心"的看法，成了中国古代哲学中"性善论"的理论基础和支柱。孟子把"仁义礼智"这些社会性质的道德观念说成是人的天性里所固有的，与生俱来的。同时孟子也不否认后天培养的作用，因为"四端"就像刚刚燃烧的火或刚刚流出的泉水一样，还需要"扩而充之"，才能够发扬光大。

3.7　孟子曰："矢人（造箭的人）岂不仁于函人（造铠甲的人）哉？矢人唯恐不伤人，函人唯恐伤人。巫（古代巫者兼行医，故巫也有医师义）匠（木工，此处指做棺材的人）亦然。故术不可不慎也。孔子曰：'里仁（与仁人为邻）为美。择不处仁，焉得智？'夫仁，天之尊爵也，人之安宅也。莫之御而不仁，是不智也。不仁、不智，无礼、无义，人役也。人役而耻为役，由弓人而耻为弓，矢人而耻为矢也。如耻之，莫如为仁。仁者如射：射者正己而后

孟子说："造箭的人难道不如造铠甲的人仁慈吗？造箭的人唯恐自己造的箭不能够伤害人，造铠甲的人唯恐箭伤害人。巫医和棺材匠之间也是这样。所以，一个人选择谋生职业不可以不慎重。孔子说：'居住在有仁厚风气的地方才好。选择住处而不选有仁厚风气的地方，怎么能说是明智呢？'仁，是上天尊贵的爵位，人间最安逸的住宅。没有人阻挡却不选择仁，是不明智。不仁不智，无礼无义的人，只配被别人驱使。被别人驱使而引以为耻，就像造弓的人却又以造弓为耻，造箭的人却又以造箭为耻一样。如果真正引以为耻，那就

发；发而不中，不怨胜己者，反求诸己而已矣。"

不如好好行仁。有仁德的人就像射手：射手先端正自己的姿势然后才放箭；如果没有射中，不怪比自己射得好的人，而是反过来找自己的原因。"

【导读】

孟子提出"术不可不慎"的观点。实际上，"矢人""函人"、巫医和棺材匠本没有善恶之分，但由于职业的不同，产生的职业心理也就不同，所以职业选择对道德的形成有较大的影响。我们需要正确理解孟子"术不可不慎"之说。孟子强调选择职业一定要谨慎，是为宣扬他的"仁政"思想，并不是论职业的贵贱高下。从道德层面讲，孟子希望人人向善。

3.8 孟子曰："子路，人告之以有过，则喜。禹闻善言，则拜。大舜有大焉，善与人同，舍己从人，乐取于人以为善。自耕稼、陶、渔以至为帝，无非取于人者。取诸人以为善，是与人为善者也。故君子莫大乎与人为善。"

孟子说："子路，别人指出他的过错，他就很高兴。大禹听到有教益的话，就给人叩拜行礼。伟大的舜帝就更了不得，总是与别人共同做善事，矫正自己的缺点，学习人家的优点，非常快乐地吸取别人的长处来行善。他从种地、做陶器、捕鱼一直到做帝王，没有哪个时候不向别人学习。吸取别人的优点来行善，也就是与别人一起行善。所以君子最重要的就是要与别人一起来行善。"

【导读】

与人为善的基础是"善与人同"。"善与人同"包括"舍己从人"和"乐取于人以为善"。"乐取于人以为善"是"舍己从人"的扩大和提高。闻过则喜的子路和闻善言则拜的禹是"舍己从人"的典型。"舍己从人"的精神更进一步的主动和积极的表现就是广泛地向他人学习，吸取所有的善，集合到自己身上，以此为快乐。这样主动积极的乐善精神会自然而然地不断鼓舞自己和别人。因此，作为乐之泉源的"为善"，意味着互相帮助共同为善，所以说"取诸人以为善"即"乐取于人以为善"，就是"与人为善"或"善与人同"，这就是舜的伟大之处。孟子所说的与人为善，就是强调与别人一起行善，而这种与人一起行善的基础是吸取别人的优点，改正自己的缺点。孟子举例从子路、夏禹到大舜，从闻过则喜，到闻善言则拜，再到与人为善，虽然有程度的不同，但其性质都是一样的，这就是善于吸取别人的优点而改正自己的缺点，把别人指出自己的过错看作是一大幸事，彰显圣贤的宽广胸襟。

3.9　孟子曰："伯夷，非其君，不事；非其友，不友。不立于恶人之朝，不与恶人言；立于恶人之朝，与恶人言，如以朝衣朝冠坐于涂炭（污泥和炭灰，比喻肮脏的地方）。推恶恶之心，思与乡人立，其冠不正，望望然（不愉快的样子）去之，若将浼（měi，污染）焉。是故诸侯虽有善其辞命而至者，不受也。不受也者，是亦不屑就已。柳下惠（姬姓，展氏，名获。鲁国大夫。柳下是他住的地方，惠是他的谥号）不羞污君，不卑小官；进不隐贤，必以其道；遗佚（不被任用。佚通"逸"）而不怨，厄（穷困）穷而不悯（忧愁）。故曰：'尔为尔，我为我，虽袒裼裸裎（赤身裸体。裼音xī，裎音chéng）于我侧，尔焉能浼我哉？'故由由然（自得的样子）与之偕而不自失焉，援（以手牵引）而止之而止。援而止

孟子说："伯夷这个人，不是他理想的君主不侍奉，不够格的朋友不交往。不在坏人的朝廷里做官，不与坏人谈话；如果在坏人的朝廷里做官，和坏人交谈，就好像穿着礼服戴着礼帽坐在污泥和炭灰等污浊的地方一样。推想他厌恶坏人的心理，想象他与乡下人站在一起，那人帽子没戴正，他就会愤愤然离开，好像他将会被玷污一样。因此，诸侯中虽然有人用动听的言辞来聘请他，他也不接受。不接受的原因，是他瞧不起那些人。柳下惠并不觉得侍奉恶君是耻辱，不会因官职小而觉得卑贱；他为官不隐藏自己的才干，必定要按自己的主张行事；被冷落遗忘而隐逸也不怨恨，处于困窘之境也不发愁。所以他说：'你是你，我是我，即使有人一丝不挂地站在我身边，又怎么能玷污我呢？'所以他很高兴地与人在一起且不会失态，如果拉着他让他留下他也留下。他留下的原因是他不愿意抛弃直道而离去。"孟子又说："伯夷

之而止者，是亦不屑去已。"孟子
曰："伯夷隘，柳下惠不恭。隘与不
恭，君子不由（取）也。"

这个人狭隘，柳下惠有失庄严。狭隘和有
失庄严，都是君子不该遵从和仿效的。"

【导读】

伯夷表现得很清高，但也反映出狭隘的一面。人如果自视清高，器量狭小，容不
得别人的"不清高"，态度僵硬而很难与人和睦相处，缺乏权变，就容易陷入拘泥不化
的境地。这样的人虽然不值得君子效仿，但也有其优点，那就是坚持原则，不会轻易
妥协和投降；疾恶如仇，不会与人同流合污。与伯夷相比，柳下惠走入了另一个极端，
就是太随便。虽然头脑灵活，容易与人相处，善于灵活权变，但却有逢场作戏和投机
于世之嫌。孟子对伯夷、柳下惠行事特征的分析，阐明君子应"自反而缩"，关键在于
问心而无愧。孟子主张：君子面对恶人恶事，不回避，不排斥，接近它，感化它，改
造它，化恶为善。做到了这一点，不仅可称为君子，还有希望成为圣人。

公孙丑章句下

（凡十四章）

4.1　孟子曰："天时不如地利，地利不如人和。三里之城，七里之郭，环（包围）而攻之而不胜。夫环而攻之，必有得天时者矣，然而不胜者，是天时不如地利也。城非不高也，池（护城河）非不深也，兵（攻击性武器）革（防护性装备）非不坚利也，米粟非不多也，委（弃）而去之，是地利不如人和也。故曰：域（界限）民不以封疆之界，固国不以山溪之险，威天下不以兵革之利。得道者多助，失道者寡助。寡助之至，亲戚畔（通"叛"）之；多助之至，天下顺之。以天下之所顺，攻亲戚之所畔，故君子有不战，战必胜矣。"

孟子说："有利的时机和天气不如有利的地势，有利的地势不如人的齐心协力。一个拥有三里内城墙、七里外城墙的小城，四面围攻都不能够攻破。既然四面围攻，总有遇到好时机或有利天气的时候，但还是攻不破，说明有利的时机和天气不如有利的地势。另一种情况是，城墙不是不高，护城河不是不深，兵器和防护装备不是不尖利和坚固，粮草也不是不充足，但还是弃城而逃了，这就说明有利的地势不如人的齐心协力。所以说：老百姓不是靠封锁边境线就可以限制住的，国家不是靠山川险阻就可以保住的，扬威天下也不是靠锐利的兵器就可以做到的。拥有道义的人得到的帮助就多，失去道义的人得到的帮助就少。帮助的人少到极点时，连亲戚也会叛离；帮助的人多到极点时，全天下的人都会顺从。以全天下人都顺从的力量去攻打连亲戚都会叛离的人，必然是不战则已，战无不胜。"

【导读】

影响一场战争胜败的因素很多，孟子从"天时""地利""人和"三个方面去阐释影响战争胜负的要素。《孙子兵法》将"民心""天时""地利""权谋"和"将领"列为兵家取胜五要素，强调只有具备这五个要素，并且"校之以计"，才能克敌制胜。《孙膑兵法》云："天时、地利、人和，三者不得，虽胜有殃。"将"人和"作为克敌制胜的首要因素。"人和"是指战争的发动者得民心，顺民意。孟子强调"人和"在战争中是起决定作用的，认为得民心者得天下。那么怎样才能得到民心呢？"得道多助，失道寡助"，也就是说君王只有施行仁政，才能得到百姓的拥戴。如果不行仁政，滥用武力，伤害百姓，失去民心，那么连亲戚都会背叛他。用普天下都顺从的力量去攻打连亲戚都会背叛的人，要么不战，战则必胜。

4.2 孟子将朝王，王使人来曰："寡人如（宜，应该）就见者也，有寒疾，不可以风。朝，将视朝，不识可使寡人得见乎？"

对曰："不幸而有疾，不能造朝。"

明日，出吊于东郭氏（齐国大夫）。公孙丑曰："昔者辞以病，今日吊，或者不可乎？"

曰："昔者疾，今日愈，如之何不吊？"

王使人问疾，医来。

孟仲子（孟子的堂兄弟，跟随孟子学习）对曰："昔者有王命，有采薪之忧（本意是说有病不能去打柴，此

孟子准备去朝见齐王，恰巧齐王派人来传话："我本应该来看您，但是感冒了，吹不得风。明早我将上朝处理政务，不知您能否来朝廷上，让我见到您？"

孟子回答说："不幸得很，我也有病，不能到朝廷去。"

第二天，孟子要到东郭大夫家去吊丧。公孙丑说："昨天您托词生病谢绝了齐王的召见，今天却又去东郭大夫家吊丧，这或许不太好吧？"

孟子说："昨天生病，今天好了，为什么不可以去吊丧呢？"

齐王派人来探视孟子的病，并且带来了医生。

孟仲子应付说："昨天大王命令来时，他正生着病，不能朝见。今天病刚好了一点，已经上朝廷去了，但我不知道他能否

为生病的代称，为当时习语），不能造朝。今病小愈，趋造于朝，我不识能至否乎？"

使数人要（拦截）于路，曰："请必无归，而造于朝！"

不得已而之景丑氏（齐国大夫）宿焉。

景子曰："内则父子，外则君臣，人之大伦也。父子主恩，君臣主敬。丑见王之敬子也，未见所以敬王也。"

曰："恶！是何言也！齐人无以仁义与王言者，岂以仁义为不美也？其心曰，'是何足与言仁义也'云尔，则不敬莫大乎是。我非尧舜之道，不敢以陈于王前，故齐人莫如我敬王也。"

景子曰："否，非此之谓也。礼曰：'父召，无诺；君命召，不俟（等待）驾。'固将朝也，闻王命而遂不果，宜（恐怕）与夫礼若不相似然。"

曰："岂谓是与？曾子曰：'晋楚之富，不可及也。彼以其富，我

到达。"

孟仲子立即派人到半途拦截孟子，转告孟子说："请您无论如何不要回家，赶快上朝去！"

孟子不得已而到景丑的家里去住宿。

景丑说："在家庭里有父子，在家庭外有君臣，这是人与人之间最重要的伦理关系。父子之间以慈爱为主，君臣之间以恭敬为主。我只看见齐王尊敬您，却没看见您尊敬齐王。"

孟子说："哎！这是什么话！在齐国没有一个人向齐王进言仁义，难道是他们觉得仁义不好吗？他们心里想的是：'这样的王哪里配得上谈论仁义呢？'这才是他们对齐王最大的不恭敬。至于我，不是尧舜之道就不敢拿来向齐王陈述，所以，齐国人没有谁比我更尊敬齐王的。"

景丑说："不，我说的不是这个方面。礼经说：'父亲召唤，不等到应"诺"就起身；君王召唤，不等到车马备好就起身。'可您呢，本来就准备朝见齐王，听到齐王的召见却反而不去了，这恐怕和礼经所说的不大相合吧。"

孟子说："难道你说的是这个吗？曾子说过：'晋国和楚国的财富，是我们不可能

以吾仁；彼以其爵，我以吾义，吾何慊（缺少）乎哉？'夫岂不义而曾子言之？是或一道也。天下有达尊三：爵一，齿一，德一。朝廷莫如爵，乡党莫如齿，辅世长民莫如德。恶得有其一以慢其二哉？故将大有为之君，必有所不召之臣；欲有谋焉，则就之。其尊德乐道，不如是，不足与有为也。故汤之于伊尹，学焉而后臣之，故不劳而王；桓公之于管仲，学焉而后臣之，故不劳而霸。今天下地醜（相同，相近）德齐，莫能相尚，无他，好臣其所教，而不好臣其所受教。汤之于伊尹，桓公之于管仲，则不敢召。管仲且犹不可召，而况不为管仲者乎？"

赶得上的。不过，他有他的财富，我有我的仁；他有他的爵位，我有我的义，我有什么比他少的呢？'曾子说这些话难道没有道理吗？应该是有道理的吧。天下有三样东西最尊贵：一个是爵位，一个是年龄，一个是德行。在朝廷上最尊贵的是爵位；在乡里最尊贵的是年龄；至于辅佐君王治理百姓，最尊贵的是德行。他怎么能够凭爵位就来怠慢我的年龄和德行呢？所以，大有作为的君主一定有他不能召唤的大臣；如果他有什么事情需要出谋划策，就亲自去拜访他们。这就叫尊重德行喜爱仁道，不这样，就不能够大有作为。因此，商汤对待伊尹，先向伊尹学习，然后才以他为臣，于是不费大力气就统一了天下；桓公对待管仲，也是先向他学习，然后才以他为臣，于是不费大力气就称霸于诸侯。现在，天下各国的土地都差不多，君主的德行也都不相上下，相互之间谁也不能高出一筹，没有别的原因，就是因为君王们只喜欢任用听他们话的人为臣，而不喜欢用能够教导他们的人为臣。商汤对待伊尹，桓公对待管仲，都不敢召唤。管仲尚且不可以被召唤，更何况不屑于做管仲的人呢？"

【导读】

公孙丑曾将孟子和管仲相比，而孟子根本不屑于与管仲相比。比都不愿意，当然就更不愿意做"管仲"了，管仲尚且不可被召唤，更何况孟子。自己主动要去朝见是一回事，被召唤去朝见又是另一回事。所以，景丑等人才不理解孟子的行为。孟子的意思很明确，就是要求当政君王尊贤使能，尊德乐道，礼贤下士，主动放下尊贵的架子而任用贤才，甚至像商汤对待伊尹、齐桓公对待管仲那样拜贤者为师。然而，当政君王多半"好臣其所教，而不好臣其所受教"。既然任人唯贤、礼贤下士是如此困难，那么作为被召的人，就应该有"不可召"的清高和骨气。儒家"尊贤使能，尊德乐道，礼贤下士"的用人主张，对后世产生了极其深远的影响。诸葛亮《出师表》："先帝不以臣卑鄙，猥自枉屈，三顾臣于草庐之中。"说明历代士人都期盼君王尊贤使能，礼贤下士。

4.3 陈臻（孟子学生）问曰："前日于齐，王馈兼金（好金。因其价格双倍于普通金，所以称为"兼金"）一百，而不受；于宋，馈七十镒而受；于薛，馈五十镒而受。前日之不受是，则今日之受非也；今日之受是，则前日之不受非也。夫子必居一于此矣。"

孟子曰："皆是也。当在宋也，予将有远行，行者必以赆（指给远行的人送路费或礼物）；辞曰：'馈赆。'予何为不受？当在薛也，予有戒心（预备意外发生）；辞曰：'闻戒，故为兵馈之。'予何为不受？若于齐，则未有处（没有理由）也。无处而馈之，是货（收买）之也。焉有君子而可以货取乎？"

陈臻问孟子道："以前在齐国的时候，齐王送给您好金一百镒，您不接受；到宋国的时候，宋王送给您七十镒，您却接受了；在薛地，薛君送给您五十镒，您也接受了。如果以前的不接受是正确的，那现在的接受便是错误的；如果现在的接受是正确的，那以前的不接受便是错误的。老师您总有一次做错了吧。"

孟子说："都是正确的。当在宋国的时候，我准备远行，对远行的人理应送些盘缠；所以宋王说：'送上一些盘缠。'我怎能不接受呢？当在薛地的时候，我听说路上有危险，需要戒备，因此薛君说：'听说您需要戒备；所以送上一点买兵器的钱。'我怎能不接受呢？至于在齐国，则没有任何理由。没有理由却要送给我一些钱，这等于用钱来收买我。哪有君子可以用钱收买的呢？"

【导读】

"焉有君子而可以货取乎?"君子不拿自己的道德才能做交易，也不会被任何人收买。君子所担当的责任，在于使国家天下有道，使百姓安宁。君子在确实有需要的时候，不会虚情假意地推辞别人的馈赠；在确实不需要或赠者不以"道"相赠的时候，无论别人馈赠多少，都不会接受。君子爱财，取之有道。所谓"道"就是合乎"义"。陈臻的推论看起来有道理，实际上却局限于形式逻辑的范畴，缺乏辩证逻辑的灵活性，没考虑问题的特殊性。孟子则跳出了"两难推论"的藩篱，具体问题具体分析，不同情况不同对待，辩证解决。孔子曰："富与贵，是人之所欲也，不以其道得之，不处也。"从思想方法上来说，既坚持原则又通权达变。在面临金钱的受与不受、辞与不辞问题上，孟子的原则是"焉有君子而可以货取乎"，不明不白的钱不能接受，受与不受取决于义与不义。义则受，不义则辞。

4.4　孟子之平陆，谓其大夫曰："子之持戟之士，一日而三失伍（失职），则去之否乎?"

曰："不待三。"

"然则子之失伍也亦多矣。凶年饥岁，子之民，老羸转于沟壑（此处是死的意思），壮者散而之四方者，几千人矣。"

曰："此非距心（平陆邑宰自称）之所得为也。"

曰："今有受人之牛羊而为之牧之者，则必为之求牧（牧场）与刍（牧草）矣。求牧与刍而不得，则反诸其人乎? 抑亦立而视其死与?"

曰："此则距心之罪也。"

孟子到了齐国的平陆，对这里的长官说："如果您的守卫战士在一天内三次失职，你会开除他吗?"

长官说："不用等三次失职就开除了。"

孟子说："然而您失职的地方也很多。灾荒歉收的年份，您的百姓，老弱抛尸在山沟里的，年轻力壮散走四方逃难的，有好几千人啊。"

长官说："这不是我的能力所能处理好的呀。"

孟子说："现在假如有个人接受了替别人放牧牛羊的事，那一定要设法找到牧场和喂养牲畜的草料。要是找不到牧场和草料，那么是把牛羊还给主人呢，还是站在一旁眼看着牛羊饿死呢?"

长官说："这就是我的罪过了。"

他日，见于王曰："王之为都者，臣知五人焉。知其罪者，惟孔距心。"为王诵之。

后来有一天，孟子见到齐王，就对齐王说："为大王管理都邑的地方长官，我知道五个人。能够认识到自己有失职罪过的，唯有孔距心。"于是就把与孔距心的对话向齐王复述了一遍。

王曰："此则寡人之罪也。"

齐王说："这也是我的罪过啊。"

【导读】

本章强调忠于职守。君王爱民除了推行仁政，尊贤使能，抑戒贪欲，还必须忠于职守。一个守卫士兵没有履行好自己的职责就应被开除，那么一个地方长官、一个国君呢？不管什么时代，作为地方长官，只要能真正做到爱民惠民，那就算基本尽到了自己的责任。如果在自己管辖的范围内，出现"老羸转于沟壑，壮者散而之四方"的情形，那就是失职。孔距心没有尽到自己的责任，凶年饥岁老百姓无法生存时没能予以救济，就是失职。孟子以放牧作比，让孔距心及时醒悟，同时也让齐王明白，无论是地方官员还是国君，都必须仁爱百姓，此乃自己的基本职责。

4.5　孟子谓蚔鼃（齐国大夫。鼃即今"蛙"字）曰："子之辞灵丘而请士师（治狱官），似也，为其可以言也。今既数月矣，未可以言与？"

蚔鼃谏于王而不用，致（辞去）为臣而去。

齐人曰："所以为蚔鼃则善矣；所以自为，则吾不知也。"

公都子（孟子弟子）以告。

曰："吾闻之也：有官守者，不得其职则去；有言责者，不得其言

孟于对蚔鼃说："您辞去灵丘长官的职位而要求去做法官，这似乎有道理，因为可以向齐王进言。可是现在您已经做了好几个月的法官了，还不能向齐王进言吗？"

蚔鼃向齐王进谏，齐王不听，因此辞职而去。

齐国人说："孟子为蚔鼃考虑得倒是有道理，但他是怎样替自己考虑的我们就不知道了。"

公都子把齐国人的议论告诉了孟子。

孟子说："我听说过：有官位的人，如果无法尽其职责，就应该辞官不干；有进

则去。我无官守，我无言责也，则吾进退，岂不绰绰然有余裕哉?"

言责任的人，如果言不听计不从，就应该辞职不干。至于我，既无官位，又无进言的责任，那我的进退去留，岂不是非常宽松而有无限的回旋余地吗?"

【导读】

职位和责任总是相辅相成的，有职必有责，职位越高，责任越大。孟子没有官衔，自然无须担责，所以进退自如。当政者要尽忠职守，进言者也要尽忠职守，如果不能尽职尽责，当然就应辞职不干，不辞职也会被开除。理论上说，没有担任官职，也就没有进言的责任，但孟子真的追求潇洒吗? 实际上他胸怀天下，到各国向国君宣扬仁政，心系黎民，这就说明孟子不甘于自己潇洒一生，彰显了孟子的家国情怀。

4.6　孟子为卿于齐，出吊于滕，王使盖大夫王驩为辅行。王驩朝暮见，反齐滕之路，未尝与之言行事也。

孟子在齐国做客卿，受命到滕国吊丧，齐王派盖地的长官王驩为孟子的副使。王驩与孟子每天都在一起，往返于齐国至滕国的路上，孟子却从来没有与他商量过怎样办理公事。

公孙丑曰:"齐卿之位，不为小矣;齐滕之路，不为近矣。反之而未尝与言行事，何也?"

公孙丑说:"齐国卿的职位不算低了，从齐国到滕国的路程也不算近了，但往返途中您未曾与王驩谈过公事，这是为什么呢?"

曰:"夫（彼）既或治之，予何言哉?"

孟子说:"他既然已经自作主张了，我还有什么话可说呢?"

【导读】

孟子做了齐国客卿，作为齐国的特使到滕国吊唁滕文公。孟子虽然是卿，为正使，但是客卿;王驩是得到国君信任的大臣，虽是副使，做事却独断专行，在路上把所有事情都包办了。道不合者，不相与言。对王驩这样的小人，最高的轻蔑是无言，所以孟子不说话，鄙视他。由此可见，孟子在齐国虽受到齐王的礼遇，但有职无权，并不能充分发挥自己的才能，也无法实现自己的政治抱负。

4.7 孟子自齐葬于鲁，反于齐，止于嬴（齐国城名）。

充虞（孟子学生）请曰："前日不知虞之不肖，使虞敦（监督）匠事。严（事急），虞不敢请。今愿（谨慎，引申为斗胆）窃有请也：木（棺木）若以美（太好。以通"已"）然。"

曰："古者棺椁无度，中古棺七寸，椁称（相配）之。自天子达于庶人，非直为观美也，然后尽于人心（孝心）。不得（为法制所限，用不上上等木料），不可以为悦；无财，不可以为悦。得之为有财，古之人皆用之，吾何为独不然？且比（为了）化者（死者）无使土亲肤，于人心独无恔（xiào，快意）乎？吾闻之也：君子不以天下俭其亲。"

孟子从齐国到鲁国安葬母亲后返回齐国，住在嬴地。

学生充虞请教说："前些日子承蒙老师您不嫌弃我，让我监督做棺椁的事。当时大家都很忙碌，我不敢请教。现在我想把心里的疑问斗胆提出来请教老师：棺木似乎太好了一点吧！"

孟子回答说："上古对于棺椁用木的尺寸没有规定；中古时规定棺木厚七寸，椁木以与棺木的厚度相称为准。从天子到百姓，讲究棺木的尺寸并非仅仅是为了美观，而是因为要这样才算尽到孝心。为礼制所限不能用上等木料做棺椁，不能够称心；没有钱不能用上等木料做棺椁，也不能够称心。既为礼制所允许，又有财力，古人都会这么做，我又为什么不可以呢？况且，这样做不过是为了不让泥土沾上死者的遗体，难道孝子之心就不可以有这样一点点满足吗？我听说过：君子在任何情况下都不应当在父母身上省钱。"

【导读】

孟母不仅是一位慈母，还是母教之典范，呕心沥血培养了孟子。所以，当母亲去世后，孟子为了尽孝子之心，把棺椁做得好一点也是可以理解的。《论语·为政》曰："生，事之以礼；死，葬之以礼，祭之以礼。"孔子强调人活着和死后都应以礼相待。《荀子·礼论》曰："丧礼者，以生者饰死者也。大象其生以送其死也。"强调事死如事生，不能厚生而薄死。"君子不以天下俭其亲"，孟子认为在安葬父母的问题上，只要是礼制和财力两方面许可，就要尽力做得好一些。在丧葬问题上，孟子仍然坚持礼制与财力许可这两条基本原则，不赞同超出礼制和财力大办丧事。尽自己的财力，诚心诚意地在礼俗许可的范围内办好丧事，表达对已去亲人的悲戚，才是孟子所推举的。

4.8 沈同（齐国大夫）以其私问曰："燕可伐与？"

孟子曰："可。子哙（燕王）不得与人燕，子之（燕相国）不得受燕于子哙。有仕于此，而子悦之，不告于王而私与之吾子之禄爵；夫士也，亦无王命而私受之于子，则可乎？——何以异于是？"

齐人伐燕。

或问曰："劝齐伐燕，有诸？"

曰："未也。沈同问：'燕可伐与？'吾应之曰：'可。'彼然而伐之也。彼如曰：'孰可以伐之？'则将应之曰：'为天吏，则可以伐之。'今有杀人者，或问之曰：'人可杀与？'则将应之曰：'可。'彼如曰：'孰可以杀之？'则将应之曰：'为士师，则可以杀之。'今以燕伐燕，

沈同以私人的身份问孟子："燕国可以攻伐吗？"

孟子说："可以。燕王子哙不应该把燕国轻率地交给别人，相国子之也不应该从子哙手中接受燕国。比方说，有这样一个人，你很喜欢他，便不向国君奏准而自作主张地把你的俸禄官位转让给他；而他呢，也没有得到国君的任命就从你手中接受了俸禄官位，这样行吗？子哙、子之私下互相授受的事和这个例子有什么不同吗？"

齐国去讨伐燕国。

有人问孟子说："听说您劝说齐国去攻伐燕国，有这回事吗？"

孟子说："没有。沈同私下问我：'燕国可以攻伐吗？'我回答说：'可以。'他们就这样去攻伐燕国了。如果他是问：'谁可以攻伐燕国？'我就会回答说：'只有代表上天管理百姓的官员，才可以攻伐燕国。'比如现在有个杀人犯，有人问道：'犯人可以杀吗？'我将回答说：'可以。'如果他再问：'谁可以杀他呢？'我将回答说：'只有法官才有

何为劝之哉？"

权杀他。'现在以如同燕国一样残暴的齐国去讨伐残暴的燕国，我怎么会劝说他们呢？"

【导读】

燕王哙，战国时期燕国第三十八任国君（前320—前318在位），曾组织四国联军攻打秦国，未能成功。重用国相子之改革，后禅位于子之，导致太子姬平联合将军市被发动内乱。燕国的国君子哙没有承担起保护百姓的职责，却把燕国视为私有财产私授宰相子之。宰相的职责是辅佐国君治理国家，没有权利接受子哙私自授予的国家。子哙和子之的做法有违天意民心，所以孟子说可以讨伐。齐王不是因为燕国君臣有罪而去讨伐，而是为了霸占燕国的土地和百姓。孟子说燕国君臣有罪，按照礼义是可以讨伐的，但必须是顺天道合民意的王者之师才可以去讨伐，这就如同掌管刑罚的官员可以杀掉有罪之人一样，其他人是不能私自杀死有罪之人的。然而燕国君臣有罪，齐国如果讨伐燕国必须具备的前提条件是：一要顺天保民；二是讨伐者首先能行仁政而使本国的民众生活安宁；三是讨伐的目的是讨伐有罪的君臣，安抚燕国的民众。齐国不行仁政，没有使本国民众安宁，讨伐的目的是霸占燕国，齐国君臣和燕国君臣一样有罪，没有讨伐燕国的资格。且齐国伐燕后，杀害燕国父老，掳掠燕国子弟，给燕国民众带来更大的灾难，违背天道和民心，故孟子说齐国伐燕是"以燕伐燕"，齐王和燕王同样有罪。

4.9　燕人畔（齐破燕后，燕人和其他诸侯国反对齐国吞并，另立了燕王。此处依从齐人的说法叫"畔"）。王曰："吾甚惭于孟子。"

陈贾（齐国大夫）曰："王无患焉。王自以为与周公孰仁且智？"

王曰："恶！是何言也！"

曰："周公使管叔（周武王的弟弟，周公的哥哥，封地在管）监殷（武

齐国占领燕国后，燕国人群起而反抗。齐王说："我很是愧对孟子。"

陈贾说："大王不必难过。大王自以为和周公相比，谁更爱民，谁更有智慧？"

齐王说："哎呀！你这是什么话！"

陈贾说："周公派他的哥哥管叔监管殷人，管叔却带领殷遗民造反。如果周公知

王灭商后，周公派管叔监督殷人），管叔以（率领）殷畔。知而使之，是不仁也；不知而使之，是不智也。仁智，周公未之尽也，而况于王乎？贾请见而解之。"

见孟子，问曰："周公何人也？"

曰："古圣人也。"

曰："使管叔监殷，管叔以殷畔也，有诸？"

曰："然。"

曰："周公知其将畔而使之与？"

曰："不知也。"

"然则圣人且有过与？"

曰："周公，弟也；管叔，兄也。周公之过，不亦宜乎？且古之君子，过则改之；今之君子，过则顺之。古之君子，其过也，如日月之食，民皆见之；及其更也，民皆仰之。今之君子，岂徒顺之，又从为之辞（辩护）。"

道但还这样做，就是不爱民；如果不知道而如此做了，就是没有智慧。爱民和智慧，周公都没有完全做到，何况大王您呢？我请求见孟子并向他解释。"

于是陈贾去见了孟子，见面后问孟子："周公是个什么样的人？"

孟子说："是古代的圣人。"

陈贾说："他派管叔监管殷人，但管叔却带领殷人叛乱，有这回事吗？"

孟子说："有的。"

陈贾说："周公是知道管叔将要叛乱还派他去吗？"

孟子说："他不知道。"

陈贾说："那么圣人也会犯错吗？"

孟子说："周公，是弟弟；管叔，是哥哥。周公的过错，不是很近情理吗？况且古时候的君子，有了过错就会改正；如今的君子，有了过错还会将错就错。古时候的君子，他的过错，就像日食月食一样，百姓都看得见；等到他改正过错后，百姓还会敬仰他。如今的君子，何止是将错就错，还会编一套言辞来为自己辩解。"

【导读】

齐宣王不听孟子劝说，伐燕后占领燕，致燕人反叛。宣王事后虽然觉得愧对孟子，但却未能从根本上反思伐燕并导致燕人反叛的原因。然而齐臣陈贾却用周公错用管叔的事来为宣王开脱罪责。孟子向陈贾明言：周公是弟弟，管叔是哥哥，难道弟弟会怀疑哥哥有反叛之心吗？故周公的过错是可以理解的。况且古代的君王是"有过则改"，如今的君王是"文过饰非"。陈贾不劝说宣王检讨自己，反而想通过"圣人也有过失"强为宣王的错误辩解，这种恶劣行径，理所当然地遭到孟子的驳斥。

4.10　孟子致为臣（辞去齐国客卿的职位）而归。王就见孟子，曰："前日愿见而不可得，得侍同朝，甚喜；今又弃寡人而归，不识可以继此而得见乎？"

对曰："不敢请（祈求）耳，固所愿也。"

他日，王谓时子（齐臣）曰："我欲中国（国都之中。"国"即国都，古文常将"国都之中"称为"中国"）而授孟子室，养弟子以万钟，使诸大夫国人皆有所矜式（敬重和取法）。子盍为我言之！"

时子因（通过）陈子（孟子的学生陈臻）而以告孟子，陈子以时子之言告孟子。

孟子曰："然。夫时子恶知其不可也？如使予欲富，辞十万而受万，是为欲富乎？季孙曰：'异（不可理解）哉子叔疑！使己为政，不用，则亦已矣，又使其子弟为卿。人亦孰不欲富贵？而独于富贵之中有私龙断（即"垄断"）焉。'古之为市也，以其所有易其所无者，有

孟子辞去齐国的官职准备回故乡。齐王到孟子的居所去相见，说：'从前希望见到您而不可能，后来终于得以在一起共事，我感到很高兴；现在您又将离我而去，不知我们以后还能不能够相见？"

孟子回答说："我不敢祈求罢了，这本来就是我的愿望。"

过了几天，齐王对臣下时子说："我想在都城中拨一所房子给孟子，再用万钟粮食供养他的学生，使我们的官员和百姓都以孟子为楷模。您何不替我向孟子转达此意呢？"

时子便托陈子把这话转告给孟子，陈子也就把时子的话告诉了孟子。

孟子说："嗯。时子哪里知道这事做不得呢？如果我是贪图财富的人，辞去十万钟俸禄的官不做却去接受一万钟的赏赐，这难道是贪图财富吗？季孙曾经说过：'子叔疑真奇怪！自己想做官，别人不重用也就算了，却又让自己的子弟去做卿大夫。谁不想做官发财呢？可他却想在这做官发财中搞垄断。'这正如古代市场交易，本来

司者治之耳。有贱（卑鄙）丈夫焉，必求龙断而登之，以左右望，而罔（通"网"）市利。人皆以为贱，故从而征之。征商自此贱丈夫始矣。"

不过是以有换无，有关部门进行管理罢了。但却有那么一个卑鄙的汉子，一定要找一个独立的高地登上去，左边望望，右边望望，恨不得把全市场的赚头都由他一人捞去。别人都觉得这人卑鄙，因此向他征税。征收商业税也就从这个卑鄙的汉子开始了。"

【导读】

孟子在齐王那里虽然受到礼遇，甚至做了客卿，在不少问题上齐王也征求他的意见，但齐王却始终不愿实施孟子所提出的"仁政"方案，所以，孟子只有辞职归乡了。当齐王通过大臣转达挽留孟子的愿望时，孟子以"辞十万而受万，是为欲富乎"作为回答，表明了自己做官绝对不是为了个人发财致富，而是为实现政治抱负，济世救民。齐王爱才但不尊道，便是不了解圣贤君子之心志。君子所看重的不是宅院和俸禄，而是君主是否尊道行义。

4.11　孟子去齐，宿于昼（齐城）。有欲为王留行者，坐而言。不应，隐（yìn，倚，靠）几而卧。

客不悦曰："弟子齐（通作"斋"）宿而后敢言，夫子卧而不听，请勿复敢见矣。"

曰："坐！我明语子。昔者鲁缪（通"穆"）公无人乎子思之侧，则不能安子思；泄柳（鲁缪公时贤人）、申详（孔子学生子张的儿子），无人乎缪公之侧，则不能安其身。子为长者虑，而不及子思；子绝（断交）长者乎？长者绝子乎？"

孟子离开齐国，在昼城歇宿。有个想替齐王挽留孟子的人来看孟子，恭敬地端坐着与孟子谈话。孟子不理睬他，靠着几案卧睡。

客人很不高兴地说："我是头一天斋戒沐浴后才敢跟您说话，先生您却卧睡而不听，今后再也不敢请求见您了。"

孟子说："坐下来！我明白地告诉你。从前鲁缪公要是没有人在子思身边侍候，就不能让子思安心；泄柳、申详要是没有人在鲁缪公身边侍候，就不能使自己安心。你为年长的人考虑，是远远比不上子思的；是你与长者断交呢，还是长者与你断交呢？"

【导读】

当初鲁缪公请子思辅佐他治国，鲁缪公对子思非常尊敬，常常让人侍候在子思身边，唯恐怠慢了子思。子思能留在鲁国而不离开，当然不只是因为受到国君的尊敬，而是他的治国理念能够得到实施。齐王对孟子没有尊敬之行，更没有施行王道仁政之意，故孟子不可能再留在齐国。孟子不是不愿留在齐国，而是齐王不愿在齐国推行王道，却希望孟子辅助他施行霸道。齐人不劝说齐王推行王道仁政，却要挽留孟子辅助齐王，岂不是要使孟子放弃王道而被迫接受霸道吗？孟子当然不会同意留下。

4.12　孟子去齐，尹士语人曰："不识王之不可以为汤武，则是不明也；识其不可，然且至，则是干（求取）泽（恩惠）也。千里而见王，不遇故去，三宿而后出昼，是何濡滞（停留，迟滞）也？士则兹不悦。"

高子（孟子学生）以告。

曰："夫尹士恶知予哉？千里而见王，是予所欲也；不遇故去，岂予所欲哉？予不得已也。予三宿而出昼，于予心犹以为速。王庶几改之！王如改诸，则必反予。夫出昼，而王不予追也，予然后浩然有归志。予虽然，岂舍王哉！王由足用为善；王如用予，则岂徒齐民安，天下之民举安。王庶几改之！予日望之！予岂若是小丈夫然哉？谏于其君而不受，则怒，悻悻然见于其面，去则穷日之力而后宿哉？"

孟子离开齐国，有个叫尹士的人就对别人说："不知齐王不可能成为商汤王和周武王，此乃孟子不明白世事；如果能识别其不可能，但还是来了，那就是想求取国君的恩惠。行走了千里来见齐王，得不到赏识又离开，在昼地停留了三晚才走，是多么想长期留在齐国？我最看不起的就是这种人。"

高子把这个话告诉了孟子。

孟子说："尹士怎么能了解我呢？不远千里来见齐王，是我的愿望；得不到赏识而离开，怎么能是我希望的呢？我是无可奈何呀。我在昼地停留了三晚才离开，在我心里仍觉得快呀。就是希望齐王能改变霸道思维！齐王如果改变态度，那就会反过来找我。而我离开昼地，齐王没有来追赶我，我才毫无留恋地坚持回乡之意。我虽然这样做，难道忍心舍弃齐王吗！齐王仍然可以干一番事业；齐王如果用我，我不仅能让齐国的百姓安居乐业，还能让全天下的百姓都可以安居乐业。就是希望齐王能改变霸道主张！我才每天盼望着！我难道像是一个目光短浅的小人吗？向国君进言而不被接受，就发怒，脸上就会露出怨恨失意的神色，一旦离开，就非要走到精疲力竭才住宿吗？"

尹士闻之，曰："士诚小人也。"

尹士听了孟子这番话后，说："我真是个小人。"

☁ **【导读】**

孟子渴望齐宣王推行仁政，施行王道，而齐宣王青睐霸道。孟子并不贪图齐宣王给予的爵位俸禄，只是希望齐宣王能够改弦易辙施行王道。孟子离开齐国时，在昼地停留了三晚舍不得速速离开，原因有三：第一，抱着实现仁政的理想不远千里而来，理想落空，不得已而归。第二，迟迟不愿离开齐国，是对齐王仍然抱有希望。第三，回乡后仍然希望齐王接受他的仁政主张，梦想干成一番王道大业。

4.13　孟子去齐，充虞路问曰："夫子若有不豫色然。前日虞闻诸夫子曰：'君子不怨天，不尤（怨恨）人。'"

曰："彼一时，此一时也。五百年必有王者（圣君）兴，其间必有名世者（有名望而能辅佐君王的人）。由周而来，七百有余岁矣。以其数，则过矣；以其时考之，则可矣。夫天未欲平治天下也，如欲平治天下，当今之世，舍我其谁也？吾何为不豫哉？"

孟子离开齐国，充虞在路上问孟子道："老师似乎不开心。可是以前我曾听老师您讲过：'君子不抱怨上天，不责怪别人。'"

孟子说："那是一个时候，现在又是一个时候。从历史发展来看，每五百年就会有一位圣君出现，这中间必定还有名望很高的辅佐者。从周武王以来，到现在已经七百多年了。从年数看，已经超过五百年；从时势来考察，也正应该是时候了。大概老天还不想使天下太平吧，如果想使天下太平，在当今这个世界上，除了我还有谁能辅佐圣君呢？我为什么要不开心呢？"

【导读】

"舍我其谁"是责任与担当意识的展示，确定目标，坚定追求，绝不动摇。一代"名世者"，必须有忧国爱民的坚定信念和伟大抱负，必定有不怨天不尤人、乐天知命的优良品德。"五百年必有王者兴，其间必有名世者"，这是孟子的政治历史观。按照社会发展一般规律，孟子的时代应该是有"王者"兴起的时代，可孟子周游列国，居然没有发现这样的"王者"，好不容易遇到齐宣王，竟然未能说服其施行"王天下"的治国方略。没有"王者"，"名世者"就无法施展自己的才智，就无法实现自己的远大抱负。孟子觉得自己就应该是"名世者"，却没有遇到真正的"王者"，所以才如此惆怅。"当今之世，舍我其谁也？"表达了孟子极为复杂的思想情感。

4.14 孟子去齐，居休（在今山东滕州北，距孟子家约百里）。公孙丑问曰："仕而不受禄，古之道乎？"

曰："非也。于崇，吾得见王，退而有去志，不欲变，故不受也。继而有师命（师旅之命，指发生战事），不可以请。久于齐，非我志也。"

孟子离开齐国，住在休地。公孙丑问孟子道："做官而不接受俸禄，合乎古道吗？"

孟子说："不。在崇地的时候我见到齐王，退下来就有离开的想法，我不想改变这种想法，所以就不接受俸禄。不久齐国发生了战事，不可以请辞。长期留在齐国，不是我的心愿。"

【导读】

孟子当年与齐王见面，已经感觉到齐王不会成为施行仁政的一代明主，不太可能采纳自己的主张，早就萌生去意，但受制于客观局势而在齐滞留了较长时间。孟子在滞留期间，仍希望齐王幡然醒悟而推行仁政，此足以表现出孟子的道义感和责任心。在此过程中，孟子不拿齐王的俸禄，是坚持原则，尊重自己的意愿，是真正的不忘初心，显示出卓然独立、超逸世俗的品格。

滕文公章句上

（凡五章）

5.1　滕文公为世子（太子），将之楚，过宋而见孟子。孟子道性善，言必称尧舜。

世子自楚反，复见孟子。孟子曰："世子疑吾言乎？夫道一而已矣。成覵（jiàn，齐国的勇者）谓齐景公曰：'彼，丈夫也。我，丈夫也。吾何畏彼哉？'颜渊曰：'舜何？人也。予何？人也。有为者亦若是。'公明仪（鲁国贤人，曾子的学生）曰：'文王，我师也；周公岂欺我哉？'今滕，绝长补短，将五十里也，犹可以为善国。《书》曰：'若药不瞑眩（头晕眼花），厥疾不瘳（chōu，病愈）。'"

滕文公做太子时，要到楚国去，经过宋国时见了孟子。孟子给他讲人性本善的道理，话题不离尧舜。

太子从楚国回来，又来见孟子。孟子说："太子不相信我的话吗？天下的真理就这么一个。成覵对齐景公说：'他是一个男子汉，我也是一个男子汉，我为什么怕他呢？'颜渊说：'舜是什么？是人。我是什么？是人。有作为的人都该像他那样。'公明仪说：'文王是我的老师；周公难道会骗我？'现在的滕国，假如把疆土截长补短，方圆也有将近五十里吧，还可以治理成一个好国家。《尚书》说：'如果药不能使病人头昏眼花，那病是不会痊愈的。'"

🌀 【导读】

尧舜乃圣君，将人性之善发挥到了极致，产生了仁政王道。"道性善"是孟子思想的核心，"称尧舜"是孟子学术的宗旨。"性善"即"人皆有不忍人之心"，"称尧舜"就是弘扬尧舜的仁政王道，孟子强调："先王有不忍人之心，斯有不忍人之政矣。"换言之，"不忍人之心"是"不忍人之政"的前提和基础。故孟子"道性善"就是为了"称尧舜"，"称尧舜"是为了进一步张扬"性善"。孟子对滕文公"道性善""称尧舜"，目的是让滕文公蓄积施行仁政的勇气。孟子认为：国家不分大小，只要能倡王道、行仁政，都可以惠万民，"王天下"。

5.2 滕定公薨，世子谓然友（滕文公的老师）曰："昔者孟子尝与我言于宋，于心终不忘。今也不幸至于大故，吾欲使子问于孟子，然后行事。"

然友之邹问于孟子。

孟子曰："不亦善乎！亲丧，固所自尽（倾尽心力）也。曾子曰：'生，事之以礼；死，葬之以礼，祭之以礼，可谓孝矣。'诸侯之礼，吾未之学也；虽然，吾尝闻之矣。三年之丧，齐（zī，缝边）疏（粗布）之服，馆粥（稀饭。馆音 zhān）之食，自天子达于庶人，三代共之。"

然友反命，定为三年之丧。父兄百官皆不欲，曰："吾宗国（同宗的国家）鲁先君莫之行，吾先君亦莫之行也，至于子之身而反之，不可。且《志》（古代记载国家大事的书）曰：'丧祭从先祖。'曰：'吾有所受之也。'"

滕定公去世，太子对然友说："上次在宋国的时候，孟子和我谈了许多，我记在心里久久不忘。如今父亲不幸去世，我想请您先去请教孟子，然后再办丧事。"

然友便到邹国去向孟子请教。

孟子说："好得很啊！父母的丧事本来就应该尽心竭力。曾子说：'父母活着的时候，依照礼节侍奉他们；父母去世，依照礼节安葬他们，依照礼节祭拜他们，就可以叫作孝了。'诸侯的礼节，我不曾专门学过，但却也听说过。三年的丧期，穿着粗布做的孝服，吃稀饭，从天子一直到老百姓，夏、商、周三代都是这样的。"

然友回国复命，太子便决定实行三年的丧礼。滕国的父老官吏都不赞同，他们说："我们的宗国鲁国的历代君主没有这样实行过，我们自己的历代祖先也没有这样实行过，到了您这一代便改变祖先的做法，这是不应该的。而且《志》上说过：'丧礼祭祖一律依照祖先的规矩。'还说：'这些道理是我们继承下来的。'"

谓然友曰："吾他日未尝学问，好驰马试剑。今也父兄百官不我足也，恐其不能尽于大事，子为我问孟子！"

然友复之邹问孟子。

孟子曰："然。不可以他求者也。孔子曰：'君薨，听于冢宰（相当于后来的宰相），歠（chuò，喝）粥，面深墨，即位而哭，百官有司莫敢不哀，先之也。'上有好者，下必有甚焉者矣。君子之德，风也；小人之德，草也。草尚（加）之风，必偃（倒伏）。是在世子。"

然友反命。

世子曰："然。是诚在我。"

五月居庐（礼制规定，诸侯去世后五个月才下葬，这五个月里太子要在守丧的地方住着），未有命戒（命令和指示）。百官族人可（赞同），谓曰知（懂礼）。及至葬，四方来观之，颜色之戚，哭泣之哀，吊者大悦。

于是太子对然友说：'我过去不曾做过学问，只喜欢跑马舞剑。现在父老官吏都对我实行三年丧礼不满，恐怕这一丧礼不能够让我尽心竭力了，请再替我去问问孟子吧！"

然友再次到邹国请教孟子。

孟子说："是的。这是不能强求别人的。孔子说：'君王去世，太子把一切政务都交给宰辅处理，自己每天喝稀粥，脸色深黑，在灵位前便哭泣，大小官吏没有谁敢不悲哀，这是因为太子亲自带头的缘故。'在上位的人有什么喜好，下面的人一定会喜好得更厉害。君子的德行像风，百姓的德行像草。草受风吹，必然随风倒。所以，这件事完全取决于太子。"

然友回国报告了太子。

太子说："是啊。这件事确实取决于我。"

于是太子守丧五个月，没有颁布过任何命令和禁令。大小官吏和同族的人都很赞成，认为太子知礼。等到举行葬礼的那一天，四面八方的人都来观礼，太子面容非常悲伤，哭得非常哀痛，前来吊丧的人都很赞赏。

【导读】

孝乃善行也。本章宗旨并不是探讨三年之丧的是非曲直，而是强调倡善行善。"君子之德，风也；小人之德，草也。草尚之风，必偃。"孟子认为：君王倡善行善，就会有上行下效的效果。滕定公去世，太子拜托自己的老师去向孟子请教如何办丧事。太子依照孟子的意见，发出了实施三年丧礼的命令，遭到滕国父兄百官的反对。于是太子再请老师问于孟子。孟子讲了以身作则、上行下效的道理，希望太子亲自带头尽孝行善。结果丧事办得非常隆重，得到观礼者高度赞赏。这件事的启发意义在于：只要"上"能倡善，并能以身作则行善，"下"就会跟着做。

5.3 滕文公问为国。

孟子曰："民事不可缓也。《诗》云：'昼尔于茅，宵尔索绹。亟其乘屋，其始播百谷。'民之为道也，有恒产者有恒心，无恒产者无恒心。苟无恒心，放辟邪侈，无不为已。及陷乎罪，然后从而刑之，是罔民也。焉有仁人在位罔民而可为也？是故贤君必恭俭礼下，取于民有制。阳虎（名货，鲁国执政大夫季孙氏的家臣，曾操纵国政）曰：'为富不仁矣，为仁不富矣。'

"夏后氏五十而贡，殷人七十而助，周人百亩而彻，其实皆什一也（"贡""助""彻"，夏、商、周三代征收赋税的方法）。彻者，彻（通，即在不同的地区实行不同的收税方法）也。助者，藉（用劳力来耕作）也。龙子

滕文公向孟子询问有关治理国家的问题。

孟子说："关心百姓的事情是刻不容缓的。《诗经》说：'白天赶紧割茅草，晚上搓绳熬通宵。抓紧时间补漏房，开年又要种百谷。'百姓有一个基本的生活道理：有固定职业和一定产业的人才有基本的道德观念和行为准则，没有固定职业和一定产业的人就没有基本的道德观念和行为准则。如果人没有一定的道德观念和行为准则，就会胡作非为，什么事都做得出来。等到他们犯了罪，然后对他们施以刑罚，这等于是设下罗网陷害百姓。哪里有仁爱的国君当政，却干出陷害百姓的事情呢？所以贤明的君主必须谦恭俭朴，礼贤下士，向百姓征税有定制。阳虎说过：'要发财致富的人都不仁爱，致力仁爱的人都不易发财致富。'

"夏朝时每家授田五十亩而实行贡法，商朝时每家授田七十亩而实行助法，周朝时每家授田一百亩而实行彻法，实际上征的税都是十分取一。彻就是通的意思。助就是凭借的意思。古贤人龙子说：'管理土地的税制以助法为最好，而贡法最不好。'

（古代的贤人）曰：'治地莫善于助，莫不善于贡。'贡者，挍（比较）数岁之中以为常。乐岁，粒米狼戾（形容多），多取之而不为虐，则寡取之；凶年，粪（施肥）其田而不足，则必取盈焉。为民父母，使民盻盻（xì，勤苦不休息）然，将终岁勤动，不得以养其父母，又称贷而益之，使老稚转乎沟壑，恶在其为民父母也？夫世禄，滕固行之矣。《诗》云：'雨我公田，遂及我私。'惟助为有公田。由此观之，虽周亦助也。

"设为庠序学校以教之。庠者，养也；校者，教也；序者，射也（"养""教""射"是教育内容）。夏曰校，殷曰序，周曰庠；学则三代共之，皆所以明人伦也。人伦明于上，小民亲于下。有王者起，必来取法，是为王者师（效法）也。

"《诗》云：'周虽旧邦，其命惟新。'文王之谓也。子力行之，亦以新子之国！"

所谓贡法就是参照几年中的收成取一个固定数。丰收年处处是谷物，多征收一些也不算苛暴，但却并不多收；灾年歉收，每家的收成甚至还不够第二年耕种的费用，却一定要征足这个额定数。作为百姓父母官的国君，即使子民勤苦不息，一年到头辛勤劳动，也不足以赡养自己的父母，却还要靠借贷来凑足租税，致使老弱被抛尸在山沟里，哪里还称得上是百姓的父母官呢？而当官世代承袭俸禄的制度，滕国早已实行了。《诗经》说：'雨水浇灌我们的公田，同时也滋润到我的私田。'只有实行助法才会有公田。由此看来，周朝也是实行助法的。

"另外，还要开办庠、序、学、校以教化百姓。所谓庠，意思是培养；所谓校，意思是教导；所谓序，意思是陈列（实物以便实施实物教育）。夏朝时叫校，商朝时叫序，周朝时叫庠；这个'学'是三代都有的，都是教化百姓，使之懂得人与人之间的伦理关系。诸侯、卿、大夫、士都懂得人与人之间的行为准则，百姓自然能亲密团结在一起。如果有贤明的君王兴起，必然会来学取这个法，因为这是为王者应效法的。

"《诗经》说：'周国虽然是一个古老的国家，但其思想却是吐故纳新的。'这是对周文王的称赞。你努力实行这些，也可以使你的国家焕然一新！"

使毕战（滕国的臣子）问井地（井田）。

孟子曰："子之君将行仁政，选择而使子，子必勉之！夫仁政，必自经界（田界）始。经界不正，井地不钧（通"均"），谷禄不平，是故暴君污吏必慢（轻视）其经界。经界既正，分田制禄可坐而定也。

"夫滕，壤地褊小（狭小），将为君子焉，将为野人（农民）焉。无君子，莫治野人；无野人，莫养君子。请野九一而助，国中什一使自赋。卿以下必有圭田（供祭祀用的田地），圭田五十亩；余夫（主要劳动力之外的多余劳动力）二十五亩。死徙（搬家）无出乡，乡田同井，出入相友（做伴），守望（指防盗）相助，疾病相扶持，则百姓亲睦。方里而井，井九百亩，其中为公田。八家皆私百亩，同养公田；公事毕，然后敢治私事，所以别野人也。此其大略也；若夫润泽（这里是指因时因地进行调整的意思）之，则在君与子矣。"

滕文公派毕战向孟子请教有关井地的问题。

孟子说："你的国君将要施行仁政，特意选派你来，你一定要努力！施行仁政，必须从分清田地的经纬之界着手。经纬之界不正，井田就不均衡，不按田亩纳税就不公平，所以残暴的国君和贪官污吏必然不重视田地的经纬之界。田地的经纬之界一旦划分清楚，怎样分配田地和俸禄就可以毫不费力地确定了。

"滕国，虽然土地狭小，但一样要有官吏和在田野里耕田的农民。没有官吏，就没有办法管理农民；没有农民，也就没有办法养活官吏。希望你们在田野上实行九分抽一的助法，在都城中实行十分抽一的税法，让人们自行交纳。卿以下官吏必须要有供祭祀用的田地，这供祭祀用的田地为五十亩；多余的劳动力给田地二十五亩。埋葬和搬迁都不离开本乡范围，乡里的田都要同样实行井田制，人们出入劳作时相互伴随，抵御盗寇时互相帮助，有疾病事故时互相照顾，这样百姓就友爱和睦了。每一方里为一个井田，一个井田为九百亩，中间一块田为公田。八家各以一百亩为私田，但要共同料理好公田；把公田的事办完了，然后才能做私事，这就是区别官吏和农民的办法。这只是一个大概情况；至于怎样有效处理，就要靠你的君主和你了。"

【导读】

孟子"恒产论"强调有固定产业的人伦理道德观念稳定，没有固定产业的人伦理道德观念不稳定。伦理道德观念不稳定的人胡作非为、违法乱纪，什么事都可能干得出来。战国中期，农民在国家赋税、徭役盘剥和自然灾害的打击下，生活无以为继，无法进行再生产，孟子此时倡导"恒产"，对稳定社会和经济发展是有积极意义的。孟子在本章提出了一系列治国方略：一是民事不可缓，"使民以时"；二是保证百姓有固定的产业和收入；三是重视教化民众。民事不可缓，才能不误农时，确保生产。人人有恒产，确保百姓生活有保障，社会才能稳定。重视教化民众，百姓懂人伦知礼节，社会才能和谐发展。孟子的"恒产论"，是一种审时度势的进步思想；孟子提出兴办学校，重视人伦教育，对安定社会秩序意义深远。孟子提倡以井田制养民，以人伦教民。人民得养得教，社会秩序就有了保障，国家就能稳定发展。

5.4　有为（研究）神农（传说中的三皇之一）之言者许行（农家学派代表人物），自楚之滕，踵门（登门拜访）而告文公曰："远方之人闻君行仁政，愿受一廛（住宅）而为氓（从他处迁来的百姓）。"

文公与之处。

其徒数十人，皆衣褐（粗布衣服），捆（编织）屦（jù，草鞋），织席以为食。

陈良之徒陈相与其弟辛负耒耜（lěi sì，古代耕地的农具）而自宋之滕，曰："闻君行圣人之政，是亦圣人也，愿为圣人氓。"

陈相见许行而大悦，尽弃其学而学焉。

有一个研究神农氏学说的人，名叫许行，从楚国到滕国拜见滕文公说："我来自远方，听说您施行仁政，希望得到一处住所，成为您的百姓。"

滕文公给了他房屋。

许行的门徒有几十个人，都穿着粗麻织成的衣服，靠编织草鞋和席子为生。

陈良的门徒陈相和他弟弟陈辛背着农具从宋国来到滕国，拜见滕文公说："听说您施行圣人的政治，那么您也是圣人，我们都愿意做圣人的百姓。"

陈相见到许行后非常高兴，完全抛弃了以前所学而改向许行学习。

陈相见孟子，道许行之言曰："滕君则诚贤君也；虽然，未闻（懂得）道也。贤者与民并耕而食，饔飧（yōng sūn，自己做饭吃。早饭叫饔，晚饭叫飧）而治。今也滕有仓廪府库，则是厉民（剥削人民）而以自养也，恶得贤？"

孟子曰："许子必种粟而后食乎？"

曰："然。"

"许子必织布而后衣乎？"

曰："否。许子衣褐。"

"许子冠乎？"

曰："冠。"

曰："奚冠？"

曰："冠素。"

曰："自织之与？"

曰："否。以粟易之。"

曰："许子奚为不自织？"

曰："害于耕。"

曰："许子以釜（fǔ，煮食物的金属锅）甑（zèng，蒸饭的瓦器）爨（cuàn，做饭），以铁耕乎？"

曰："然。"

"自为之与？"

曰："否。以粟易之。"

陈相拜访孟子，转述许行的话说："滕君的确是个贤明的君主。不过，他还没有掌握真正的治国之道。贤人治国，应该和百姓一道耕种而食，要亲自做饭。现在滕国却有储藏粮食的仓库，存放财物的府库，这是剥削别人来奉养自己，这怎么能叫贤明呢？"

孟子说："许先生一定要自己种庄稼才吃饭吗？"

陈相回答说："对。"

孟子问："许先生一定要自己织布然后才穿衣吗？"

陈相回答说："不。许先生只穿粗麻织成的衣服。"

孟子问："许先生戴帽子吗？"

回答说："戴。"

孟子问："戴什么帽子呢？"

回答说："戴本色绸帽。"

孟子问："他自己织的吗？"

回答说："不。是用粮食换的。"

孟子问："许先生为什么不自己织呢？"

回答说："因为怕误了农活。"

孟子问："许先生用锅和甑做饭，用铁器耕田吗？"

回答说："是。"

孟子问："锅、甑和铁器是他自己做的吗？"

回答说："不。是用粮食换的。"

"以粟易械器者，不为厉陶冶；陶冶亦以其械器易粟者，岂为厉农夫哉？且许子何不为陶冶，舍（俗作"啥"）皆取诸其宫中而用之？何为纷纷然与百工交易？何许子之不惮（dàn，嫌）烦？"

曰："百工之事固不可耕且为也。"

"然则治天下独可耕且为与？有大人（管理者）之事，有小人（指农工商）之事。且一人之身，而百工之所为备，如必自为而后用之，是率天下而路（疲于奔走）也。故曰：或劳心，或劳力；劳心者（泛指脑力劳动者）治人，劳力者（泛指体力劳动者）治于人；治于人者食（供养）人，治人者食于人，天下之通义（法则）也。

"当尧之时，天下犹未平，洪水横流，泛滥于天下，草木畅茂，禽兽繁殖，五谷不登（谷物成熟），禽兽逼人，兽蹄鸟迹之道（道路。此形容禽兽之多）交（交错）于中国。尧独忧之，举舜而敷（展开）治焉。舜使益（舜的臣子）掌火（掌管火政的官职），益烈山泽而焚之，禽兽逃

孟子说："农夫用粮食换取锅、甑和农具，不能说是损害了瓦匠铁匠；那么，瓦匠和铁匠用锅、甑和农具换取粮食，难道就能够说是损害了农夫吗？而且，许先生为什么不自己烧窑冶铁做成锅、甑和各种农具放在家里随时取用呢？为什么不厌其烦地去和各种工匠交换呢？为什么许先生如此不怕麻烦呢？"

陈相回答说："各种工匠的事情当然不是可以一边耕种一边同时干的。"

孟子说："那么治理国家就偏偏可以一边耕种一边治理了吗？官吏有官吏的事，百姓有百姓的事。每一个人所需的生产生活用品要靠各种工匠才能齐备，如果都一定要自己亲手做成才能使用，那就是率领天下的人疲于奔命。所以说：有的人靠脑力劳动，有的人靠体力劳动；脑力劳动者管理人，体力劳动者被人管理；被管理者养活别人，管理者靠别人养活，这是通行天下的法则。

"在尧那个时代，天下还不安定，洪水成灾，四处泛滥，草木无限制生长，禽兽大量繁殖，庄稼没有收成，飞禽野兽危害人类，到处都是它们的踪迹。尧独自为此担忧，选拔舜出来进行全面治理。舜派益掌管火政，益便用烈火焚烧山野沼泽的草木，使鸟兽逃跑躲藏。大禹又疏通九河，治理济水、漯水，引流入海；挖掘汝水、

匮。禹疏九河，瀹（yuè，疏通）济漯而注诸海；决（通畅）汝汉，排（疏通）淮泗而注之江，然后中国可得而食也。当是时也，禹八年于外，三过其门而不入，虽欲耕，得乎？

"后稷（周始祖）教民稼穑（泛指农业生产），树艺五谷；五谷熟而民人育。人之有道也，饱食、暖衣、逸居而无教，则近于禽兽。圣人有忧之，使契（xiè，殷商的祖先）为司徒，教以人伦，——父子有亲，君臣有义，夫妇有别，长幼有叙，朋友有信。放勋（帝尧的名号）曰：'劳之来之（"劳""来"，勤勉的意思），匡之直之（"匡""直"，纠正错误），辅之翼之，使自得之，又从而振德（提携、教导）之。'圣人之忧民如此，而暇耕乎？

"尧以不得舜为己忧，舜以不得禹、皋陶（gāo yáo，舜时掌管刑法的官员）为己忧。夫以百亩之不易为己忧者，农夫也。分人以财谓之惠，教人以善谓之忠，为天下得人者谓之仁。是故以天下与人易，为天下得人难。孔子曰：'大哉尧之为君！惟天为大，惟尧则（效法）之，荡荡乎民无能名（赞美）焉！君哉

汉水，疏通淮水、泗水，引导其流入长江，然后中原才可以进行农业耕种。当时，禹八年在外，三次经过自己的家门前都不曾进去，即便他想亲自种地，可能吗？

"后稷教百姓种庄稼，栽培谷物；谷物成熟了才能够养育百姓。人之所以为人，吃饱了，穿暖了，住得安逸了，如果没有教育，那就和禽兽差不多。圣人又为此而忧虑，便派契做司徒，主管教育，用人与人之间应有的伦常关系和道理来教育百姓——父子之间有骨肉之亲，君臣之间有礼义之道，夫妻之间有内外之别，老少之间有尊卑之序，朋友之间有诚信之德。尧说：'督促他们，纠正他们，帮助他们，使他们各得其所，然后再进一步提高他们的品德。'圣人为老百姓考虑得如此周到，操心到如此地步，还有时间来亲自耕种吗？

"尧把得不到舜这样的人作为自己的忧虑，舜把得不到禹和皋陶这样的人作为自己的忧虑。把耕种不好百亩田地作为自己忧虑的是农夫。把钱财分给别人叫作惠，把善的道理教给别人叫作忠，为天下百姓发现人才叫作仁。因此，把天下让给别人容易，为天下百姓找到出色的人才却很难。孔子说：'尧做天子真是伟大！只有天最伟大，只有尧能够效法天，他的圣德广阔无边，

舜也！巍巍乎有天下而不与（不占有）焉！'尧舜之治天下，岂无所用其心哉？亦不用于耕耳。

"吾闻用夏（古代中原地区称为夏）变（同化）夷（落后部落和地区）者，未闻变于夷者也。陈良，楚产也，悦周公、仲尼之道，北学于中国。北方之学者，未能或之先也。彼所谓豪杰之士也。子之兄弟事之数十年，师死而遂倍（通"背"）之！昔者孔子没，三年之外，门人治任（整理行李）将归，入揖于子贡，相向而哭，皆失声，然后归。子贡反，筑室于场，独居三年，然后归。他日，子夏、子张、子游以有若似圣人，欲以所事孔子事之，强（迫使同意）曾子。曾子曰：'不可。江汉以濯（洗）之，秋阳以暴之，皓皓乎不可尚（增加）已。'今也南蛮䴕舌之人（指说话让人难以听懂的人。䴕音 jué，伯劳鸟），非先王之道，子倍子之师而学之，亦异于曾子矣。吾闻出于幽谷迁于乔木者，未闻下乔木而入于幽谷者。《鲁颂》曰：'戎狄是膺（讨伐），荆舒（指春秋时的楚国和舒国）是惩。'周公方且

百姓找不到恰当的词语来赞美他！舜也是了不得的天子！虽然有了这样广阔的天下，自己却并不享受也不占有它！'尧和舜治理天下，难道不用心思吗？心思只是不用在耕田种地上罢了。

"我只听说过用中原文化去改造边远落后地区的文化，没有听说过用边远落后地区的文化来改变中原的文化。陈良本来是楚国的人，喜爱周公和孔子的学说，由南而北来到中原学习。北方的学者还没有人能够超过他。他可以称得上是豪杰之士了。你们兄弟跟随他学习几十年，他一死，你们就背叛了他！以前孔子死的时候，门徒们都为他守孝三年，三年以后，大家才收拾行李准备回家，临走的时候，都去向子贡行礼告别，相对而哭，泣不成声，然后才离开。子贡又回到孔子的墓地重新筑屋，独自守墓三年，然后才离开。后来，子夏、子张、子游认为有若有点像孔子，便想用尊敬孔子的礼来尊敬他，他们希望曾子也同意。曾子说：'不可以。就像曾经用江汉的水清洗过，又在夏天的太阳下曝晒过，洁白得无以复加。（还有谁能再比孔子呢？）'如今许行这个南方蛮子，诽谤先王的圣贤之道，你们背叛自己的老师而向他学习，这和曾子的态度恰恰相反。我只听说过从幽暗的山谷飞往高大的树木的，从没听说过从高大的树木飞往幽暗的山谷的。《鲁颂》

膺之，子是之学，亦为不善变矣。"

说：'攻击北方的戎狄，惩罚南方的荆舒。'周公尚且要攻击楚国这样的南方蛮子，你们却向他学习，这简直是越变越坏了。"

"从许子之道，则市贾（同"价"）不贰，国中无伪，虽使五尺之童适市，莫之或欺。布帛长短同，则贾相若；麻缕丝絮轻重同，则贾相若；五谷多寡同，则贾相若；屦大小同，则贾相若。"

陈相说："如果践行许先生的学说，那么就会做到市场上的物品价格一致，人人没有欺诈，就是叫一个小孩子去市场上购物，也不会被欺骗。布匹丝绸的长短一样，价格也就一样；麻线丝绵的轻重一样，价格也就一样；谷米的多少一样，价格也就一样；鞋子的大小一样，价格也就一样。"

曰："夫物之不齐，物之情也，或相倍蓰（五倍），或相什百，或相千万。子比（使相等）而同之，是乱天下也。巨屦小屦同贾，人岂为之哉？从许子之道，相率而为伪者也，恶能治国家？"

孟子说："各种东西的品质和价格不一样，这是很自然的，有的相差一倍五倍，有的相差十倍百倍，有的甚至相差千倍万倍。你若不分精粗优劣，想让它们完全一样，只是搞乱天下罢了。一双粗糙的鞋子与一双精致的鞋子价格完全一样，人们难道能接受吗？践行许先生的学说，是率领大家走向虚伪，怎么能够治理好国家呢？"

【导读】

本章以驳论为主，主要驳斥农家"贤者与民并耕"的主张，论证社会分工的必然性和必要性；同时还驳斥了农家"市贾不贰，国中无伪"的观点，指出"市贾不贰"会带来人情作伪和扰乱国家的恶果。社会分工是人类发展的必然结果，也是文明进步的表现。生产力的发展必然导致社会分工，这是不可阻挡的历史趋势；社会分工又将进一步促进生产力的发展和社会进步，这也是必然的结果。随着人类由原始社会向文明社会过渡，脑力劳动和体力劳动之间、管理者与被管理者之间的分工也是不可避免的。正是面对这种令人困惑的复杂情况，思想家们提出了各自的观点和解决问题的办法，许行的农家学说就是在如此复杂的社会背景下产生的。他把各种社会问题的出现都归咎于社会分工，认为"贤者与民并耕而食，饔飧而治"是解决社会矛盾的最佳办法。他不仅宣扬这样的理论，还身体力行，率领弟子"衣褐，捆屦，织席以为食"。他的这种观点和做法怪异而新鲜，吸引了不少人，就连大儒陈良之徒陈相兄弟也改换门庭，成为许行的门徒。孟子当然不能容忍陈相兄弟此种背师忘祖的行为，于是对许行的学说展开全面批驳，使陈相不得不承认"百工之事固不可耕且为也"。

5.5 墨者夷之因徐辟（孟子的弟子）而求见孟子。孟子曰："吾固愿见，今吾尚病，病愈，我且往见，夷子不来！"

他日，又求见孟子。孟子曰："吾今则可以见矣。不直，则道不见；我且直之。吾闻夷子墨者，墨之治丧也，以薄为其道也；夷子思以易（变革）天下，岂以为非是而不贵（重视）也；然而夷子葬其亲厚，则是以所贱事亲也。"

徐子以告夷子。

夷子曰："儒者之道，古之人若保赤子，此言何谓也？之（夷子）则以为爱无差等，施由亲始。"

徐子以告孟子。

孟子曰："夫夷子信以为人之亲其兄之子为若亲其邻之赤子乎？彼有取尔也。赤子匍匐将入井，非赤子之罪也。且天之生物也，使之

墨家学派的信徒夷之想通过孟子的学生徐辟求见孟子。孟子说："我本来是愿意见他的，但我现在有病，等病好了我去见他，夷子就不用来了！"

过了几天，夷之又提出想见孟子。孟子说："我今天可以见他。不坦诚说话，道理就会不显明；那么我就坦诚说说吧。我听说夷子是信奉墨家学说的，墨家学说提倡办理丧事，以节俭为合理；夷子想用薄葬之风改变天下之俗，自然认为不薄葬是轻贱不合理的；然而夷子又厚葬他的亲人，那就是用他认为轻贱的方法来侍奉亲人了。"

徐辟把这些话告诉了夷子。

夷子说："儒家的学说认为，古代帝王爱护百姓就像爱护婴儿一样，这话什么意思呢？我认为爱是没有亲疏厚薄差别的，只是施行的时候由亲人开始。"

徐辟把这些话告诉了孟子。

孟子说："这个夷子真的认为人们爱护他的哥哥的孩子和爱护邻居的孩子一样吗？那是有取舍的。婴儿在地上爬着将要跌到井里，这不是婴儿的罪过。况且天生

一本，而夷子二本故也。盖上世尝有不葬其亲者，其亲死，则举而委（抛弃）之于壑。他日过之，狐狸食之，蝇蚋（ruì，蚊子类的昆虫）姑（语助词）嘬（凑在一起吃）之。其颡（sǎng，额头）有泚（出汗），睨而不视。夫泚也，非为人泚，中心达于面目，盖归反虆（léi，土筐）梩（sì，锹一类农具）而掩之。掩之诚是也，则孝子仁人之掩其亲，亦必有道矣。”

徐子以告夷子。夷子怃然（茫然若失的样子）为间曰：“命（领教）之矣。”

万物，每物只有一个根本，而夷子却认为有两个根本。大概上古时候曾经有不安葬自己亲人的人，他的亲人死了，就把尸体扛起来丢到山沟里。后来路过那里，看见狐狸在撕食亲人的尸体，苍蝇蚊子也聚来叮咬。他的额头上流着汗，斜着眼而不敢正视。这种汗不是流给别人看的，是内心悔恨表露在脸上的结果，于是这人就回家取来工具，掩埋亲人的尸体。掩埋尸体确实是对的，那么孝子和仁爱的人埋葬自己的亲人，也一定是有道理的。”

徐辟把这些话告诉了夷子。夷子怅然若失，停了一会才说：“我领教了。”

【导读】

墨子是春秋末期战国初期的思想家，墨家学派创始人，他提倡“兼爱”“非攻”“节葬”，反对当时各诸侯国的厚葬之风，认为厚葬是极大的浪费。然而夷子厚葬其亲，这就说明在夷子心中自己的亲人和他人的亲人是不一样的，那就是承认人与人之间爱是有差等的，这与墨子的“爱无差等”是相悖的。因此孟子认为：万事万物都是有差别等级的，因有差别等级，人们的行为才会表现出亲疏有别。因为人是由自己的父母生育教养，因此对待自己的父母肯定会与对待他人的父母有所不同。夷子一方面大谈“兼爱”“爱无差等”，一方面赞同“施由亲始”，理论与实践脱节，言行矛盾。墨子倡导“兼爱”，要求爱他人如同爱父母一样，这超出了人类正常情感，因此孟子要反对。儒家的仁如同磁场一样，是有远近、有差别的爱，比较符合人性人情人心。不过墨子反对葬礼的繁文缛节和铺张浪费，也是有一定道理的。

滕文公章句下

（凡十章）

6.1　陈代（孟子的学生）曰："不见诸侯，宜若小然。今一见之，大则以王，小则以霸。且《志》曰：'枉（屈）尺而直寻（八尺）。'宜若可为也。"

孟子曰："昔齐景公田（田猎），招虞人以旌（古代用彩色羽毛装饰的旗子），不至，将杀之。志士不忘在沟壑，勇士不忘丧其元（脑袋）。孔子奚取焉？取非其招不往也。如不待其招而往，何哉？且夫枉尺而直寻者，以利言也。如以利，则枉寻直尺而利，亦可为与？昔者赵简子（晋国的卿）使王良（著名的御者）与嬖奚（名叫奚的宠幸小臣）乘，终日而不获一禽。嬖奚反命曰：'天下之贱工（指拙劣的驾车人）也。'或以告王良。良曰：'请复之。'强而后可，一朝而获十禽。嬖奚反命曰：'天下

陈代说："您不去拜见诸侯，似乎只是拘泥于小节。如今一旦见了诸侯，大的功效可使其施行仁政，统一天下；小的功效也可使其改变局面，称霸一方。何况《志》说：'屈曲一尺而伸展八尺。'这事好像是可以做一做的。"

孟子说："从前齐景公田猎，用旌旗召唤园林管理员，管理员不来，就想杀掉他。有志之士不惧怕弃尸山沟，有勇之士不惧怕掉了脑袋。孔子称赞哪一种呢？称赞（园林管理员）不按礼制召唤就不去。如果不按礼制召唤就前往，那算什么呢？况且那个屈曲一尺而伸展八尺的说法是从利的角度来说的。如果要说利，那么屈曲八尺而伸展一尺有利，是否也应该去做呢？从前赵简子派王良为他宠幸的小臣奚驾车去打猎，一整天捕不到一只鸟。奚回去向简子汇报说：'王良是天下最差的车手。'有人把这话告诉了王良。王良说：'请让我们再去一次。'奚勉强同意后又去，一早上就捕到十

之良工也。'简子曰：'我使掌与女乘。'谓王良。良不可，曰：'吾为之范（规范）我驰驱，终日不获一；为之诡遇（不合规范），一朝而获十。《诗》云："不失其驰，舍矢如破。"我不贯（通"惯"）与小人乘，请辞。'御者且羞与射者比（合作）；比而得禽兽，虽若丘陵，弗为也。如枉（违背）道而从彼，何也？且子过矣：枉己者，未有能直人者也。"

只鸟。奚回去向简子汇报说：'王良是天下最优秀的车手。'赵简子说：'那么我就派他专门为你驾车。'便同王良说。王良不同意，说：'我按照规矩赶车奔驰，终日捕不到一只鸟；不依法驾车，一早上就捕获十只鸟。《诗经》说："按照规矩而奔驰，箭一放出便破的。"我不习惯替小人驾车，这种差事不能担任。'驾车的人尚且羞于与奚这样的小人合作；即便合作得到的鸟兽多得堆积如山，也是不愿干的。如果屈辱自己的志向和主张去随从别人，那是为什么呢？并且你也弄错了：屈辱自己志向和主张的人，是不能矫正别人的志向和主张的。"

【导读】

陈代为孟子出了一个以屈求伸的主意。"枉尺而直寻"，意思是以小的委屈求得大的利益，以待有朝一日实现抱负。陈代所说的是苏秦、张仪等纵横家的策略。为了达到自己的目的，先顺着诸侯的喜好来，然后再择机实施自己的思想主张，属机会主义者。孟子鄙视之。他强调任何人都要遵守规则，即便碰到国君不遵守规则，也要敢于说不，这对国家治理非常重要。他坚决以"志士不忘在沟壑，勇士不忘丧其元"的方正刚直作为行为准则。同时以齐景公时的虞人和赵简子时的优秀御者王良为范例，说明了君子立身处世不能苟且的道理，因为"枉己者，未有能直人者也"。所以，《后汉书·张衡传》也云："枉尺直寻，议者讥之，盈欲亏志，孰云非羞？"

6.2　景春（与孟子同时期的纵横家）曰："公孙衍、张仪（二人均为战国时期的纵横家）岂不诚大丈夫哉？一怒而诸侯惧，安居而天下熄。"

景春说："公孙衍和张仪难道不是真正的大丈夫吗？一发怒，诸侯都害怕；安静下来，天下就平安无战事。"

孟子曰:"是焉得为大丈夫乎?子未学礼乎?丈夫之冠也,父命之。女子之嫁也,母命之,往送之门,戒之曰:'往之女家,必敬必戒,无违夫子!'以顺为正者,妾妇之道也。居天下之广居,立天下之正位,行天下之大道。得志,与民由之;不得志,独行其道。富贵不能淫（乱其心）,贫贱不能移（变其节）,威武不能屈（挫其志）,此之谓大丈夫。"

孟子说:"这怎么能算大丈夫呢?你没有学过礼吗?男子行成年礼,父亲对他有所嘱托。女子要出嫁,母亲有所嘱托并送到大门口,告诫她说:'到了你自己的家,必须恭敬,必须谨慎,不要违抗丈夫。'以顺从作为准则,这是妇女立世居家之道。而男子则以仁义为家,站在天下仁德的正位,走天下正义的大道。得志时,带领大家一同施仁行义;不得志时,自己走正义的大道。富贵时不会放肆无度,贫贱时不会失守节操,面对权势、武力不屈服,这才叫大丈夫!"

【导读】

公孙衍、张仪能够"一怒而诸侯惧,安居而天下熄",景春认为他们是了不起的大丈夫。孟子则认为公孙衍、张仪之流靠摇舌鼓唇、曲意顺从诸侯而往上爬,他们有办法而没主张,有机谋而不善决断,为了个人的功名利禄,可以朝秦暮楚,见风使舵,毫无节操可言,哪里称得上大丈夫呢?孟子反驳得含蓄而幽默,只是通过女子出嫁时母亲的嘱咐便得出"以顺为正者,妾妇之道也"。孟子对公孙衍、张仪之流可以说是深恶痛绝,并针锋相对地提出真正的大丈夫的标准,那就是"富贵不能淫,贫贱不能移,威武不能屈"。如何能成为大丈夫?必须是"居天下之广居,立天下之正位,行天下之大道",再持"得志,与民由之;不得志,独行其道"的立身处世态度,那就能成为真正的大丈夫了。孟子"大丈夫"之论,从个人志向和个人操守两方面来界定大丈夫,两千多年来,已经获得了社会的广泛认同。

6.3 周霄问曰:"古之君子仕乎?"

孟子曰:"仕。《传》曰:'孔子

周霄问孟子:"古时候的君子也出来做官吗?"

孟子说:"做官。《传》说:'孔子如果三

三月无君，则皇皇（惶惶不安）如也，出疆必载质（通"贽"，古代初次见面所送的见面礼）。'公明仪曰：'古之人三月无君，则吊。'"

"三月无君则吊，不以急乎？"

曰："士之失位也，犹诸侯之失国家也。《礼》曰：'诸侯耕助，以供粢盛（古代盛在祭器内以供祭祀的谷物。粢音zī）；夫人蚕缫，以为衣服。牺牲不成，粢盛不絜，衣服不备，不敢以祭。惟士无田，则亦不祭。'牲杀、器皿、衣服不备，不敢以祭，则不敢以宴，亦不足吊乎？"

"出疆必载质，何也？"

曰："士之仕也，犹农夫之耕也；农夫岂为出疆舍其耒耜哉？"

曰："晋国亦仕国（易于出仕的国家）也，未尝闻仕如此其急。仕如此其急也，君子之难仕，何也？"

曰："丈夫生而愿为之有室，女子生而愿为之有家；父母之心，人皆有之。不待父母之命、媒妁之言，钻穴隙相窥，逾墙相从，则父

个月没有被任用，就会惶惶不安；如果要离开一个国家，一定要带着拜见别国国君的礼物。'公明仪说：'古时候的人如果三个月没有被任用，就会有人去安慰。'"

周霄说："三个月没有被任用就有人去安慰，不是太急了吗？"

孟子说："士失去官位，犹如诸侯失去国家。《礼》说：'诸侯亲自耕种藉田以供给祭祀用品，他们的夫人养蚕缫丝以供给祭服。祭祀的牲畜不肥壮，祭祀的谷物不洁净，祭服不完备，就不敢用来祭祀。读书人若没有禄田，则无法祭祀。'牲畜、器皿、衣服不完备，不敢举行祭礼，就更不敢举行宴会，这难道不该去安慰吗？"

周霄又问："离开一个国家，一定要带着拜见别国国君的礼物，这是为什么呢？"

孟子说："读书人出来做官，就好像农夫耕地一样；农夫怎么会因为离开一个国家就舍弃农具呢？"

周霄说："晋国也是一个读书人可以做官的国家，但没有听说做官有如此急迫的。出来做官如此急迫，君子却又不轻易做官，这是为什么呢？"

孟子说："男孩一生下来，父母就希望为他找到妻室；女孩一生下来，父母就希望为她找到夫家。父母的这种心情，是人人都有的。但要是没有父母的许可，没有

母国人皆贱之。古之人未尝不欲仕也，又恶不由其道。不由其道而往者，与钻穴隙之类也。"

媒人的介绍，就钻洞扒门相互偷看，翻墙私会，那么父母、国人都会看不起他们。古时候的人不是不想出来做官，但讨厌不通过正道。不通过正道做官，就跟钻洞翻墙差不多。"

【导读】

"学而优则仕。"古代一般平民读书就是希望做官，治理国家。既然是出仕，必然要得到君王任用，如果三个月见不到君王，就会忧愁。因为读书既然是为了治理国家，见不到君王，就等于不被任用或不被重用，就会惶恐，觉得失去其在社会上应有的价值，内心就会感到悲哀。孟子鄙视求取官位不择手段、不走正道的人，视其如"钻穴隙相窥，逾墙相从"之流。孟子以男女苟合偷情为喻，谴责那些不由其道、不择手段窃取官位者，实际是谴责靠游说君王起家的纵横术士。

6.4　彭更（孟子的学生）问曰："后车（跟从的车子）数十乘，从者数百人，以传食（辗转谋生）于诸侯，不以泰（过分）乎？"

孟子曰："非其道，则一箪食不可受于人；如其道，则舜受尧之天下，不以为泰——子以为泰乎？"

曰："否。士无事（功绩）而食，不可也。"

曰："子不通功易事（不同行业互相交换产品），以羡（多余）补不足，则农有余粟，女有余布；子如通之，则梓匠轮舆皆得食于子。于此有人焉，入则孝，出则悌，守先

彭更问："后面跟随的车有数十辆，跟随的人有几百个，而由这一国吃到那一国，不也太过分了吗？"

孟子说："如果不合道义，即使一碗饭也不接受；如果合道义，那舜接受尧的天下，也不过分——你以为过分吗？"

彭更说："不。读书人不做事而吃白饭，是不可以的。"

孟子说："你如不互通有无，交换产品，用多余的补充不足的，那么农夫就有多余的粮食，织妇就有多余的布帛；你如果互通有无，那么木工车匠都能从你那里换得粮食。若有这样一个人，在家孝顺父母，

王之道，以待后之学者，而不得食于子；子何尊梓匠轮舆而轻为仁义者哉？"

曰："梓匠轮舆，其志将以求食也；君子之为道也，其志亦将以求食与？"

曰："子何以其志为哉？其有功于子，可食而食之矣。且子食志（依据动机酬劳）乎？食功（依据功绩酬劳）乎？"

曰："食志。"

曰："有人于此，毁瓦画墁（胡乱刻画），其志将以求食也，则子食之乎？"

曰："否。"

曰："然则子非食志也，食功也。"

在外敬爱兄长，能守先王之道，以此扶持后来的学者，却不能从你那里换得粮食；你为什么尊重木工车匠而轻视推行仁义之士呢？"

彭更说："木工车匠，他们工作的目的就是谋饭吃；君子修养仁义，推行王道，其目的也是谋饭吃吗？"

孟子说："你何必管动机目的呢？他们对你有功绩，你可以供养就供养。你是按动机供养人，还是按功绩供养人呢？"

彭更说："按动机。"

孟子说："有这样一个工匠，他打坏你家的瓦，又在你家墙上乱涂乱画，他的动机也是为了弄到吃的，你给他吃的吗？"

彭更说："不。"

孟子说："那你就不是按动机，而是按功绩的。"

【导读】

"志"是动机，"功"是功绩功效。士辅佐君主施行仁政，教授弟子往圣之学，与从事体力劳动的工匠一样应获得俸禄。士没有求俸禄的动机，但有功于民，就应获得俸禄。工匠有获得食物的动机，其制作器具有功也应获得俸禄。本章孟子的侧重点在动机与效果的关系问题上。彭更是从动机来看问题，而孟子则从效果看问题，强调不听大话空话，只看工作业绩。动机与效果是一对相互关联的哲学范畴，在现实生活中，动机也是要考虑的，但重点还是看业绩，也就是"食功"。《墨子》云："合其志功而观焉。"强调志功合一，也就是动机和效果的结合。

6.5　万章（孟子的得意门生，一生追随孟子，对整理、编著《孟子》一书有一定的贡献）问曰："宋，小国也；今将行王政，齐楚恶而伐之，则如之何？"

孟子曰："汤居亳（bó，在今河南商丘），与葛为邻，葛伯放（放纵无道）而不祀。汤使人问之曰：'何为不祀？'曰：'无以供牺牲也。'汤使遗（赠送）之牛羊。葛伯食之，又不以祀。汤又使人问之曰：'何为不祀？'曰：'无以供粢盛也。'汤使亳众往为之耕，老弱馈食。葛伯率其民，要（拦截）其有酒食黍稻者夺之，不授者杀之。有童子以黍肉饷，杀而夺之。《书》曰：'葛伯仇饷（仇视送饭者）。'此之谓也。为其杀是童子而征之，四海之内皆曰：'非富天下也，为匹夫匹妇复仇也。''汤始征，自葛载（开始）'，十一征而无敌于天下。东面而征，西夷怨；南面而征，北狄怨，曰：'奚为后我？'民之望之，若大旱之望雨也。归市者弗止，芸（通"耘"）者不变，诛其君，吊其民，如时雨降。民大悦。《书》曰：'徯我后，后来其无罚！''有攸不惟臣，东征，绥（安抚）厥（那里）士女，篚（竹

万章问孟子道："宋国是个小国，现在想推行仁政，齐国、楚国憎恨并出兵攻击它，应该怎么办呢？"

孟子说："成汤居住在亳地，与葛国相邻，葛伯放纵无道，不祭祀祖先。汤派人询问他：'为什么不祭祀？'葛伯说：'没有祭祀用的牲畜。'汤派人送给他们牛羊。葛伯把牛羊吃了，还是不祭祀。汤又派人询问他：'为什么不祭祀？'葛伯说：'没有谷物来做祭品。'汤派亳地的民众去为他们耕种，让老年人和小孩为耕种的人送饭。葛伯带领着他的民众拦住那些带着酒食米饭的人并抢夺食物，不肯交出食物的人就被杀害。有个小孩去送米饭和肉，葛伯竟把孩子杀了，抢走了食物。《尚书》说：'葛伯与送饭者有仇。'就是指这件事。成汤因为葛伯杀死了这个小孩子而去征讨葛国，天下的百姓都说：'这不是贪图天下的财富，这是为平民百姓复仇。''成汤的征讨，从葛国开始'，先后征伐十一次而无敌于天下。他向东征讨，西边国家的百姓便埋怨；向南征讨，北方国家的百姓便埋怨，都说：'为什么把我们放在后面呢？'百姓盼望他，就像大旱时候盼望雨水一样。所到之处，做生意的不停止买卖，种田的不停止耕耘，成汤讨伐暴君，安抚百姓，像及时雨从天而降，百姓

筐）厥玄黄（黑色和黄色的绸子），绍我周王见休（美好），惟臣附于大邑周。'其君子实玄黄于筐以迎其君子，其小人箪食壶浆以迎其小人；救民于水火之中，取其残而已矣。《太誓》曰：'我武惟扬，侵于之疆，则取于残，杀伐用张（彰显正义），于汤有光（更加辉煌）。'不行王政云尔；苟行王政，四海之内皆举首而望之，欲以为君；齐楚虽大，何畏焉？"

非常高兴。《尚书》上说：'等待我们的君王，他来了我们就不受罪了。''有攸国不臣服，周王便东行讨伐，安抚那里的百姓，那里的百姓用筐装着黑色和黄色的丝帛，以迎接周王为荣，希望成为大周的臣民。'那里的官吏带着用筐装着的丝帛来迎接周的官吏，那里的百姓用饭筐装着饭、用酒壶盛着酒来迎接周的士兵；把老百姓从水深火热中拯救出来，只是杀掉残暴的君王而已。《太誓》说：'我们的武力要发扬，攻入他们的国土，除掉那残暴的君主，用杀伐来彰显正义，比汤的功业更辉煌。'不推行仁政则罢；若推行仁政，普天之下的民众都会仰望，要拥戴他来做君主；齐国、楚国虽然强大，又有什么可怕的呢？"

【导读】

战国中后期，天下无序，战争频繁，富国强兵是那个时代的主旋律，弱肉强食思维主导各国诸侯。只有军事强大，才能奴役或灭亡他国，否则就面临被侵略、被奴役、被消灭的危险。各诸侯国除了强兵似乎没有其他的选择。宋国愿行仁政王道，万章担心齐楚这样的大国会"恶而伐之"。为何宋国推行仁政王道，不但得不到齐楚等国的羡慕，还会遭受嫉恨乃至受到武力的威胁呢？是因为宋国破坏了当时较为通行的"弱肉强食、适者生存"的法则。难道天下就不允许人倡仁好善？孟子没有直接回答万章提出的问题，而是从"汤事葛"的故事讲起，故事讲完了，"仁者无敌于天下"的道理也阐发清楚了。最后孟子反问道："齐楚虽大，何畏焉？"孟子还是强调：只要统治者施行仁政，就会得到百姓的拥护，就能无敌于天下。

6.6 孟子谓戴不胜（宋臣）曰：

孟子对戴不胜说："你想要你的君王向

"子欲子之王之善与？我明告子。有楚大夫于此，欲其子之齐语也，则使齐人傅（教）诸？使楚人傅诸？"

曰："使齐人傅之。"

曰："一齐人傅之，众楚人咻（喧哗）之，虽日挞而求其齐也，不可得矣；引而置之庄岳（齐地名）之间数年，虽日挞而求其楚，亦不可得矣。子谓薛居州，善士也，使之居于王所。在于王所者，长幼卑尊皆薛居州也，王谁与为不善？在王所者，长幼卑尊皆非薛居州也，王谁与为善？一薛居州，独如（奈）宋王何？"

善吗？我明确地告诉你。有位楚国的大夫，希望他的儿子会说齐国话，那么，是找齐国人来教他呢，还是找楚国人来教他呢？"

戴不胜说："找齐国人来教他。"

孟子说："一个齐国人教他，众多楚国人在旁干扰他，即使天天鞭挞并强逼他说齐国话，也是做不到的；要是把他送到齐国的城乡去待几年，即使天天鞭挞并强逼他说楚国话，也是做不到的。你说薛居州是个善人，要让他居住在国君的身边。如果在国君身边的人无论年纪大小、地位高低都是薛居州那样的人，大王和谁去做不善的事呢？如果在国君身边的人无论年纪大小、地位高低都不是薛居州那样的人，大王和谁去做善事呢？一个薛居州，对宋王的影响能有多大呢？"

【导读】

学语言需要适宜的环境，培养道德品行同样如此。孟子把薛居州拉出来，强调的是：一个国家如果只有一个道德楷模，整个社会风气是不可能得到改善的。假设这个国家有很多道德楷模，甚至全部都是道德楷模，整个社会的风气必然会好。孟子讲的这个道理，就是进一步深化"君子之德，风也；小人之德，草也。草尚之风，必偃"。虽然常说榜样的力量是无穷的，但榜样的力量再大，也必须有人愿意在榜样的感召之下去实现自己对于道德的追求。

6.7 公孙丑问曰："不见诸侯何义？"

孟子曰："古者不为臣不见。

公孙丑问孟子道："不去拜见诸侯，是什么道理？"

孟子说："按古礼，不是诸侯的臣子

段干木（贤者）逾垣而辟之，泄柳（贤者）闭门而不纳，是皆已甚；迫，斯可以见矣。阳货欲见孔子而恶无礼。大夫有赐于士，不得受于其家，则往拜其门。阳货瞰（窥探）孔子之亡（不在家）也，而馈孔子蒸豚；孔子亦瞰其亡也，而往拜之。当是时，阳货先，岂得不见？曾子曰：'胁肩（耸肩）谄笑，病（疲惫）于夏畦（夏天在田地里劳动）。'子路曰：'未同而言，观其色赧赧（nǎn，因惭愧而脸红）然，非由（子路的名）之所知也。'由是观之，则君子之所养，可知已矣。"

就不去拜见。段干木翻墙逃避魏文侯的来访，泄柳关门不接待鲁穆公，都太过分了点；迫不得已，也是可以见的。阳货想召孔子来见，又怕别人说他失礼。当时大夫对士人有所赏赐，士人如果不能在家亲自受赏，就应去大夫家拜谢。于是阳货探听到孔子不在家，便给孔子送去蒸熟的小猪；孔子于是也探听到阳货不在家时前往拜谢。在那时，如果阳货先去拜访孔子，孔子怎么会不见他呢？曾子说：'耸着肩膀、扮着笑脸去讨好别人，比夏天在田里干活累多了。'子路说：'跟一个不志同道合的人勉强交谈，脸上还要露出羞愧之色，我是不赞成的。'这样看来，君子怎样培养自己的品行修养，就可以知道了。"

【导读】

公孙丑不理解孟子为什么不主动去拜见诸侯，孟子告诉他，拜见诸侯需依礼而为，不是诸侯的臣子就不应主动拜见。但孟子也不赞成两类极端行为：一是像段干木、泄柳那样，过于清高，孤芳自赏，因为儒者反对走极端，主张中正平和、恰如其分。二是"胁肩谄笑"之徒，"巧言令色"，逢迎巴结，也包括子路所不赞成的那种"未同而言，观其色赧赧然"，说穿了就是虚伪奸诈。孔子说："巧言令色，鲜矣仁。"如果一个人说话一味地求中听，面色尽显和善，努力将自己打造成一个受欢迎的人，这种人往往缺乏仁德。对巧言令色者要保持警惕，因为无事献殷勤，非奸即盗。

6.8　戴盈之（宋国大夫）曰："什一（古代一种低税率的税制），去关市之征，今兹未能，请轻之，以

戴盈之说："税率十分取一，取消关卡市场的税收，现今还办不到，请先减轻，等到明年再完全办到，怎么样？"

待来年，然后已，何如？"

孟子曰："今有人日攘（偷）其邻之鸡者，或告之曰：'是非君子之道。'曰：'请损之，月攘一鸡，以待来年，然后已。'——如知其非义，斯速已矣，何待来年？"

孟子说："现在有一个人每天都偷他邻居的鸡，有人告诫他说：'这不是君子之道。'他却说：'请让我少偷一些，每月偷一只，等到明年再完全改正。'——如果知道这样做不对，就应该赶快改正，为什么要等到明年呢？"

【导读】

明日复明日，明日何其多？成事者，必当机立断。君子知错就改，善莫大焉。孟子举"日攘一鸡"之例，说明"日攘一鸡"改为"月攘一鸡"，不能改变错误的性质，仍属偷盗。而本属爱民之举的田租十分取一、取消关卡市场税收，统治者却不愿立即实施，以"请轻之，以待来年"来搪塞，此言与偷鸡贼的分步改错逻辑如出一辙，就是明知不对，而以数量减少来遮掩错误，实质是不愿彻底改正，也就是不愿仁爱百姓。

6.9 公都子（孟子的学生）曰："外人皆称夫子好辩，敢问何也？"

孟子曰："予岂好辩哉？予不得已也。天下之生久矣，一治一乱。当尧之时，水逆行，泛滥于中国，蛇龙居之，民无所定；下者为巢（在树上搭巢），上者为营（构筑）窟（洞穴）。《书》曰：'洚水警余。'洚水者，洪水也。使禹治之。禹掘地而注之海，驱蛇龙而放之菹（jù，多水草的沼泽地）；水由地中行，江、淮、河（黄河）、汉是也。险阻既远，鸟兽之害人者消，然后人得平

公都子问孟子道："别人都说您喜好辩论，请问这是为什么呢？"

孟子说："我难道喜好辩论吗？我是不得已呀。人类社会产生很久了，时而太平，时而混乱。在尧的时候，大水横流，到处泛滥，蛇龙盘踞，百姓无处安身；住在低处的人在树上搭巢，住在高处的人在山上营造洞穴。《尚书》说：'洚水让我们警诫。'洚水是什么呢？就是洪水。尧派禹治水。禹挖通河道将洪水导入大海，又把蛇龙驱逐到沼泽地；水沿着地上的沟道流动，于是形成了长江、淮水、黄河和汉水。水患既已解除，鸟兽不再危害人们，然后百姓

土而居之。

"尧舜既没，圣人之道衰，暴君代作，坏宫室（古时房屋的通称）以为污池（深池），民无所安息；弃田以为园囿，使民不得衣食。邪说暴行又作，园囿、污池、沛泽（沼泽）多而禽兽至。及纣之身，天下又大乱。周公相武王诛纣，伐奄（奄国）三年讨其君，驱飞廉（纣宠爱的臣子）于海隅而戮之，灭国者五十，驱虎、豹、犀、象而远之，天下大悦。《书》曰：'丕（伟大）显（英明）哉，文王谟（策略）！丕承哉，武王烈（功绩）！佑（帮助）启我后人，咸以正无缺。'

"世衰道微，邪说暴行有作，臣弑其君者有之，子弑其父者有之。孔子惧，作《春秋》。《春秋》，天子之事也，是故孔子曰：'知我者其惟《春秋》乎！罪我者其惟《春秋》乎！'

"圣王不作，诸侯放恣，处士（未出仕的士人）横议（胡乱发言），杨朱、墨翟之言盈天下，天下之言不归杨，则归墨。杨氏为我，是无君也；墨氏兼爱，是无父也。无父无君，是禽兽也。公明仪曰：'庖有肥肉，厩有肥马，民有饥色，野有

得以回到平地上来安居。

"尧舜去世以后，圣人治国爱民之道逐渐衰微，暴虐的君主接连出现，他们毁坏民宅来建深池，使百姓无处安居；破坏农田来建园林，使百姓无法谋生。淫邪的学说和暴虐的行为随之兴起，园林、深池、沼泽增多并招来了飞禽走兽。到了商纣之时，天下又发生大乱。周公辅佐武王诛杀商纣，讨伐奄国，与这些暴君打了三年，把飞廉驱赶到海边处死，消灭殷商的属国五十个，将虎、豹、犀牛、大象驱赶得远远的，天下百姓非常高兴。《尚书》说：'文王的谋略，多么英明啊！武王的功绩，继承得多好啊！帮助开导我们后代，都走正路而无缺失。'

"现在社会混乱，正道衰微，淫邪的学说和暴虐的行为随之兴起，有臣子杀君主的，有儿子杀父亲的。孔子为之忧虑，便著《春秋》。《春秋》所记载的是天子的事，所以孔子说：'世人了解我恐怕就因《春秋》了，世人责怪我也因《春秋》了！'

"圣王没有产生，诸侯肆无忌惮，无位之士乱发议论，杨朱、墨翟的言论充斥天下，世上的言论不属于杨朱一派便属于墨翟一派。杨氏主张唯我独尊，是不要君王；墨氏主张兼爱，不分亲疏，是不认父母。不认父母不要君王的人，就是禽兽。公明仪说：'厨房里有肥美的肉，马棚里有健壮

饿莩，此率兽而食人也。'杨墨之道不息，孔子之道不著，是邪说诬民，充塞仁义也。仁义充塞，则率兽食人，人将相食。吾为此惧，闲（捍卫）先圣之道，距（通"拒"）杨墨，放（驳斥）淫辞，邪说者不得作。作于其心，害于其事；作于其事，害于其政。圣人复起，不易吾言矣。

"昔者禹抑洪水而天下平，周公兼夷狄、驱猛兽而百姓宁，孔子成《春秋》而乱臣贼子惧。《诗》云：'戎狄是膺（讨伐，打击），荆舒是惩，则莫我敢承（抵制）。'无父无君，是周公所膺也。我亦欲正人心，息邪说，距诐（bì，不正）行，放淫辞，以承三圣者。岂好辩哉？予不得已也。能言距杨墨者，圣人之徒也。"

的马，百姓却面带饥色，田野上有饿死的人，这无异于驱赶禽兽吃人。'不破除杨、墨的学说，不发扬孔子的学说，就是要用邪说欺骗百姓、阻止仁义的施行。仁义被阻止，就是放任野兽去吃人，人们也将互相残食。我为此感到忧虑，所以出来捍卫古圣人之道，抵制杨、墨的学说，批驳错误的言论，使邪说歪理不能再流行。邪说充塞在人们心中，会危害工作；危害了工作，也就会危害政治。即使圣人再出现，也会赞成我的观点。

"从前大禹抑制洪水使天下太平，周公兼并夷狄、赶走猛兽使百姓安宁，孔子著《春秋》使乱臣贼子害怕。《诗经》说：'打击戎狄，惩治荆舒，没有人敢抗拒我。'不认父母，不要君主，是周公所要惩罚的。我也想要端正人心，破除邪说，抵制偏激行为，批驳错误言论，以此继承大禹、周公、孔子三位圣人的事业。我难道喜好辩论吗？我是不得已呀。能以言论抵制杨、墨学说的人，也就是圣人的门徒了。"

【导读】

"天下之生久矣，一治一乱"，是孟子对社会历史发展规律的总结。虽然说人们都向往太平安宁，但治乱分合的动荡却不可避免，遭遇动荡，民众就期待着圣贤拯救。历史发展过程中，每遇社会纷乱动荡之时，圣贤就会出现。水害泛滥之时，出现了尧与舜；桀、纣残暴昏乱之时，出现了商汤与周文王；春秋杀戮横行之时，出现了孔子。那么，当今是"诸侯放恣，处士横议"，谁来担当如尧、舜、商汤、文王、孔子一样的救世圣贤呢？孟子自说"我亦欲正人心，息邪说，距诐行，放淫辞，以承三圣者"，那自然就是孟子了。孟子不仅将自己视作拯救乱世、使社会重归治平的承继者，还将此视为现实社会对自己的期待，是人类历史赋予自己的使命。所以孟子说："夫天未欲平治天下也，如欲平治天下，当今之世，舍我其谁也？"孟子不仅仅将发扬孔子学术视为自己弘扬圣学的责任，更视为上天赋予自己的历史使命。孟子之所以"好辩"，是为倡先古圣人之道，显悲天悯人之怀。

6.10 匡章（齐国人，担任过将军，可能是孟子朋友）曰："陈仲子（齐人，也叫"田仲"）岂不诚廉士哉？居於陵（地名，在今山东淄博周村及邹平东南。於音wū），三日不食，耳无闻，目无见也。井上有李，螬（金龟子的幼虫）食实者过半矣，匍匐往，将（取）食之，三咽，然后耳有闻，目有见。"

孟子曰："于齐国之士，吾必以仲子为巨擘（大拇指，这里指了不起的人物。擘音bò）焉。虽然，仲子恶能廉？充（完全做到）仲子之操，则蚓（把人变成蚯蚓）而后可者也。夫蚓，上食槁壤，下饮黄泉。仲子所居之室，伯夷之所筑与？抑亦盗跖（zhí，春秋时的大盗）之所筑与？所食之粟，伯夷之所树与？抑亦盗跖之所树与？是未可知也。"

曰："是何伤哉？彼身织屦，妻辟（绩麻）纑（lú，练麻），以易之也。"

匡章说："陈仲子难道不是真正的廉洁之士吗？居住在於陵，三天不吃饭，耳朵听不见，眼睛看不到。井边有个李子，金龟子已蛀食了大半，他摸索着爬过去取来吃，吞咽了三口，耳朵才听得见，眼睛才看得见。"

孟子说："在齐国的读书人中，我一定把陈仲子视为首屈一指的人。然而，仲子怎么称得上廉洁呢？如果要完全做到仲子的操守，那只有把人变成蚯蚓才行。那蚯蚓，吞食地面上的干土，饮用地底下的泉水。而仲子居住的房屋，是像伯夷那样廉洁的人建造的，还是像跖那样的强盗建造的呢？他吃的粮食，是像伯夷那样廉洁的人种植的，还是像跖那样的强盗种植的？这些都无法确知。"

匡章说："这有什么关系呢？他亲自编织草鞋，妻子纺织麻线，用这些东西去交换来的。"

曰："仲子，齐之世家也；兄戴（陈戴），盖（gě，地名，是陈戴的封邑）禄万钟；以兄之禄为不义之禄而不食也，以兄之室为不义之室而不居也，辟兄离母，处于於陵。他日归，则有馈其兄生鹅者，己频顣（形容愁眉苦脸。顣音 cù）曰：'恶用是鶂鶂（yì，鹅的叫声）者为哉？'他日，其母杀是鹅也，与之食之。其兄自外至，曰：'是鶂鶂之肉也。'出而哇（呕吐）之。以母则不食，以妻则食之；以兄之室则弗居，以於陵则居之，是尚为能充其类也乎？若仲子者，蚓而后充其操者也。"

孟子说："仲子，是齐国的世族大家；他的哥哥陈戴，有封地在盖邑，有万钟俸禄；他认为哥哥的俸禄是不义之财而不用其购买食物，认为哥哥的房屋是不义之产而不居住，因此避开哥哥离开母亲，独自住到於陵。有一天回来，正好碰到有人送一只鹅给他哥哥，他皱着眉头说：'要这嘎嘎叫的东西干什么？'过了几天，他母亲杀了这只鹅给他吃。正赶上他哥哥从外面回来，说：'这便是那嘎嘎叫的东西的肉。'仲子一听，便跑到外面把肉呕吐出来。母亲的东西不吃，妻子的食物却吃；兄长的房屋不住，於陵的房屋却去住，这样能称得上是廉洁的典范吗？像陈仲子这样的人，恐怕只有把自己变成蚯蚓后才能显示他的廉洁之风。"

【导读】

孟子认为在齐国的士人当中，陈仲子一定可以算是"巨擘"，但陈仲子的做法还算不上清廉。因为人生在世，不可能生活在一个绝对清平的世界，必然有善有恶，必然有贪有廉，除非一个人永远不与人打交道，永远不担当责任，那又让谁去治国平天下呢？即使陈仲子想要像蚯蚓一样保持自己的清廉，也是无法做到的，因为仲子居住的房屋不是他自己建造的，或许是由像伯夷那样的清高之士建造的，或许是由像跖那样的强盗建造的；仲子吃的粮食不是他自己种植的，种植粮食的人是像伯夷一样的清高之士呢，还是像跖一样的强盗呢？这也是无法弄清楚的。仲子需要吃住，所以他想像蚯蚓一样生活也无法做到。孟子并非否定陈仲子的清廉，认为能有此清廉之志也可谓齐国之士中的巨擘，但问题在于仲子的做法在不知不觉中已经舍弃了人伦，其所作所为走了极端，不仅算不上廉洁，更不能提倡推广。朱熹云："仲子避兄离母，无亲戚、君臣、上下，是无人伦也，岂有无人伦而可以为廉哉?"人并不是生活越俭朴就越廉洁，也不是越清贫穷酸就越廉洁。廉洁就是"非其道，则一箪食不可受于人；如其道，则舜受尧之天下，不以为泰"。"当受不受"那就不是廉洁，而是酸腐虚伪，也有可能是沽名钓誉。

离娄章句上

（凡二十八章）

7.1　孟子曰："离娄（传说是黄帝时候的人，可以于百步之外见秋毫之末）之明、公输子之巧，不以规矩，不能成方圆；师旷（春秋时的著名乐师）之聪，不以六律，不能正五音；尧舜之道，不以仁政，不能平治天下。今有仁心仁闻而民不被（通"披"）其泽、不可法于后世者，不行先王之道也。故曰：徒善不足以为政，徒法不能以自行。《诗》云：'不愆（qiān，过错）不忘，率由（遵循）旧章。'遵先王之法而过者，未之有也。圣人既竭目力焉，继之以规矩准绳，以为方员（通"圆"）平直，不可胜用也；既竭耳力焉，继之以六律正五音，不可胜用也；既竭心思焉，继之以不忍人之政，而仁覆天下矣。故曰：为高必因丘陵，为下必因川泽；为政不因先王之道，

孟子说："就是有离娄那样敏锐的视力，有鲁班那样精巧的手艺，如果不使用圆规和曲尺，也画不出方形和圆形；就是有师旷那样的听力，如果不根据六律，也不能校正五音；就是有尧舜之道，如果不施行仁政，也不能治理好天下。现在有些国君虽有仁爱之心、仁爱之誉，但百姓却未能受到恩泽，他的治国之道就不能被后世效法，就是因为不施行先王的仁政。所以说：仅有善心不足以用来治理国政，仅有法度不能使之自行实施。《诗经》上说：'无过错也不遗忘，一切都遵循传统规章。'遵守先王的法度竟然会犯错误，这是没有的事。圣人既已竭尽了目力，再加以圆规、曲尺、水准、墨线，画方、圆、平、直是用不胜用的；既已竭尽了听力，再加以六律校正五音，也是用不胜用的；既已竭尽了心思，再加以怜悯百姓的政策，因此就可以使仁爱覆盖天下。所以说：筑高台一定要凭借

可谓智乎？是以惟仁者宜在高位。不仁而在高位，是播其恶于众也。上无道揆（kuí，度，规范）也，下无法守也，朝不信道，工不信度，君子犯义，小人犯刑，国之所存者幸也。故曰：城郭不完（坚固），兵甲不多，非国之灾也；田野不辟，货财不聚，非国之害也。上无礼，下无学，贼民兴，丧无日（马上）矣。《诗》曰：‘天之方蹶（颠覆），无然泄泄（多言）。’泄泄犹沓沓也。事君无义，进退无礼，言则非先王之道者，犹沓沓也。故曰：责难于君谓之恭，陈善闭邪谓之敬，吾君不能谓之贼。”

丘陵，挖深池一定要凭借沼泽；治理国政如果不凭借先王之道，怎能说得上有智慧呢？所以唯有爱民者适宜处在统治地位。不爱民而处在统治地位，就会把他的恶行传播给民众。在上者没有道德规范，在下者就没有法则遵守；朝廷之士不相信道义，百工就不相信尺度；官员违背礼义，百姓触犯刑法，国家还能存在下去，那真是太侥幸了。所以说：城墙不坚固，军备不充足，不是国家的灾难；土地没开垦，财物没积聚，也不是国家的祸害。在上者没有礼义，在下者不受教育，坏人横行，国家离灭亡就不远了。《诗经》说：‘上天将要颠覆，不要多嘴多舌。’多嘴多舌就是话多。侍奉国君，若进退不遵礼义，言论不倡导先王之道，就是话多。所以说：用仁政来要求君主就称为恭，向君主宣扬仁义摈斥邪说就称为敬，如果认为自己的君主不能为善，这便是贼。”

【导读】

家不以规矩则败，国不以规矩则衰。规矩是人类生存与活动的前提与基础，人们的言行只有符合规矩所形成的社会规范，方能和顺。个人的发展也离不开规矩，只有尊重客观规律，遵守规矩，充分发挥主观能动性，才能达到自己预定的目标。孟子强调当政者欲实施仁政，需效法尧舜之道，选贤才，立规矩。换言之，不以仁政，不能平治天下；“不以规矩，不能成方圆”；“不以六律，不能正五音”。孟子强调“祖述尧舜，宪章文武”，希望选贤才，“惟仁者宜在高位”，否则奸邪当道，残害忠良，世风日下，天下就会大乱。

7.2 孟子曰:"规矩,方员之至也;圣人,人伦之至也。欲为君,尽君道;欲为臣,尽臣道。二者皆法尧舜而已矣。不以舜之所以事尧事君,不敬其君者也;不以尧之所以治民治民,贼其民者也。孔子曰:'道二,仁与不仁而已矣。'暴其民甚,则身弑国亡;不甚,则身危国削。名之曰'幽''厉'(周幽王沉湎酒色,信用佞臣,后被杀。周厉王暴虐行事,后被逐),虽孝子慈孙,百世不能改也。《诗》云'殷鉴(教训)不远,在夏后之世',此之谓也。"

孟子说:"圆规和曲尺是方与圆的标准,圣人是人伦道德的标准。要做君主,就要尽君主之道;要做臣子,就要尽臣子之道。君、臣均效法尧、舜罢了。不以舜侍奉尧的作为来侍奉君主,就是对君主的不恭敬;不以尧治理民众的作为来治理民众,就是残害自己的百姓。孔子说:'治国之道只有两种,行仁政和不行仁政罢了。'暴虐百姓太厉害,自身就会被杀,国家就会灭亡;不太厉害,则自身危险国力削弱。如果君主落得个'周幽王''周厉王'那样的昏君之名,即使有孝子贤孙,历百世也是更改不了的。《诗经》说'殷商可以借鉴的教训并不遥远,就是前一代的夏朝',说的正是这个意思。"

【导读】

君、臣、百姓都有各自的行为准则。尧、舜守为君之道,因爱民而得到人民的拥护;周幽王、周厉王背为君之道,因残暴昏庸而被人民诅咒。舜事尧是为臣的行为准则,尧治民是为君的行为准则,也就是说,不论干什么,都要走正道,循准则,遵规范。历史的经验,就是供后人借鉴的。以史为镜,就可以少走或不走弯路,少受或不受挫折。借鉴,并不是死搬硬套,而是要继承圣贤之志,选择正确的道路。虽然历史的经验不能照搬照抄,但总结天、地、人、万物的发展规律,历史的经验确实是可以借鉴的。

7.3 孟子曰:"三代(夏、商、周)之得天下也以仁,其失天下也以不仁。国之所以废兴存亡者亦

孟子说:"夏、商、周三代能够得到天下是因为仁,最后失去天下是因为不仁。诸侯国兴衰和存亡的原因也是如此。天子

然。天子不仁，不保四海；诸侯不仁，就不能保有天下；诸侯不仁，就不仁，不保社稷（土神、谷神，后用来能保有国家；公卿大夫等官员不仁，就不指代国家政权）；卿大夫不仁，不保能保有宗庙；士人和百姓不仁，就不能保宗庙（天子、诸侯祭祀祖先的地方）；全性命。现在有些人憎恶死亡但乐于干坏士庶人不仁，不保四体。今恶死亡事，这就如同厌恶醉酒却拼命喝酒一样。"而乐不仁，是犹恶醉而强酒。"

【导读】

以德治国，国能兴盛；以仁爱民，民定拥君。孟子将仁爱百姓视为君主的唯一正道，爱民一切都好，不爱民不仅保不住国家，连四体也保不住，爱民才能得到人民的拥护。大部分人也好仁恶不仁，然而一旦拥有了权力地位，就内不修德，外不显仁，只想着私利，忘记了百姓，就像厌恶喝醉酒却又拼命喝酒一样。孟子强调的是以德治国，仁爱百姓。

7.4　孟子曰："爱人不亲，反（反省）其仁；治人不治，反其智（智能）；礼人不答，反其敬——行有不得者皆反求诸己，其身正而天下归之。《诗》云：'永言（语助词）配命（配合天命），自求多福。'"

孟子说："关爱别人却得不到别人的亲近，就应该检讨自己的仁爱程度够不够；治理百姓却没有治理好，就应该回过头来检讨自己的智慧够不够；以礼待人却得不到人家相应的回应，就应该检讨自己的敬意够不够。任何行为如果没有得到预期效果，都应该反躬自问，自身端正，天下的人自会归向他。《诗经》说：'永合天理而行，就能自己求得多福。'"

【导读】

行有不得，反求诸己，意思是说当自己做某件事没有实现初衷的时候，不要怨天尤人，而是应从自己的思想、语言和行为方面寻找造成这种结果的原因，改变不当的行为方式，以实现愿望。孟子言"行有不得者皆反求诸己"，是希望人们严以律己，宽以待人。就治国理政者而言，"其身正，不令而行；其身不正，虽令不从"。儒家强调修身成德，从自身做起，经常反躬自省，提升个人品德修养，提高治国理政水平。所以《论语·学而》曰："吾日三省吾身——为人谋而不忠乎？与朋友交而不信乎？传不习乎？"《荀子·劝学》亦云："君子博学而日参省乎己，则知明而行无过矣。"

7.5　孟子曰："人有恒（常）言，皆曰：'天下国家。'天下之本在国，国之本在家，家之本在身。"

孟子说："人们有句老话，都说：'天下国家。'可见天下的基础在于国，国的基础在于家，家的基础在于个人。"

【导读】

"家国天下"，家虽小，却是国和天下的基本构成元素，家也是国和天下之基础，无家不成国，家和才能万事兴。欲天下太平，先要把国家治理好。要想治理好国，先要把家治理好。要想治理好家，先要提高自身的素质，也就是说自身的素质是非常重要的。儒者强调道德的自我完善，强调修身为本。"身修而后家齐，家齐而后国治，国治而后天下平。""修、齐、治、平"是一个人成为圣贤，一个国家和谐昌盛的必由之路。从天子到百姓，人人都要以修身为根本，如果根本不牢或不在了，那么家、国、天下就不可能治理好。只有个人心性修养好了，根本牢固了，才能担当治国平天下的重任。

7.6　孟子曰："为政不难，不得罪于巨室（贤明卿大夫）。巨室之所慕，一国慕之；一国之所慕，天下慕之；故沛然德教溢乎四海。"

孟子说："治理国家并不难，只要不得罪那些贤明卿大夫就可以了。贤明卿大夫所仰慕的，一个国家的人都会仰慕；一个国家的人所仰慕的，天下的人都会仰慕；因此德教就可得到弘扬并充满天下。"

【导读】

《大学》曰："一家仁，一国兴仁；一家让，一国兴让。""巨室"是指贤明的卿大夫家族，他们有拥君爱民、辅佐君主治国理政之责。孟子认为：如果"巨室"弘扬仁爱，一国之人都会弘扬仁爱，以至天下的人都会弘扬仁爱；因此德教就能在天下得以弘扬。战国之世，诸侯失德，巨室擅权。孟子推本而言，主张君主应修德以服民心。

7.7 孟子曰："天下有道，小德役（听命）大德，小贤役大贤；天下无道，小役大，弱役强。斯二者，天也。顺天者存，逆天者亡。齐景公曰：'既不能令，又不受命，是绝物（走投无路的事情）也。'涕出而女于吴（把女儿嫁到吴国和亲）。今也小国师大国而耻受命焉，是犹弟子而耻受命于先师也。如耻之，莫若师文王。师文王，大国五年，小国七年，必为政于天下矣。《诗》云：'商之孙子，其丽（数字）不亿（不小于亿）。上帝既命，侯于周服。侯服于周，天命靡常（无常）。殷士肤（美）敏（达）裸（guàn，古代祭祀的仪式，洒酒于地来迎神）将（助祭）于京。'孔子曰：'仁不可为众也。夫国君好仁，天下无敌。'今也欲无敌于天下而不以仁，是犹执热而不以濯（凉水冲洗）也。《诗》云：'谁能执热，逝（句首语气词，表强调）不以濯？'"

孟子说："天下有道义的时代，小德之士敬服大德之士，小贤之人敬服大贤之人；天下无道义的时代，力量小的人就不得不服从力量大的人，势力弱的人就不得不服从势力强的人。这两种情况，都是由天决定的。顺从天意的就能生存，违背天意的就要灭亡。齐景公说：'既不能指使别人，又不能接受别人的命令，只能是死路一条。'于是流着泪将女儿嫁给吴国。现今小国效法大国，但却耻于接受大国的指令，这就好比学生耻于听命于老师一样。如果以此为耻，就不如效法周文王。效法周文王，大国五年，小国七年，一定能够掌控天下。《诗经》说：'殷商的子孙，数量众多。上天既然授命于周，只有对周臣服。臣服于周，说明天命无常。殷朝的臣子个个漂亮聪慧，也只能洒酒于地助祭周京。'孔子说：'仁的力量是不能用人数来衡量的。如果君主喜好仁爱，那就天下无敌。'如今想要无敌于天下者却又不以仁爱为本，就好比是忍受灼热痛苦而又不用凉水冲洗。《诗经》说：'谁能经受灼热的煎熬，却又不用凉水冲洗呢？'"

【导读】

天下有道之时，德行才能稍低的人，仰慕德行才能更高的人。天下无道之时，弱小者不得不屈服于强大者。天下有道之时，德行才能稍低的人仰慕德行才能更高的人，乐于修养完善自己，此乃"理之当然"。天下无道之时，弱肉强食，倚强凌弱，此乃"势之必然"。"顺天者存，逆天者亡"，所谓顺逆者，核心就是"仁"。"小德役大德，小贤役大贤"，这是符合天理人道的。"小役大，弱役强"，这是恃强凌弱，有违于天理人道。遵从天道就能生存，违背天道就要灭亡。而现今小国效法大国，却又耻于接受大国的指令。孟子认为，如果想不听命于他国，就应效法周文王行仁政，仁爱百姓，那就能无敌于天下。

7.8　孟子曰："不仁者可与言哉？安其危而利其菑（同"灾"），乐其所以亡者。不仁而可与言，则何亡国败家之有？有孺子歌曰：'沧浪之水清兮，可以濯我缨（帽子的丝带）；沧浪之水浊兮，可以濯我足。'孔子曰：'小子听之！清斯濯缨，浊斯濯足矣。自取之也。'夫人必自侮，然后人侮之；家必自毁，而后人毁之；国必自伐，而后人伐之。《太甲》曰：'天作孽，犹可违；自作孽，不可活。'此之谓也。"

孟子说："不仁者难道可以与之讨论有价值的问题吗？他们以危为安，以灾为利，把导致国破家亡的事当成乐趣。不仁的人如果可以与之讨论有价值的问题，那还会有亡国败家的事发生吗？曾经有小孩唱道：'清澈的沧浪水啊，可用来洗我的帽缨；浑浊的沧浪水啊，能用来洗我的双脚。'孔子在一旁听了说：'弟子们听着！清澈的水可以用来洗帽缨，浑浊的水只能用来洗双脚。这是由水本身决定的。'所以人一定是先有侮辱自己的行为，然后别人才侮辱他；一个家必然是自己先败坏，别人才来毁坏它；一个国家必然是先自己内乱，别人才来讨伐它。《尚书·太甲》说：'天降灾祸，还可以躲避；自己酿造的灾祸，就逃脱不了灭亡。'说的就是这个意思。"

🌀 【导读】

清水可"濯缨"，浊水只能"濯足"，本质不同，用途不同，贵贱有别。水的清浊，或许是自然造成的，人的贵贱尊卑，常常是自己造成的。人因为不自尊，才被人轻视；家不和睦，才被人欺。国家内乱，敌国才会趁机入侵。此乃不行仁义所致。"天作孽，犹可违；自作孽，不可活。"天降下的灾祸还可以躲避，自己酿造的灾祸可就无处可逃了。所以，人应自尊，家应自睦，国应自强。

7.9 孟子曰："桀纣之失天下也，失其民也；失其民者，失其心也。得天下有道：得其民，斯（如此）得天下矣；得其民有道：得其心，斯得民矣；得其心有道：所欲与之聚之，所恶勿施，尔也（如此而已）。民之归仁也，犹水之就下、兽之走圹（旷野）也。故为渊驱鱼者，獭（水獭）也；为丛驱爵（通"雀"）者，鹯（zhān，一种吃雀的鸟）也；为汤武驱民者，桀与纣也。今天下之君有好仁者，则诸侯皆为之驱矣。虽欲无王，不可得已。今之欲王者，犹七年之病求三年之艾也。苟为不畜，终身不得。苟不志于仁，终身忧辱，以陷于死亡。《诗》云：'其何能淑（善），载（则）胥（相）及（与）溺。'此之谓也。"

孟子说："夏桀、商纣失天下的原因，是因为失去了百姓的支持；他们之所以失去百姓的支持，是因为失去了民心。获取天下是有一定的方法的：得到百姓，就会得到天下；得到百姓也是有一定的方法的：得民心就会得到人民的拥护；得民心也是有一定的方法的：人民想要的就给他们，并替他们聚集起来，人民厌恶的就不要强加给他们，不过如此罢了。人民归心于仁，就像水向低处流、野兽喜欢跑在旷野一样。所以，替深渊把鱼驱赶来的是水獭；替森林把鸟儿驱赶来的是鹯、鹰；替商汤王和周武王把百姓驱赶来的是夏桀和商纣。现今天下若有施行仁政的国君，那么凶暴的诸侯们就会替他驱赶百姓。即使他不想称王天下，也会身不由己。而当今一些想统一天下的人，就好像生了七年的病企图用三年的陈艾来医治一样。假如不培养积蓄民心，一辈子也得不到天下。如果不立志于仁爱，就会一辈子忧患受辱，以至陷入死亡的境地。《诗经》说：'他怎么能好呢？相互沉陷于灭亡。'讲的就是这个意思。"

【导读】

仁则得民心，不仁则失民心。得民心者得天下，失民心者失天下。为渊驱鱼，为丛驱雀，这里面所蕴含的正是善与恶的历史辩证法。得天下首先是得民心，民心是什么？不仅仅是吃和穿，还包含大众的期盼。违背了百姓的期盼，就是违背天理人心，顺应百姓的期待，就是顺应民意。因此，统治者想要得到民心，首先要遵守天理民意，想百姓之所想，急人民之所急，也就是仁爱百姓。

7.10　孟子曰："自暴者，不可与有言（探讨社会人生）也；自弃者，不可与有为也。言非（诋毁）礼义，谓之自暴也；吾身不能居仁由义，谓之自弃也。仁，人之安宅也；义，人之正路也。旷安宅而弗居，舍正路而不由，哀哉！"

孟子说："自损形象的人，是不能和他探讨出有意义的人生见解的；自己放弃追求的人，是不能指望他有什么作为的。讲话违背礼义的人，就是自己损害自己的形象；行为处事不符合仁义，就是自己放弃追求。仁是人最安适的居所，义是人最正确的道路。将安适的居所空着不去住，舍弃正确的道路不走，真是可悲啊。"

【导读】

孟子对自暴自弃的人充满蔑视，所以诚恳地告诫人们：自己作践自己，导致意志薄弱，丧失斗志，不值得与之探讨社会人生；对前途失去信心的人，畏惧困难，逃避现实，不可能有什么作为。面对困难悲观消极或者怨天尤人是懦夫的行为，只有敢于正视困难并努力克服困难的人，才是自尊、自爱、自强的人，才能获得成功，赢得别人的尊重。"仁，人之安宅也"，仁是人类最安适的精神家园。"义，人之正路也"，义是人类最正确的光明大道。孟子感慨："旷安宅而弗居，舍正路而不由，哀哉！"认为懂得仁义之道而不行仁义者，就是自暴自弃，就是自己不愿意居仁心行正义，确实悲哀。

7.11　孟子曰："道在迩（近）而求诸远，事在易而求诸难：人人亲其亲、长其长，而天下平。"

孟子说："道路在近旁而偏要向远处去求，事情本来很容易而偏要向难处做：每个人只要亲爱自己的亲人，敬重自己的长辈，天下就太平了。"

"道在迩而求诸远"是舍近求远，事倍功半；"事在易而求诸难"乃舍易求难，自毁前程。不管是舍近求远，还是舍易求难，都是不明智的行为。如果人人都能从自己的身边事做起，从亲亲、仁爱做起，就能趋向成功，获得幸福。如果一个国家行仁由义，就能繁荣和谐，民富国强。

7.12　孟子曰："居下位而不获于上，民不可得而治也。获于上有道，不信于友，弗获于上矣。信于友有道，事亲弗悦，弗信于友矣。悦亲有道，反身不诚，不悦于亲矣。诚身有道，不明乎善，不诚其身矣。是故诚者，天之道（自然的规律）也；思诚者，人之道（做人的道理）也。至诚而不动（使他人感动）者，未之有也；不诚，未有能动者也。"

孟子说："职位低下却得不到上司的信任的人，是不能治理好百姓的。要获得上司的信任有一定的方法，如果不能得到朋友的信任，也就不能获得上司的信任。取信于朋友也有一定的方法，如果侍奉父母却不能博得父母的欢心，也就不能得到朋友的信任。博得父母的欢心也有一定的方法，如果反躬自问而非诚心诚意，也就不能博得父母的欢心。要想诚心诚意也有一定的方法，如果不明白什么是善，也就不能做到真心诚意。所以，诚是天道，追求诚是人道。有了至诚的心意而不能感动别人，是从来没有过的；不真心诚意，要想感动别人也是不可能的。"

"诚"是指内心的真实，强调表里如一。做人做事，首先应以诚为原则。对人真心实意，做事认真专心。唯有诚，才能达到美善的境界；唯有追求美善，才能以诚为立身之本。《管子》曰："诚信者，天下之结也。"诚信是天下行为准则的关键。诚于中、信于外，诚即内心诚实无伪，信即行为信守诺言，如此言行相符、心口相一，便为诚信。从真诚的心里自然流露出的言行，才具有感染他人的力量。

7.13　孟子曰："伯夷辟纣，居北海之滨，闻文王作，兴曰：'盍归乎来！吾闻西伯（周文王）善养老者。'太公辟纣，居东海之滨，闻文王作，兴曰：'盍归乎来！吾闻西伯善养老者。'二老者，天下之大老（声望很高的老人）也，而归之，是天下之父归之也。天下之父归之，其子焉往？诸侯有行文王之政者，七年之内，必为政于天下矣。"

孟子说："伯夷躲避商纣王，住到北海边，听说周文王兴起，便说：'何不到他那里去呢！我听说他善于赡养老人。'姜太公躲避商纣王，住到了东海边，听说周文王兴起，便说：'何不到他那里去呢！我听说他善于赡养老人。'这两个老人，是天下声望很高的老人，他们归服周文王，就等于天下的父老都归向周文王了。天下的父老都归向周文王，他们的子女还能往哪里去呢？诸侯中如有施行周文王的仁政的，最多七年，就能掌控天下了。"

【导读】

施行仁政，可使近者悦，远者来，归附者众。周取代商而得天下，并不是通过武力征服，而是靠周文王推行爱民政策赢得了民心。孟子特地列举了伯夷、太公二老归周的例子来说明这一点。如果周文王不施行爱民政策，二老不归，周武王又怎么能一战而胜呢？所以孟子坚信：任何一个国家，只要实行周文王的爱民政策，不需多长时间，就能统治天下。

7.14　孟子曰："求（孔子的门徒冉求）也为季氏宰（家臣），无能改于其德，而赋粟倍他日。孔子曰：'求非我徒也，小子鸣鼓而攻之可也。'由此观之，君不行仁政而富之，皆弃于孔子者也，况于为之强战？争地以战，杀人盈野；争城以战，杀人盈城，此所谓率土地而食人肉，罪不容于死。故善战者服上

孟子说："冉求做了季康子的家臣，无法改变季氏的德行，反而征收的赋税比过去增加了一倍。孔子说：'冉求不是我的弟子了，学生们可以大张旗鼓地批评他。'由此看来，国君不施行仁政而聚敛财富，都是为孔子所唾弃的，更何况是替不仁君主卖力打仗的人呢？为争夺地盘而战，往往杀人遍野；为掠夺城池而战，往往杀人满城，这就是所谓的为了土地而吃人肉，这

刑（重刑），连诸侯者次之，辟草莱（开垦土地）、任土地（分土授民）者次之。"

些人死有余辜。所以善于发动战争的人应受重刑，勾结诸侯的该受次一等刑罚，为了增加赋税让百姓开垦荒地、分配土地引发混乱的要受再次一等的刑罚。"

【导读】

冉求为季氏聚敛财富，孔子认为弟子们都可以攻击他、声讨他，体现了孔子的价值观。自夏启王天下，历代统治者大都希望依靠自身强大的武力来使自己的国家更加富强，这就使得诸侯之间的战争愈演愈烈，生灵涂炭。孟子主张对那些背离仁德，滥杀无辜的"善战者"——包括决策者和执行者，均处"上刑"；对那些为战争出谋划策者——纵横家，处次刑；还要对那些"辟草莱、任土地者"——为支持战争提供物资保障的人，处再次一等的刑。孟子此论的核心及立足点是行仁政、以法辅德治天下。

7.15 孟子曰："存（观察）乎人者，莫良于眸子。眸子不能掩其恶。胸中正，则眸子瞭（liǎo，明亮）焉；胸中不正，则眸子眊（mào，朦胧）焉。听其言也，观其眸子，人焉廋（sōu，隐匿）哉？"

孟子说："观察一个人，没有比观察他的眼睛更好了。因为眼睛无法掩盖一个人的丑恶。心正眼睛就会明亮，心不正眼睛就会昏暗。听一个人说话，观察他的眼睛，这个人的善恶能往哪里隐藏呢？"

【导读】

眼睛是心灵的窗口。心中光明正大，眼睛就清澈明亮；心中阴暗险恶，眼睛就昏暗不明，躲躲闪闪。故听一个人说话的时候，观察他的眼睛，往往能透视善恶真伪。

7.16 孟子曰："恭者不侮人，俭者不夺人。侮夺人之君，惟恐不顺焉，恶得为恭俭？恭俭岂可以声

孟子说："谦恭的人不会欺侮他人，善于自我约束的人不会掠夺别人。欺侮而且掠夺别人的君王，生怕别人不顺从，怎么

音笑貌为哉?"

能够做到谦恭且自我约束呢? 谦恭、自我约束难道能以悦耳的声音、献媚的笑容表现出来吗?"

【导读】

依靠武力和权势进行统治的君王, 时时刻刻害怕人民不顺从自己; 施行爱民政策的君王, 仁爱百姓, 时时刻刻想人民之所想, 人民就会顺从和爱戴他。人只有做到谦恭且能自我约束方可令人信服, 巧言令色是伪善, 令人生厌。

7.17　淳于髡(齐国的辩士)曰:"男女授受不亲, 礼与?"

孟子曰:"礼也。"

曰:"嫂溺, 则援(拉)之以手乎?"

曰:"嫂溺不援, 是豺狼也。男女授受不亲, 礼也; 嫂溺, 援之以手者, 权(变通)也。"

曰:"今天下溺矣, 夫子之不援, 何也?"

曰:"天下溺, 援之以道; 嫂溺, 援之以手——子欲手援天下乎?"

淳于髡问孟子:"男女之间不能直接递接东西, 这是礼制吗?"

孟子说:"是礼制。"

淳于髡说:"如果嫂子落水, 小叔子能用手去拉她吗?"

孟子说:"嫂子落水小叔子不伸手拉她, 小叔子就是豺狼。所谓男女之间不能直接递接东西, 是礼制; 嫂子落入水中, 小叔子伸手去拉, 是一种权宜变通之计。"

淳于髡说:"如今天下百姓都落入水中, 先生却不伸手去救, 这是为什么呢?"

孟子说:"天下百姓都落入水中, 要用'道'去救援。嫂子落入水中, 只需伸手去拉——你难道想让我用手去拉天下百姓吗?"

【导读】

礼是古代治国的纲纪, 是人人必须遵守的; 男女授受不亲, 是古礼中极重要的一条。然而当嫂子掉入水中有生命危险时, 小叔子应该"援之以手"救嫂子。孟子认为: 男女授受不亲依据的是礼; 嫂溺援之以手是权, 就是变通。礼的规定, 只能针对一般情况，而世事复杂，总有许多预料不到的情况发生，遇到特殊情况必须有变通。通权达变，乃智者风范。原则是通行之道，灵活是救急之策。

7.18　公孙丑曰："君子之不教子，何也？"

孟子曰："势不行也。教者必以正（正道），以正不行，继之以怒。继之以怒，则反夷（伤）矣。'夫子（指父亲）教我以正，夫子未出于正也'，则是父子相夷也。父子相夷，则恶矣。古者易子而教之，父子之间不责善。责善则离，离则不祥莫大焉。"

公孙丑问孟子："君子不亲自教育儿子，为什么呢？"

孟子说："这在情势上行不通。教育必须要用正理正道，用正理正道无效，执教者就会发怒。怒气一产生，反而伤了父子之情。（儿子会说）'您用正理正道教育我，可您的行为却不出于正理正道'，这样父子之间就伤感情了。父子之间伤感情，关系就会恶化。古时候的人们交换儿子来教育，父子之间不因求善而互相责备。因求善而互相责备就会使父子之间产生隔阂，父子之间有了隔阂，这是最不好的事了。"

【导读】

教育除了传授知识，还有让受教育者端正行为，提高品德修养的重要功能。老师用原则和道理去教育学生，如果达不到教育的目的，难免会生气，甚至会发怒训斥学生。如果父亲亲自教育儿子，肯定要求儿子修"正理正道"。儿子一旦不努力，父亲就会生气发怒，儿子因质疑父亲的怒斥行为不合"正理正道"，就会产生抵触情绪，进而伤害父子之情。所以"古者易子而教之"。

7.19　孟子曰："事，孰为大？事亲为大；守，孰为大？守身为大。不失其身而能事其亲者，吾闻之矣；失其身而能事其亲者，吾未之闻也。孰不为事？事亲，事之本

孟子说："侍奉谁是最大的事？侍奉父母是最大的事；守护什么是最大的事？守护自身善性是最大的事。不丧失善性又能很好地侍奉父母的人，我听说过；丧失善性而能很好地侍奉父母的人，我没有听说过。侍奉

也；孰不为守？守身，守之本也。曾子养曾皙（曾参的父亲），必有酒肉；将彻（通"撤"），必请所与；问有余，必曰：'有。'曾皙死，曾元（曾参的儿子）养曾子，必有酒肉；将彻，不请所与；问有余，曰：'亡（通"无"）矣。'——将以复进也。此所谓养口体者也。若曾子，则可谓养志也。事亲若曾子者，可也。"

人的事谁都在做，侍奉父母之事是最根本的；守护的事谁都在做，守护自身善性是最根本的。曾子奉养他的父亲曾皙，每餐必定有酒和肉；饭后把饭菜撤走时，一定请示把剩下的饭菜送给谁。如果问还有没有剩余，必然回答说：'有。'曾皙去世以后，曾元奉养曾子，每餐也必定有酒和肉；但饭后把饭菜撤走时，不请示把剩下的饭菜送给谁。如果问还有没有剩余，必然回答说：'没有了。'其实他是想把剩下的饭菜再给曾子吃。这就是人们所说的仅仅是供养父母口体的做法。像曾子那样做，才可称为守护自身善性。侍奉双亲要像曾子那样就可以了。"

【导读】

"百善孝为先"，"孝"是"善"最重要的一种品质，但孝顺并不代表善性就得到了守护。善性是人守护的根本，无论什么时候也不能丢掉。曾子尽孝是"养志"，曾元尽孝是"养体"。尽孝不仅仅是赡养父母，更重要的还要做到以敬行孝。养和敬差别很大，赡养是一个基本的标准，而更高的标准则是爱父母，孝敬父母必须发自内心。"事"是侍奉，"守"指守护，能守护品德节操者，才能真正事亲。曾元事亲，未能做到以敬行孝，实是不孝也。

7.20 孟子曰："人不足与適（责备）也，政不足间（非议）也；唯大人为能格（纠正）君心之非。君仁，莫不仁；君义，莫不义；君正，莫不正。一正君而国定矣。"

孟子说："那些当政的小人不值得谴责，他们的政治也不值得非议；唯有德高望重者才能纠正君王的不正确思想。君行仁，民众莫不行仁；君行义，民众莫不行义；君正直，民众莫不正直。一旦端正了国君，那么国家就安定了。"

【导读】

　　孟子强调君王对于国家兴衰的重要性。只要君王不仁、不义、不正，国家就会走向衰亡。国家走向衰亡，不能归罪于小人，因为他们没有资格承担这样的重责。只有君王重仁行义，国家才能安定。能使君王具仁心行仁政者，"唯大人为能"。也只有能端正君王行为者，才能将国家引向仁政之道。一旦君王仁德，就没有谁不仁德；君王行正义，就没有谁不行正义。所以，一旦君王行为端正了，国家也就安定了。

　　7.21　孟子曰："有不虞（预料）之誉，有求全之毁。"

　　孟子说："有预想不到的赞誉，也有过于苛求的诋毁。"

【导读】

　　听到赞誉就高兴，遇到诋毁就生气，乃人之常情。但需客观冷静对待毁誉，因为毁誉不一定客观准确，有时甚至会是非颠倒。所以不必介意他人的赞誉或诋毁，力争做到宠辱不惊。

　　7.22　孟子曰："人之易其言也，无责耳矣。"

　　孟子说："说话很轻率、很容易改变自己思想的人，是没有责任心的人。"

【导读】

　　"人之易其言也"，一是不负责任什么话都敢说，二是很容易改变自己的思想，没有坚定的信念和追求。这种人"无责耳矣"，就是没有责任心。随心所欲，没有责任心的人，是不值得与其探讨社会人生的。

　　7.23　孟子曰："人之患在好为人师。"

　　孟子说："人的毛病在于喜欢做别人的老师。"

【导读】

　　"好为人师"，症结在"好"，而"病"根在于"不能"。好为人师者，常自以为是，动辄指手画脚，教训别人。好为人师者看似乐于助人，实则自满自大，不尊重别人。博学为师，身正为范。真正具有真才实学者，怕为人师，担心误人子弟。

7.24 乐正子从于子敖（王驩，齐宣王的宠臣，"子敖"是他的字）之齐。

乐正子随同王子敖到了齐国。

乐正子见孟子。孟子曰："子亦来见我乎？"

乐正子拜见孟子。孟子说："你也会来看我吗？"

曰："先生何为出此言也？"

乐正子说："您为什么说这样的话呢？"

曰："子来几日矣？"

孟子说："你来了几天了？"

曰："昔者（昨天）。"

乐正子说："昨天来的。"

曰："昔者，则我出此言也，不亦宜乎？"

孟子说："昨天，那么我说这样的话不合适吗？"

曰："舍馆未定。"

乐正子说："我是因为住的客舍还没有找好。"

曰："子闻之也，舍馆定，然后求见长者乎？"

孟子说："你曾听说过，要等客舍找好后，才求见长辈的吗？"

曰："克（乐正子，名克）有罪。"

乐正子说："我有罪过。"

【导读】

师者，所以传道、授业、解惑也。父母给的是躯体生命，而老师教的是知识，育的是道德品质。懂理思孝者，乃称得上是一个完整的人。故尊敬老师，就应如孝敬父母一样。离家多年者，回乡若在别处住了多日才回家看望父母，这叫无礼不孝。一日为师终身为父，乐正子到老师门前，没有先行拜见老师，这叫不敬。

7.25 孟子谓乐正子曰："子之从于子敖来，徒铺（bū，吃）啜（喝）也。我不意（没想到）子学古之道而以铺啜也。"

孟子对乐正子说："你追随王子敖来，只图吃喝而已。我没有想到你学了先圣之道，竟然是为了吃喝。"

【导读】

子敖曾作为副使陪同孟子一起出使滕国（事见4.6），是奸邪谄媚之人。孟子怒斥追随王驩的乐正子"徒铺啜也"，一是骂乐正子没有骨气，贪图爵禄；二是表达对王驩的轻蔑。

7.26　孟子曰："不孝有三，无后为大。舜不告而娶，为无后也，君子以为犹告也。"

孟子说："不孝顺父母的事有三种，其中以没有后代的罪过为最大。舜没有禀告父母就娶妻，是因为怕没有后代，所以，君子认为他虽然没有禀告，但实际上和禀告了一样。"

【导读】

"不孝有三，无后为大"，字面的意思是：不孝顺父母的事有三种，其中以没有子嗣延续家族血脉罪过为最大。实际应理解为：不孝的表现有很多，但以不尽后辈的本分和责任为最大。舜娶妻的时候没有禀告父母，似乎没有尽到后辈的本分。而舜娶妻没有禀告，是因为此时舜的父母对舜还有偏见，禀告也许不能实现娶妻之愿，不能娶妻就无法尽到后辈的责任。所以没有禀告而娶妻，实是孝顺父母的表现。

7.27　孟子曰："仁之实，事亲是也；义之实，从兄是也；智之实，知斯二者弗去是也；礼之实，节（调节）文（修饰）斯二者是也；乐之实，乐斯二者，乐则生矣；生则恶可已（停止）也，恶可已则不知足之蹈之手之舞之。"

孟子说："仁的主要内容是侍奉父母；义的主要内容是顺从兄长；智的主要内容是懂得这两者并坚持下去；礼的主要内容是对这两者关系的调节和修饰；乐的主要任务是从这两者中获取快乐，懂得如何调节和修饰，快乐就会产生；快乐一发生就无法停止，无法停止就会不知不觉地手舞足蹈起来。"

【导读】

　　孟子用孝、悌诠释仁、义、礼、智、乐。孟子常将仁、义、礼、智并举，此章则更强调"乐"，把仁、义、礼、智落实到"乐"上，因为乐主和同。朱熹《孟子集注》云："乐则生矣，谓和顺从容，无所勉强，事亲从兄之意油然自生，如草木之有生意也。既有生意，则其畅茂条达，自有不可遏者，所谓恶可已也。其又盛，则至于手舞足蹈而不自知矣。此章言事亲从兄，良心真切，天下之道，皆原于此。然必知之明而守之固，然后节之密而乐之深也。"

　　7.28　孟子曰："天下大悦而将归己，视天下悦而归己，犹草芥也，惟舜为然。不得乎亲，不可以为人；不顺乎亲，不可以为子。舜尽事亲之道而瞽瞍（舜的父亲）厎（dǐ，导致）豫（快乐），瞽瞍厎豫而天下化，瞽瞍厎豫而天下之为父子者定，此之谓大孝。"

　　孟子说："全天下的人都很喜悦将要归附自己，把全天下的人都很喜悦将要归附自己看成如同草芥一样的，只有舜如此。得不到父母的欢心，不可以做人；不顺从父母的旨意，不能做儿子。舜竭力侍奉父母，结果他父亲瞽瞍高兴起来，瞽瞍高兴了，天下的风俗因此转变；瞽瞍高兴了，天下父子间的伦常也就确定了，这就叫大孝。"

【导读】

　　舜将父母的喜悦当成自己的快乐，让天下人知道"为人子止于孝，为人父止于慈"的道理，然后能各尽其道，各安其位。舜视父母的喜悦为自己的快乐，被天下人效法，这就叫大孝。舜以孝治天下，他把天下百姓的归附看得很轻，因为舜知道天下百姓只要能幸福快乐，归附于谁都是一样的。

离娄章句下

（凡三十三章）

8.1　孟子曰："舜生于诸冯，迁于负夏，卒于鸣条，东夷之人也。文王生于岐周，卒于毕郢，西夷之人也。地之相去也，千有余里；世之相后也，千有余岁。得志行乎中国，若合符节，先圣后圣，其揆一也。"

孟子说："舜出生在诸冯，迁居到负夏，去世在鸣条，是东方人。周文王出生在岐周，去世在毕郢，是西方人。这两个地方相距一千多里，时代相隔一千多年。而在中国实现他们志向的行为，却是一模一样，先代的圣人和后代的圣人，他们所推行的仁政爱民的治国之道是一致的。"

【导读】

天不变，道亦不变。先王王道，先圣圣道，虽远近深浅不同，功用成就各异，究其实质，无非秉天地性命之大正，致中和而赞化育者，皆是一道也。从舜到孟子时代近两千年，留传下来的无数古籍传说都赞扬仁爱，怒斥残暴。

8.2　子产听（主持）郑国之政，以其乘舆济（帮助）人于溱洧。孟子曰："惠（私恩小利）而不知为政。岁十一月，徒杠（简陋的独木桥）成；十二月，舆梁（有盖板可以通车的小桥）成，民未病（担忧）涉也。君子

子产主持郑国的国政，用自己坐的车子帮助别人渡过溱水和洧水。孟子说："子产这只是小恩惠却不懂得政治。在十一月份，搭好徒步行走的独木桥；在十二月份，搭好可通车的大桥，百姓就不会担忧徒步涉水了。君子治理好自己的政务，外出时

平其政，行辟人可也，焉得人人而济之？故为政者，每人而悦之，日（指时间）亦不足矣。"

使行人避开道路也是可以的，又怎么能去把行人一个个渡过河呢？所以，治理国家政事的人，要讨每个人的欢心，时间也不够用啊。"

【导读】

子产有不忍人之心，而不能行不忍人之政。因其有不忍人之心，济民于溱洧可谓之"惠"。治世以大德，不以小惠。子产用自己乘坐的车子去帮助老百姓过河，此事若是普通人做，盖属仁义之举，应该称赞。子产主持国政，不以建桥去除百姓烦恼为本，而施民以小恩小惠，属于不务正事。换言之，政治家治国平天下，造福黎民，当以政务为要，大局为重，不应施民以小恩小惠。

8.3　孟子告齐宣王曰："君之视臣如手足，则臣视君如腹心；君之视臣如犬马，则臣视君如国人（陌生人）；君之视臣如土（尘土）芥（小草），则臣视君如寇仇（强盗、敌人）。"

孟子告诉齐宣王说："君主把臣子当作手足，臣子就会把君主当作心腹；君主把臣子当作犬马，臣子就会把君主视为一般路人；君主把臣子当作尘土草芥，臣子就会把君主视为土匪强盗。"

王曰："礼，为旧君有服（服丧），何如斯可为服矣？"

齐宣王说："按礼制，已经离职的旧臣要为自己过去的君主服丧，君主怎样做才能让旧臣为之服丧呢？"

曰："谏行言听，膏泽（恩惠）下于民；有故而去，则君使人导之出疆，又先于其所往；去三年不反，然后收其田里（居住的地方）。此之谓三有礼焉。如此，则为之服矣。今也为臣，谏则不行，言则不听；膏泽不下于民；有故而去，则君搏

孟子说："君主对臣子的劝告能够接受，建议能够听取，恩泽能够施予百姓；臣子因故要离去，君主能派人引导其出国境，并派人事先前往其要去的地方进行妥善安排；其离去三年后不回来，才收回他的土地房产。这样做叫作三有礼。做到这些，臣子就会为他服丧。现在做臣子，劝谏不

执（扣押）之，又极（使之穷困）之
于其所往；去之日，遂收其田里。
此之谓寇仇。寇仇，何服之有？"

被接受，建议不被听取；恩泽不能施予百
姓；臣子因故要离开，君主就派人拘捕他，
并故意到他要去的地方为难他；离开的当
天就没收他的土地房产。这就叫作土匪强
盗。为什么还要为土匪强盗服丧呢？"

【导读】

"君之视臣如手足，则臣视君如腹心"，强调君以仁待臣，臣会"为知己者死"，倾
心辅君报国。"君之视臣如土芥，则臣视君如寇仇"，君不仁，臣则无义，只能视君如
寇仇。如此，臣要么离开不仁之君，要么另立新君。君臣之间的关系如何，在一定程
度上决定着国家的盛衰。君臣之道，仁义为要。

8.4　孟子曰："无罪而杀士，
则大夫可以去；无罪而戮民，则士
可以徙。"

孟子说："无罪而杀士人，大夫就可以
离开；无罪而杀百姓，那么士人就可以换
个地方了。"

【导读】

"无罪而杀士"，"无罪而戮民"，就是草菅人命。既然士与百姓无罪，那么杀人的统
治者就属暴君。离开暴君是大夫的当务之急，否则就会生命不保。一国之君，如果没有
仁爱之心，私欲膨胀，国家就会后患无穷，不仅臣子与百姓遭殃，而且也会国将不国。

8.5　孟子曰："君仁，莫不仁；
君义，莫不义。"

孟子说："君主行仁，就没有人不行仁；
君主行义，就没有人不行义。"

【导读】

君主是否有仁爱之心，对民众具有鲜明的导向作用，决定国家的兴衰存亡。国君
行仁重义，上行下效，百姓就会仁爱仗义，国家就能安定和谐。孟子强调的是君主的
引领和表率作用。

8.6　孟子曰："非礼之礼，非义之义，大人弗为。"

孟子说："似是而非的礼，似是而非的义，有德行的人是不为的。"

【导读】

"非礼之礼"，就是不合"礼"的礼；"非义之义"，就是假借道德的不仁之义。具有智慧仁爱的人，绝不会行似是而非之"礼"、不仁之"义"。

8.7　孟子曰："中（修养好）也养不中，才也养不才，故人乐有贤父兄也。如中也弃不中，才也弃不才，则贤不肖之相去，其间不能以寸。"

孟子说："道德品质好的人教导道德品质不好的人，有本事的人教导没本事的人，因此人们乐意自己有贤能的父兄长辈。要是道德品质好的人不去教导道德品质不好的人，有本事的人不去教导没本事的人，那么好人与不好的人之间的差距，就不能用分寸来计量了。"

【导读】

德才并非天生，其依靠后天修养。人要进德，需有德之人的教育熏陶；人要有才，需有才之人的教育培养。如果能者、贤者空有一身本领而不去帮助那些不如自己的人，去造福社会，那么有本领与没本领也就没有什么分别了。故能者为师，贤者为范，贤不肖携手共进，社会方显文明和谐。

8.8　孟子曰："人有不为也，而后可以有为。"

孟子说："人要懂得有所不为，然后才能有所作为。"

【导读】

成大事者贵在目标的确定与行为的选择。人需审时度势，合理抉择取舍，选择急迫重要的事情去做。因为人的精力是有限的，只有放弃一些事情不做，才能集中精力成就一番事业。"不为"是策略性的取舍，此"不为"是为彼"有为"，"不为"只是最大限度地腾出时间和空间，为实现大"有为"创造条件。

8.9　孟子曰："言人之不善，当如后患何?"

孟子说："议论别人的不好，由此引起的后患该怎么办呢?"

【导读】

常言道：谁人背后无人说，哪个人前不说人。此乃人的劣根性。背后议论别人的不善，会使人与人之间的关系疏远，产生隔阂甚至仇恨，影响安定团结。《论语·阳货》曰："道听而途说，德之弃也。"故重视道德修养者应该摒弃背后言他人之不善。

8.10　孟子曰："仲尼不为已甚者。"

孟子说："孔夫子是做什么事情都不过火的人。"

【导读】

凡事皆有度，超过事物的度，就会由量变引起质变。孔子奉行中庸之道，不偏不倚，不走极端。要做到言行上恰到好处，需要很高的道德修养，孔子做到了，孟子希望大家都能做到。

8.11　孟子曰："大人者，言不必信，行不必果，惟义所在。"

孟子说："有德行的人说话不一定都讲信用，做事不一定都有理想的结果，言行只要合乎道义即可。"

【导读】

孔子曰："人而无信，不知其可也。""信"虽是儒学的核心理念之一，但儒家又不拘泥于"信"。"信"既要看对象，又要视时势的变化而变通。不能对自己的敌人讲"信"，也不能违义而"信"。通权达变的标准就是"惟义所在"。

8.12　孟子曰："大人者，不失其赤子之心者也。"

孟子说："有德行的人，便能保持纯洁、善良的本心。"

【导读】

具有高尚德行的人，是保有赤子之心者。赤子之心，就是一颗率直、纯真、善良、热爱生命的本心。常怀赤子之心的人，方可称为"大人"。若人人都怀有一颗赤子之心，那么世界必然是美好宁静的。

8.13　孟子曰："养生者不足以当大事，惟送死可以当大事。"

孟子说："奉养父母不能算最大的事，只有给父母送终才是最大的事。"

【导读】

朱熹《孟子集注》曰："事生固当爱敬，然亦人道之常耳；至于送死，则人道之大变。孝子之事亲，舍是无以用其力矣。"事生是有反馈的孝，送死是无反馈的孝，孝而不求反馈，乃真孝也。

8.14　孟子曰："君子深造之以道，欲其自得之也。自得之，则居之安；居之安，则资（积蓄）之深；资之深，则取之左右逢其原（同"源"），故君子欲其自得之也。"

孟子说："君子获取高深的造诣是要依循正确的方法的，就是要靠自己的努力才能有所得。自己有所得，才能在辨别事物时处之安然；在辨别事物时处之安然，才能积蓄得深；积蓄得深，用起来才能取之不尽，左右逢源，所以君子强调自有所得。"

【导读】

"君子深造之以道"，强调追求真知需讲究科学方法。君子深造需以"道"为原则，不以"道"深造就难以有效。自得就是自己真正有所收获，自得是内功，自得是深造的目的。自得才能积蓄深厚，积蓄深厚才能取之不尽，做事方可得心应手。

8.15　孟子曰："博学而详说之，将以反说约也。"

孟子说："广博地学习，详细地阐述，是要由此返回到能简略述说大意的境地。"

☁ 【导读】

唯有深造方可博学，只有博学才能详说，能详说才有可能返约。"深造""博学"就是不断地学习，探究事物本原。详说是为了深入浅出揭示事物本质，博学详说是前提、过程和方法，归于简约才是目的。

8.16　孟子曰："以善服人者，未有能服人者也；以善养人，然后能服天下。天下不心服而王者，未之有也。"

孟子说："用好的方法让人服输，不可能真的使人服输；用好的内容（仁义）来教导人，可使天下的人都服从。天下的人不心悦诚服而能统一天下，这是从来没有的事。"

☁ 【导读】

用"善"策不如"养"善人。"以善养人，然后能服天下"，强调用仁、义、礼、智、信化民，才能推善行善。故以善养人，才能使天下服。

8.17　孟子曰："言无实不祥。不祥之实，蔽贤（埋没贤才）者当之。"

孟子说："言谈没有实际内容是不会有好结果的。这种不好的结果，应由那些埋没贤才的人承担。"

☁ 【导读】

"蔽贤"就是遮蔽贤能，堵塞良言与智慧。"言无实不祥"，指事关国家社稷的不实言行，会使国家招惹灾祸，这是"蔽贤"的恶果。"蔽贤者"往往是一些在位的小人，他们有进贤的责任，但又畏惧贤人在位阻碍自己作伪之道，故而千方百计地阻断进贤之路。"蔽贤者"应受舆论谴责并承担相应责任。

8.18　徐子曰："仲尼亟（qì，多次）称于水，曰：'水哉，水哉！'何取于水也？"

徐辟说："孔子多次赞美水，说：'水啊，水啊！'请问他所取于水的是什么呢？"

孟子曰："源泉混混（水流浩荡），不舍昼夜，盈科（坎）而后进，放乎四海。有本者如是，是之取尔。苟为无本，七、八月之间雨集，沟浍（kuài，田间水道）皆盈，其涸也，可立而待也。故声闻过情，君子耻之。"

孟子说："有源的泉水滚滚奔涌，不分昼夜，注满了低洼之处又继续前进，一直流向四海。有本源的都是这样，孔子取的就是这一点罢了。如果没有本源，到七、八月间雨水滂沱，大沟小渠都满了，但它们干涸也是很快的。所以名声超过实际，君子就会感到羞耻。"

【导读】

孟子一方面以水的特性阐发仲尼之意，另一方面用水比拟人的道德品质，强调务本求实，反对贪图名不符实的名誉声望。希望人们像水一样，有永不枯竭的安身立命之本，不断进取，自强不息。

8.19 孟子曰："人之所以异于禽兽者几希（一点点），庶民去之，君子存之。舜明于庶物，察于人伦，由仁义行，非行仁义也。"

孟子说："人区别于禽兽只是一点点，一般人抛弃它，君子却保存它。舜明白事物的道理，又了解人之常情，他做事依仁义而行，而不是把仁义作为工具、手段来使用。"

【导读】

仁是人的本心，与生俱来，仁需通过义彰显于社会生活，即"居仁由义"。孟子认为"居仁由义"是人内心的需求，是以良心为驱动力的自然而然的行为。也就是说"居仁由义"是人的目标追求，而不是获取名利的手段。孟子称颂舜"明于庶物，察于人伦，由仁义行，非行仁义也"，就是因为舜能够明了各种事物的道理，体察各种人不同境况下的心情，他能按照仁义行事，不把仁义作为工具来利用。换言之，"居仁由义"是审美的，而不是功利的；是自觉的，而不是被迫的；是目的，而不是手段，此乃"居仁由义"的最高境界。

8.20　孟子曰："禹恶旨酒而好善言。汤执中（持中正之道），立贤无方（固定模式）。文王视民如伤，望道（追求真理）而未之见。武王不泄（轻慢）迩，不忘远。周公思兼三王，以施四事（禹、汤、文王、武王四人所行之事）；其有不合者，仰而思之，夜以继日；幸而得之，坐以待旦。"

孟子说："大禹讨厌美酒而喜欢仁善的言论。商汤处事多走中正之道，举贤不拘泥于固定模式。周文王总认为百姓需要抚恤，总以善道待民，又总觉得自己未能完全践行善道。周武王不轻慢身边的人，也不会忘记远方的人。周公想兼修夏、商、周三代君主之德，并践行禹、汤、文、武之政；自己行有不足之处，就仰头思考，夜以继日；一旦想通了，就坐着等待天亮立即施行。"

【导读】

美酒虽美却能丧志，善言逆耳却利于行，先圣唯善是从。所以大禹"恶旨酒而好善言"。商汤执中守正，举贤不论门第，不带个人喜好偏见，寻求贤能，重用俊杰。周文王慈悲为怀，体恤百姓。周武王选拔人才不分远近，不别亲疏。周公追求夏商周三代君主之长，并推行他们的善政。

8.21　孟子曰："王者之迹熄（指古代采诗制度的消亡）而《诗》亡，《诗》亡然后《春秋》作。晋之《乘》，楚之《梼杌（táo wù）》，鲁之《春秋》（《乘》《梼杌》《春秋》，分别是晋、楚、鲁史官所记的史书的书名），一也：其事则齐桓、晋文，其文则史。孔子曰：'其义则丘窃取（借用）之矣。'"

孟子说："圣王采诗的制度废止了，《诗》也就没有了，《诗》没有了，《春秋》一书就出现了。晋国叫《乘》，楚国叫《梼杌》，鲁国仍叫《春秋》，都是一样的：它们记的不外乎齐桓公、晋文公之事，所用的笔法不过是一般史书的笔法。孔子说：'我在《春秋》里私自借用了《诗》褒善贬恶的大义。'"

【导读】

《诗》亡并不是指风、雅、颂之亡，而是指采诗、陈诗制度被废除。采诗、陈诗制度是礼乐征伐自天子出的表现，反映的是王权的威信；采诗、陈诗制度被废除，说明王迹的熄灭。孔子所作《春秋》，则是私家著述，由政治转归学术，述微言大义，揭示的是诸侯霸政兴衰的历史。

8.22　孟子曰："君子之泽（恩泽）五世而斩（断绝），小人之泽五世而斩。予未得为孔子徒也，予私淑（指未能亲自受业但敬仰并承传其学术）诸人也。"

孟子说："君子的流风余韵五世后便会消失，小人的影响五世后也就断绝。我没能成为孔子的学生，孔子的学说我是私下学来的。"

【导读】

不管是君子的品行家风，还是平民辛苦打拼的事业，因其后人未能坚守，经过几代人之后就不复存在了。说明无论是功业名望，还是道德文脉，都需要传承发扬，否则就会慢慢消亡。孟子未能亲自受业于孔子，但敬仰并传承孔子学术且尊之为师。传承圣人之道，乃孟子自任之重。

8.23　孟子曰："可以取，可以无取，取伤廉；可以与，可以无与，与伤惠；可以死，可以无死，死伤勇。"

孟子说："可以要，可以不要，要了就会损害廉洁（，还是不要好）；可以给，可以不给，给了就会伤及恩惠（，还是不给好）；可以死，可以不死，死了就会伤害勇武（，还是不死好）。"

【导读】

凡事都有一定的规则可守，然而有些事情却处在可否两端，不得不选择，这时该怎么办？孟子认为："取伤廉"，就不取；"与伤惠"，就不与；"死伤勇"，就不死。对能伤害廉洁、恩惠、勇武之行为，一律说"不"。

8.24　逢蒙（羿的学生）学射于

逢蒙向羿学习箭法，把羿的射箭术都

羿（有穷国首领），尽羿之道，思天下惟羿为愈己，于是杀羿。孟子曰："是亦羿有罪焉。"

公明仪曰："宜若无罪焉。"

曰："薄（轻）乎云尔，恶得无罪？郑人使子濯孺子（郑国大夫）侵卫，卫使庾公之斯（卫国大夫）追之。子濯孺子曰：'今日我疾作，不可以执弓，吾死矣夫！'问其仆曰：'追我者谁也？'其仆曰：'庾公之斯也。'曰：'吾生矣。'其仆曰：'庾公之斯，卫之善射者也；夫子曰吾生，何谓也？'曰：'庾公之斯学射于尹公之他，尹公之他学射于我。夫尹公之他，端人（品行端正的人）也，其取友必端矣。'庾公之斯至，曰：'夫子何为不执弓？'曰：'今日我疾作，不可以执弓。'曰：'小人学射于尹公之他，尹公之他学射于夫子。我不忍以夫子之道反害夫子。虽然，今日之事，君事也，我不敢废。'抽矢，扣轮，去其金（金属制造的箭头），发乘矢（四支箭。乘音shèng）而后反。"

学到了，寻思天下只有羿的箭术超过自己，就杀害了羿。孟子说："这事羿自己也有过错。"

公明仪说："羿好像没有什么过错吧。"

孟子说："过错不大就是了，怎么没有过错呢？郑国曾经派子濯孺子去侵犯卫国，卫国派庾公之斯去追击他。子濯孺子说：'我今天突发疾病，不能开弓放箭，我要死在此地了！'问他的驾车人：'追赶我们的是谁？'他的驾车人说：'是庾公之斯。'子濯孺子说：'我又能活了。'驾车人说：'庾公之斯，是卫国著名的神箭手；您说又能活了，是为什么呢？'子濯孺子说：'庾公之斯是向尹公之他学习射箭的，尹公之他是向我学习射箭的。尹公之他这个人，是个正直的人，他所选择交往的朋友必然也是正直的人。'说着，庾公之斯追到，问子濯孺子：'您为什么不开弓放箭？'子濯孺子说：'我今天突发疾病，不能开弓放箭。'庾公之斯说：'我向尹公之他学习射箭，尹公之他向您学习射箭。我不忍心用您的箭法反过来伤害您。然而，今天的事情，是奉君主之命，我不敢不做。'便取出箭，敲击车轮，去掉箭头，射出四箭，然后就回去了。"

【导读】

逢蒙艺成害师，历来为人所不齿。孟子却认为羿是自取其祸。老师应重视学生品格的塑造，授之以仁，育之以爱。羿不善于选择和教育学生，对逢蒙的人品失察失教，结果招致杀身之祸。羿不仅识人察人不够，也没有对学生进行品德教育。如果羿既教逢蒙箭术，又教他做人的道理，既传艺，又传德，也许悲剧就不会发生了。

8.25　孟子曰："西子（指西施）蒙（沾染）不洁，则人皆掩鼻而过之；虽有恶（面貌丑陋）人，齐戒沐浴，则可以祀上帝。"

孟子说："最美的西施如果沾染了污浊之物，那么人们经过她身旁也会掩鼻；即使是很丑的人，他斋戒沐浴后，也是可以参加祭祀上天的仪式的。"

【导读】

事物可分美丑善恶，但互相不能掩饰。世人爱西施之美，但并不爱其不洁之物，故美人若有不洁之物，则必去之。世人厌恶丑陋的相貌，但若心地善良，久之则可亲近。故相貌丑陋之人，不仅能成为善人，还能善天下。孟子是警诫人们要行善，勉励人们不要因为过去的不善而自暴自弃，只要悬崖勒马，不仅能弃恶，还能成就善业。

8.26　孟子曰："天下之言性也，则故（本来）而已矣。故者以利（顺其自然）为本。所恶于智者，为其凿（牵强附会）也。如智者若禹之行水也，则无恶于智矣。禹之行水也，行其所无事（顺其自然）也。如智者亦行其所无事，则智亦大矣。天之高也，星辰之远也，苟求其故，千岁之日至（指冬、夏二至），可坐而致（求得）也。"

孟子说："天下人讨论人性，只要能推究其所以然就行了。推究其所以然，根本在于顺其自然之理。人们之所以厌恶有智谋的人，是因为其往往过于穿凿附会。如果有智谋的人能像大禹治水那样，那么人们就不会厌恶有智谋的人了。大禹的治水方法，是顺其水性的自然而因势利导。如果有智谋的人也能顺其人性的自然因势利导，那这个智也就是大智。天那么高，星辰那么遥远，如果能探求其所以然，千年以后的冬、夏二至，也是可以坐着推算出来的。"

【导读】

大智是顺应事物的规律办事，不是卖弄小聪明。朱熹《孟子集注》云："事物之理莫非自然。顺而循之，则为大智。若用小智而凿以自私，则害于性而反为不智。"自认为聪明的人，行事经常违背自然之理，不仅令人厌恶，还害道误事。为人处世，治国安民，应尊重客观规律，顺应自然，不能违"故"。

8.27　公行子（齐国大夫）有子之丧，右师（一种官职。在此指王驩）往吊。入门，有进而与右师言者，有就右师之位而与右师言者。孟子不与右师言，右师不悦曰："诸君子皆与驩言，孟子独不与驩言，是简（怠慢）驩也。"

孟子闻之，曰："礼，朝廷不历位（跨过位次）而相与言，不逾阶而相揖也。我欲行礼，子敖以我为简，不亦异乎？"

齐国大夫公行子的儿子死了，右师王驩前去吊丧。进了门，有上前与王驩交谈的，也有到座位旁跟他说话的。唯有孟子不和王驩说话，王驩很不高兴，说："各位大人都与我打招呼，孟子偏偏不与我说话，这是怠慢我。"

孟子听到这话，说："按礼制，在朝廷上不能越过自己的位子互相交谈，也不能越过台阶作揖。我想按礼制行事，子敖认为我怠慢他，不是太奇怪了吗？"

【导读】

右师子敖是当时有权势的人，许多人不顾正常的礼仪趋附他。孟子不愿这么做，除了遵礼仪之外，更重要的原因是王子敖辅佐齐王，不行仁政，推行霸道，助纣为虐，人民反对他，孟子鄙视之。

8.28　孟子曰："君子所以异于人者，以其存心（仁爱、礼义之心）也。君子以仁存心，以礼存心。仁者爱人，有礼者敬人。爱人者，人恒爱之；敬人者，人恒敬之。有人于此，其待我以横逆（蛮横不讲理），则君子必自反（自我反省）也：我必

孟子说："君子之所以不同于一般人，是因为君子能存心养性。君子用仁德、礼义修养心性。具有仁德的人会爱别人，具有礼义的人会尊敬别人。爱别人的人，人们总是爱戴他；尊敬别人的人，人们总是尊敬他。假如有个人，他对我蛮横而不讲理，如果是君子就会自我反省：我必然有爱心不够的地

不仁也，必无礼也，此物奚宜（怎么会）至哉？其自反而仁矣，自反而有礼矣，其横逆由是也，君子必自反也：我必不忠。自反而忠矣，其横逆由是也，君子曰：'此亦妄人（狂妄之人）也已矣。如此，则与禽兽奚择（有什么区别）哉？于禽兽又何难（计较）焉？'是故君子有终身之忧，无一朝之患也。乃若所忧则有之：舜，人也；我，亦人也。舜为法（榜样）于天下，可传于后世，我由未免为乡人（普通人）也，是则可忧也。忧之如何？如舜而已矣。若夫（至于）君子所患则亡矣。非仁无为也，非礼无行也。如有一朝之患，则君子不患矣。"

方，必然有敬人不够的地方，不然这种情况怎么能够出现呢？他自我反省而达到仁爱，自我反省而达到敬人的程度，如果那人仍然是蛮横而不讲理，君子又会自我反省：我必然有不忠的地方。自我反省而达到忠诚，那人蛮横而不讲理的情况仍然如是，君子就会说：'这无非是个狂妄之徒而已。这样的人，跟禽兽有什么区别呢？对禽兽又有什么可责难的呢？'因此，君子有长期的忧虑，但却没有短时的忧虑。这样的忧虑是有的：大舜是人，我也是人。大舜为天下做了榜样，名传后世，而我还不免是个普通人，这才值得忧虑。忧虑又怎么办呢？尽力向舜学习就是了。至此君子所忧虑的，就会慢慢消失。不是仁爱之事不做，不合礼义之事不干。如果有意外发生，那么君子也不必为之痛苦。"

【导读】

世俗之人计较功名利禄，君子则忧道不忧贫，担心修不成舜那样的道德，担心成不了舜那样的圣人。"爱人者，人恒爱之；敬人者，人恒敬之"，意思是爱、敬需要相向而行。"有人于此，其待我以横逆，则君子必自反也"，强调对自己的言行要常常反躬自省。如果人人都能尊礼行仁，社会就会呈现和谐，世界就会充满爱。

8.29　禹、稷当平世（太平的世道），三过其门而不入，孔子贤之；颜子当乱世，居于陋巷，一箪食，一瓢饮，人不堪其忧，颜子不改其乐，孔子贤之。孟子曰："禹、稷、

禹、稷生活在太平年代，多次经过自己的家门都没有进去，孔子称赞他们；颜子生活在乱世，居住在狭窄的巷子里，一筐饭，一瓢水，一般人都不能忍受那种苦日子，而颜子却自得其乐，孔子称赞他。

颜回同道。禹思天下有溺者，由己溺之也；稷思天下有饥者，由己饥之也，是以如是其急也。禹、稷、颜子易地则皆然。今有同室之人斗者，救之，虽被（同"披"）发缨（系）冠而救之，可也；乡邻有斗者，被发缨冠而往救之，则惑也，虽闭户可也。"

孟子说："禹、稷、颜子所持之道是一样的。大禹想到天下有遭水淹没的人，就像自己使他们被水淹了一样；稷想到天下有挨饿的人，就像自己使他们挨饿一样，所以才那样着急。禹、稷、颜子如果互相交换一下位置处境，也都会有同样的表现。假如有同住一室的人互相打斗，要去救他们，即使衣冠不整就去救人，也是可以的；但如果是乡邻打斗，也是衣冠不整去救人，那就是糊涂，即使关门闭户也是可以的。"

【导读】

大禹、后稷、颜渊心存大爱，行遵社会规范，博得世代称赞。如果一个人心存仁爱，行能遵守社会规范，在"救急"时就会自然而然地表现出来，不管是"披头散发"救之，还是"闭户"不救，都是依着本性的自然表现，都是尊礼行仁的表现。处平世则兼济天下，处乱世则独善其身。同室操戈，即使衣冠不整去制止也是可以的；乡邻争斗，那就是起了纠纷，属不仁不义之举，若衣冠不整去制止，一是不合礼仪，二是属于不明智的表现。

8.30 公都子曰："匡章，通国皆称不孝焉，夫子与之游，又从而礼貌之，敢问何也？"

孟子曰："世俗所谓不孝者五：惰其四支，不顾父母之养，一不孝也；博弈好饮酒，不顾父母之养，二不孝也；好货财，私（偏袒）妻子，不顾父母之养，三不孝也；从（"纵"的古字）耳目之欲，以为（因

公都子问孟子："匡章，全国人都说他不孝，您却同他来往，又很礼貌地待他，请问这是为什么？"

孟子说："社会上所说的不孝有五种情况：四肢懒惰，不赡养父母，是一不孝；好下棋又酗酒，不赡养父母，是二不孝；喜欢聚货敛财，偏爱妻子，不赡养父母，是三不孝；放纵耳目之乐，给父母带来羞辱，是四不孝；逞勇好斗，以至危及父母，

此而造成）父母戮（被羞辱），四不孝也；好勇斗很（通"狠"），以危父母，五不孝也。章子有一于是乎？夫章子，子父责善而不相遇也。责善，朋友之道也；父子责善，贼（伤害）恩之大者。夫章子，岂不欲有夫妻子母之属哉？为得罪于父，不得近，出妻屏（疏远）子，终身不养焉。其设心以为不若是，是则罪之大者，是则章子而已（如此）矣。"

是五不孝。在此五种情况中匡章有哪一种呢？匡章，是因为父子之间相互以善相责而导致关系恶化的。以善相责，本是交友之道；父子间以善相责，最伤害感情。匡章，难道不想有夫妻母子之间的感情吗？只因得罪了父亲，被疏远而不能亲近，才抛弃妻子儿女，终身得不到奉养。他在心里这样设想，如果不这样做，那不孝之罪就会更大，这就是匡章的为人吧。"

【导读】

此章所言"五不孝"与前文所言"三不孝"的目标指向不同，孟子在此主要强调评价一个人要全面客观，不仅要听其言，观其行，还要分析其动机与结果。匡章虽然没有"五不孝"行为，但没有信守父子不"责善"原则，故落得个不孝的名声。

8.31 曾子居武城，有越寇。或曰："寇至，盍去诸？"曰："无寓（居住）人于我室，毁伤其薪木。"寇退，则曰："修我墙屋，我将反。"寇退，曾子反。左右曰："待先生如此其忠且敬也，寇至，则先去以为民望（使民望而效之）；寇退，则反，殆（大概）于不可。"沈犹行（曾子的学生）曰："是非汝所知也。昔沈犹有负刍（背柴草。此处指作乱之人）之祸，从先生者七十人，未有与（参与）焉。"

曾子住在鲁国的武城时，遇越国侵犯。有人说："敌兵来了，何不快离开？"曾子说："不要让外人住我的房子，毁伤了树木。"敌兵退走了，曾子就说："把我的房屋修一修，我要回去。"敌兵退走了，曾子就回来了。他身旁的人说："武城人平日对您是何等忠诚和恭敬啊，敌兵来了，您却先行离开以至于为百姓做了坏榜样；敌兵退了，您就回来，好像不妥吧？"沈犹行说："这不是你们所了解的。从前我曾遭遇过负刍之祸，跟随老师的七十人，没有参与其中的，全都躲避了。"

子思居于卫，有齐寇。或曰："寇至，盍去诸？"子思曰："如伋去，君谁与守？"

孟子曰："曾子、子思同道。曾子，师也，父兄也；子思，臣也，微也。曾子、子思易地则皆然。"

子思居住在卫国，遇齐国来侵犯。有人说："敌兵来了，何不快离开？"子思说："如果我孔伋走了，谁与卫君共同守城呢？"

孟子说："曾子、子思所走的道路是一致的。曾子，当时是老师，像父兄；子思，当时是卫君的臣，是小官。曾子、子思互换位置也都会这样做。"

【导读】

曾子遇寇速退，子思遇寇坚守。速退还是坚守？是由各自身份地位决定的。曾子当时是老师，如同父兄，遇有寇来，青壮子弟不可能让老师冲锋陷阵，曾子选择速退，是为了让青壮子弟全力以赴奋勇拒敌。子思是卫国的官员，官员有守城之责，所以他选择坚守御敌。换言之，如果曾子是地方官员，他也会选择守城御敌。如果子思是老师，他也会选择速退。

8.32　储子曰："王使人瞯夫子，果有以异于人乎？"

孟子曰："何以异于人哉？尧舜与人同耳。"

储子问孟子："君王派人窥探您，您真有与人不同的地方吗？"

孟子说："我有什么与别人不同的地方呢？尧舜也与平常人相同。"

【导读】

圣人凡人之异，不在相貌，而在于心性修养。圣人只是内在的修养与见识不同于常人罢了，从外表上是看不出来的。齐王派人窥探孟子，既非君子所为，同时靠窥探也无法真正了解孟子。齐王若想真正了解孟子，需亲见并与孟子深入交流才有可能。派人窥探得到的结论会受窥探人的喜好和主观判断影响，是无法真正了解一个人的。

8.33　齐人有一妻一妾而处室者，其良人（古时夫妻互称为良人，

齐国有一个人家中有一妻一妾，丈夫外出，一定是酒足饭饱才回来。妻子问他

后多用于妻子称丈夫）出，则必餍（饱）酒肉而后反。其妻问所与饮食者，则尽富贵也。其妻告其妾曰："良人出，则必餍酒肉而后反；问其与饮食者，尽富贵也，而未尝有显者来，吾将瞷良人之所之也。"

蚤（通"早"）起，施从（尾随）良人之所之，遍国中无与立谈者。卒之东郭墦（fán，坟地）间，之祭者，乞其余；不足，又顾而之他——此其为餍足之道也。

其妻归，告其妾，曰："良人者，所仰望而终身也，今若此——"与其妾讪（咒骂）其良人，而相泣于中庭，而良人未之知也，施施（得意的样子）从外来，骄（耍威风）其妻妾。

由君子观之，则人之所以求富贵利达者，其妻妾不羞也，而不相泣者，几希矣。

跟谁在一起吃喝，他说全是富贵之人。他的妻子告诉他的妾说："丈夫每次外出，都是酒足饭饱才回家；问他跟谁在一起吃喝，他说全是富贵之人，但家里从来没有来过显赫的人，我准备偷偷跟着他，看他到底去了哪些地方。"

第二天清晨起床，妻子偷偷地跟着丈夫到他所到的地方，走遍城中，没有一个人站住跟她丈夫交谈。后来到了东郊的坟地，丈夫便走到祭扫坟墓者那里乞讨剩下的酒肉；一处不够，又四处张望转向别家乞讨——这就是他酒足饭饱的办法。

妻子回来告诉妾说："丈夫，本来是我们仰望而终身依靠的人，如今竟然是这样——"妻与妾一起咒骂丈夫，并在庭院中相对哭泣，而她们的丈夫还不知道，得意地从外面回来，还向妻妾耍威风。

在君子看来，人们追求富贵腾达的手段，能不使他们的妻妾引以为耻并相对而泣的，真是太少了。

【导读】

本章孟子勾画的是一个内心极其卑劣下贱，外表却趾高气扬、不可一世的无耻之徒形象。妻妾为此痛苦不堪，而他却还得意扬扬。孟子主要是借以讽刺那些不择手段奔走于诸侯之门，乞求升官发财之人，他们在人前冠冕堂皇，暗地里却行径卑劣，干着令人不齿的勾当。

万章章句上

（凡九章）

9.1　万章问曰："舜往于田，号泣于旻天，何为其号泣也？"

孟子曰："怨慕（又怨恨又思念）也。"

万章曰："'父母爱之，喜而不忘；父母恶之，劳（忧愁）而不怨。'然则舜怨乎？"

曰："长息（公明高弟子）问于公明高曰：'舜往于田，则吾既得闻命矣；号泣于旻天，于父母，则吾不知也。'公明高曰：'是非尔所知也。'夫公明高以孝子之心，为不若是恝（jiá，无忧无虑的样子）：我竭力耕田，共（通"恭"）为子职而已矣，父母之不我爱，于我何哉？帝使其子九男二女，百官牛羊仓廪备，以事舜于畎亩之中，天下之士多就之者，帝将胥天下而迁之（给了舜）焉。为不顺于父母，如穷人

万章问孟子："舜到田野里，望着天哭诉，他为什么哭泣呢？"

孟子说："这是因为他对父母又怨恨又思念。"

万章说："常言道：'得父母宠爱，高兴而难忘；被父母厌恶，忧愁而不怨恨。'那么，舜怨恨父母吗？"

孟子说："长息曾经问公明高：'舜到田野里，我已经听您讲解过了；望着天哭诉，是为了父母，那我就不懂了。'公明高说：'这不是你能懂的。'公明高认为孝子的心理不能像这样若无其事，淡然处之：我尽力耕田，恭敬地完成做儿子的职责而已，至于父母不宠爱我，我有什么办法呢？尧派他的九个儿子侍奉舜，又把两个女儿嫁给舜，百官、牛羊、粮食都齐备了，到田野里去为舜服务，天下有识之士很多都去归附舜，尧把天下让给了舜。舜却因为没有得到父母的欢心，就如同鳏寡孤独之人找不

无所归。天下之士悦之，人之所欲也，而不足以解忧；好色，人之所欲，妻帝之二女，而不足以解忧；富，人之所欲，富有天下，而不足以解忧；贵，人之所欲，贵为天子，而不足以解忧。人悦之、好色、富贵，无足以解忧者，惟顺于父母可以解忧。人少，则慕父母；知好色，则慕少艾（年轻美貌的女子）；有妻子，则慕妻子；仕则慕君，不得于君则热中（焦躁）。大孝终身慕父母。五十而慕者，予于大舜见之矣。"

到归宿一样。被天下有识之士拥戴，是每个人的欲望，而不能解除舜的忧愁；喜欢美貌的女子，也是每个人的欲望，娶了尧的两个女儿，还是不能解除舜的忧愁；富裕，也是每个人的欲望，拥有了整个天下，还是不能解除舜的忧愁；尊贵，也是每个人的欲望，身为天子那样的尊贵，还是不能解除舜的忧愁。被人拥戴、美色、富裕且尊贵，没有一样能解除舜的忧愁，唯有得到父母的欢心才能解忧。人在少年时，仰慕父母；懂美色了就爱慕美少女；有了妻子就思念家室；入仕做官就思念君主，得不到君主赏识就会内心焦躁。只有最孝顺的人终身思念父母。到了五十岁还思念父母，我在舜身上见到了。"

【导读】

　　"人悦之、好色、富贵"不能解除舜之忧愁，是因为舜将孝顺父母作为人生最重要的事，得到父母的欢心是舜人生的最大心愿。

　　9.2 万章问曰："《诗》云：'娶妻如之何？必告父母。'信斯言也，宜莫如舜。舜之不告而娶，何也？"

　　孟子曰："告则不得娶。男女居室，人之大伦也。如告，则废人之大伦，以怼（duì，怨恨）父母，是以不告也。"

　　万章曰："舜之不告而娶，则

　　万章问孟子："《诗经》说：'娶妻应该怎么办？必须要事先报告父母。'坚信此话的应该是舜。可是舜没有报告父母就娶妻了，这是什么道理呢？"

　　孟子说："报告就娶不到妻子了。男女结婚，是人生的重大伦常。如果报告了，就要废弃这个伦常，从而就会怨恨父母，所以舜没有报告父母。"

　　万章问孟子："舜不报告父母就娶妻，

吾既得闻命矣；帝之妻舜（把女儿嫁给舜为妻）而不告，何也？"

曰："帝亦知告焉则不得妻也。"

万章曰："父母使舜完廪（修补谷仓），捐阶（拿走梯子），瞽瞍焚廪。使浚（挖深）井，出，从而揜（掩盖）之。象（舜的异母弟弟）曰：'谟（谋划）盖（通"害"）都君（舜居三年成都，故谓之都君）咸我绩，牛羊父母，仓廪父母，干戈朕，琴朕，弤（dǐ，雕弓）朕，二嫂使治朕栖（床。治栖，铺床叠被）。'象往入舜宫，舜在床琴。象曰：'郁陶（因思念而忧闷的样子）思君尔。'忸怩（惭愧的样子）。舜曰：'惟兹臣庶，汝其于（帮助）予治。'不识舜不知象之将杀己与？"

曰："奚而不知也？象忧亦忧，象喜亦喜。"

曰："然则舜伪喜者与？"

曰："否。昔者有馈生鱼于郑子产，子产使校人（管理池沼的小吏）畜之池。校人烹之，反命（回报）曰：'始舍之，圉圉（鱼刚放入池中气息奄奄、不灵活的样子。圉音yǔ）焉；少则洋洋（舒缓灵活、悠然自得的样子）焉，攸然而逝。'子产曰：'得

我已经听懂其中的缘故了；尧嫁女儿给舜而不禀告舜的父母，这又是什么道理呢？"

孟子说："尧也知道如果告诉了舜的父母，亲事就办不成了。"

万章问孟子："父母叫舜去整修谷仓顶，然后撤掉了梯子，父亲瞽瞍放火焚烧谷仓。要舜去淘井，舜（从旁边的洞穴）出来了，瞽瞍（不知道）就堵塞了井口。舜的弟弟象说：'谋害舜都是我的功劳，牛羊分给父母，粮仓分给父母，盾和戈归我，琴归我，雕漆的弓归我，两个嫂嫂侍候我睡觉。'象走进舜的屋子，舜却安坐在床上弹琴。象说：'我想你想得好苦啊。'但显出羞愧的样子。舜说：'我心里想的唯有臣子和百姓，你就替我管理他们吧。'不知道舜当时是否知道象要杀他呢？"

孟子说："怎么会不知道呢？象忧愁他也忧愁，象高兴他也高兴。"

万章问孟子："那么，舜是假装高兴吗？"

孟子说："不。从前有人送条活鱼给郑国的子产，子产叫管理池塘的人把鱼养在池塘里。管池塘的人把鱼煮着吃了，却报告子产说：'刚放它时，还死气沉沉的；过了一会儿，就欢乐起来，很快就游往水深处而不知去向了。'子产说：'它得到它的去处了，它得到它的去处了！'那人出来后对人说：

其所哉！得其所哉！'校人出，曰：'孰谓子产智？予既烹而食之，曰：得其所哉，得其所哉。'故君子可欺以其方（合乎情理的方法），难罔（蒙骗）以非其道。彼以爱兄之道来，故诚信而喜之，奚伪焉？"

'谁说子产很聪明？我已经把鱼煮着吃了，他还说：它得到它的去处了，它得到它的去处了。'所以对君子可以用合乎人情的方法欺骗他，不能用违反常理的诡计欺骗他。象用敬爱兄长的办法来说事，所以舜真诚地相信而感到高兴，怎么能说是假装的呢？"

【导读】

君子者，有崇高的人生准则，不论知音几许，环境多恶劣，都会坚持到底，这就是《道德经》所谓"圣人披褐而怀玉"的强大自信。舜囿于当时的处境，只能"不告而娶"，此举并非不孝敬父母，是不得已而为之。君子以君子之心度人，凡事不把人往坏处想。贤明君子，可以被合乎情理的言语、方法欺骗，却很难被不合情理的事情蒙蔽。

9.3　万章问曰："象日以杀舜为事，立为天子则放之，何也？"

孟子曰："封之也。或曰，放焉。"

万章曰："舜流共工于幽州，放驩兜于崇山，杀（《舜典》作"窜"）三苗于三危，殛鲧于羽山，四罪而天下咸服，诛不仁也。象至不仁，封之有庳（bì）。有庳之人奚罪焉？仁人固如是乎——在他人则诛之，在弟则封之？"

曰："仁人之于弟也，不藏怒焉，不宿怨焉，亲爱之而已矣。亲之，欲其贵也；爱之，欲其富也。

万章问孟子："象每天把杀害舜作为他的头等大事，舜被拥立为天子后只是将他流放，这是什么道理呢？"

孟子说："其实是封象为诸侯。有人说是流放。"

万章说："舜流放共工到幽州，发配驩兜到崇山，驱赶三苗到三危，诛杀鲧于羽山，惩处这四个罪犯而天下归服，这是惩办不仁者。象是个很不仁的人，然而却封到有庳。有庳的百姓难道有罪吗？对外人严加惩处，对弟弟则封以国土，难道仁人的做法是这样的吗？"

孟子说："仁人对待弟弟，不隐藏心中的愤怒，也不留下怨恨，只是亲爱他罢了。亲他，是想使他贵；爱他，是想使他富。封封之有庳，富贵之也。身为天子，弟为匹夫，可谓亲爱之乎?"

"敢问或曰放者，何谓也?"

曰:"象不得有为于其国，天子使吏治其国而纳其贡税焉，故谓之放。岂得暴彼民哉? 虽然，欲常常而见之，故源源而来。'不及贡，以政接于有庳'，此之谓也。"

他到有庳，是想使他既贵又富。舜为天子，弟弟却是平民，能够称之为亲爱弟弟吗?"

万章说:"请问，为什么有人说这是流放?"

孟子说:"虽然把象封在有庳，但象不能够直接管理国家，舜派官员管理国家而把收的税给象使用，所以称之为流放。怎么能让他残暴地对待百姓呢? 虽然如此，舜还是想经常见到象，所以他们之间常互相往来。'不一定要等到朝贡，平时也以国事为名召见象'，说的就是这个意思。"

【导读】

万章没有厘清犯罪犯法和残暴之间的关系，舜的弟弟象虽然心性残暴，几次欲谋害舜，但毕竟没有造成杀人的事实，因而不能给他定罪。所以舜只是让他到偏僻的有庳国去当一个名誉上的诸侯，而没有实际权力。如果说，自己的弟弟因为没有杀人事实却定罪，那么对待外人呢? 岂不是要乱杀了吗? 这里面其实并没有亲疏之分，而只有事实、证据之分。再说，舜如果连自己的弟弟都不能容忍，不能建立相互亲爱的关系，那如何能亲爱天下呢?

9.4 咸丘蒙（孟子的学生）问曰:"语云:'盛德之士，君不得而臣，父不得而子。'舜南面而立，尧帅诸侯北面而朝之，瞽瞍亦北面而朝之。舜见瞽瞍，其容有蹙（cù，局促不安的样子）。孔子曰:'于斯时也，天下殆哉，岌岌（危险的样子）乎!'不识此语诚然乎哉?"

咸丘蒙问孟子:"俗话说:'道德修养极高的人，君主不能以他为臣，父亲不能以他为子。'舜当了天子，尧带领诸侯朝见他，瞽瞍也朝见他。舜见到瞽瞍，神情局促不安。孔子说:'这个时候，天下危险得很啊!'不知道这话是真的吗?"

孟子曰:"否。此非君子之言,齐东野人之语也。尧老而舜摄(代理)也。《尧典》曰:'二十有八载,放勋乃徂(通"殂")落,百姓如丧考妣(古代称已故的父母),三年,四海遏(止)密(无声)八音(指各种音乐)。'孔子曰:'天无二日,民无二王。'舜既为天子矣,又帅天下诸侯以为尧三年丧,是二天子矣。"

咸丘蒙曰:"舜之不臣尧,则吾既得闻命矣。《诗》云:'普天之下,莫非王土;率土之滨,莫非王臣。'而舜既为天子矣,敢问瞽瞍之非臣,如何?"

曰:"是诗也,非是之谓也;劳于王事而不得养父母也。曰:'此莫非王事,我独贤劳也。'故说《诗》者,不以文害辞,不以辞害志(作品思想)。以意逆志,是为得之。如以辞而已矣,《云汉》之诗曰:'周余黎民,靡有孑遗。'信斯言也,是周无遗民也。孝子之至,莫大乎尊亲;尊亲之至,莫大乎以天下养。为天子父,尊之至也;以天下养,养之至也。《诗》曰:'永言孝思,孝思维则。'此之谓也。《书》曰:'祇(敬)载(侍奉)见瞽瞍,夔夔齐栗,瞽瞍亦允若。'是为父不

孟子说:"不。这话不是君子所说的,是齐国乡野之人的传言。尧年老时叫舜代理执政。《尧典》说:'舜代理了二十八年,尧才去世,人们像死了父母一样服丧三年,百姓停止了一切音乐。'孔子说:'天上没有两个太阳,人间没有两个天子。'如果舜此前已经是天子了,又带领天下诸侯为尧守丧三年,这便同时有两个天子了。"

咸丘蒙说:"舜没有以尧为臣,这个我已经得到您的教诲了。《诗经》说:'天下所有的土地,没有一处不归天子;四海之内的人,没有一个不是天子的臣民。'舜既然做了天子,瞽瞍却不称臣,请问这是为什么?"

孟子说:"这首诗,不是你所理解的那样;而是说为王事操劳不能奉养父母。诗中的意思是说:'这些都是天子的事务,为什么独我一个人劳苦呢?'所以解说《诗经》的人,不能拘泥于文字而误解语句,不能拘泥于语句而误解作者原意。要用自己的心志去推测作者的本意,才能得到诗的真谛。如果只看语句,《云汉》诗篇说:'周朝剩余的平民,没有一个存活。'若按字面理解这句话,就等于说周朝没有一个人存活下来。孝子孝到极致,就是尊敬父母;尊敬父母的最高程度,莫过于带领天下人奉养父母。作为天子的父亲,尊贵到了极致;以天下来奉养他,奉养达到了极致。《诗

得而子也（同"邪"）?"

经》说：'永久讲究孝道，孝道便成为天下法则。'讲的就是这个道理。《尚书》说：'舜恭敬地来见瞽瞍，以至谨慎颤抖，瞽瞍也就相信舜的诚心并顺理而行了。'这怎能说是父亲不能以他为子呢?"

【导读】

舜成为天子，仍然尊瞽瞍为父，未敢以瞽瞍为臣，这就是舜的孝敬方式和准则。一个人无论处于什么样的地位，孝敬父母应是第一位的。孟子所谓"诗言志"，明确语言只是载体、媒介，读诗贵在与诗人交流思想感情。孟子"以意逆志"的理念，不仅成为中国古代文学批评理论，而且受到后世文学批评家的推举。

9.5　万章曰："尧以天下与舜，有诸?"

万章问孟子："尧把天下给了舜，有这回事吗?"

孟子曰："否。天子不能以天下与人。"

孟子说："不。天子不能把天下给人。"

"然则舜有天下也，孰与之?"

万章问："那么舜得到天下，是谁给的呢?"

曰："天与之。"

孟子说："是上天给的。"

"天与之者，谆谆然命之乎?"

万章问："如果是上天给的，天有指令话语吗?"

曰："否。天不言，以行与事示之而已矣。"

孟子说："没有。上天不说话，是用行为和事实来示意而已。"

曰："以行与事示之者，如之何?"

万章问："用行为和事实来示意，是怎么回事呢?"

曰："天子能荐人于天，不能使天与之天下；诸侯能荐人于天子，不能使天子与之诸侯；大夫能荐人

孟子说："天子能向上天推荐人，却不能叫上天把天下交给人；诸侯能向天子推荐人，却不能叫天子让他做诸侯；大夫能

于诸侯，不能使诸侯与之大夫。昔者，尧荐舜于天，而天受之；暴（显露）之于民，而民受之。故曰：天不言，以行与事示之而已矣。"

曰："敢问荐之于天，而天受之；暴之于民，而民受之，如何？"

曰："使之主祭，而百神享之，是天受之；使之主事，而事治，百姓安之，是民受之也。天与之，人与之，故曰，天子不能以天下与人。舜相尧二十有八载，非人之所能为也，天也。尧崩，三年之丧毕，舜避尧之子于南河之南，天下诸侯朝觐者，不之尧之子而之舜；讼狱（打官司）者，不之尧之子而之舜；讴歌者，不讴歌尧之子而讴歌舜，故曰，天也。夫然后之中国（都城），践（即位）天子位焉。而居尧之宫，逼尧之子，是篡也，非天与也。《太誓》曰：'天视自我民视，天听自我民听。'此之谓也。"

向诸侯推荐人，却不能叫诸侯让他做大夫。从前，尧将舜推荐给上天，上天接受了；又将舜公开向百姓介绍，百姓接受了。所以说：上天不说话，只是用行为和事实来示意而已。"

万章问："向上天推荐，上天接受了；向百姓介绍，百姓也接受了，凭什么这样说？"

孟子说："尧派舜主持祭祀仪式，神灵都来享用，这是上天接受了；派舜主持政事，政事办理得井井有条，百姓都安居乐业，这就是百姓接受了。是上天把天下交给舜，是百姓把天下交给舜，所以说，天子不能把天下交给他人。舜辅佐尧二十八年，这不是单凭人力就能做到的，这有上天的力量。尧去世，守丧三年后，舜为了能让尧的儿子继承天下，一直跑到南河之南，结果天下诸侯朝拜天子时，不去拜见尧的儿子而去拜见舜；打官司的人，不去向尧的儿子诉说而去向舜诉说；歌颂的人，不歌颂尧的儿子而歌颂舜，所以说，这是天意。如此舜才回到中原，登上天子之位。如果居住于尧的宫殿，逼退尧的儿子，就是篡夺，而不是上天给的了。《尚书·泰誓》说：'上天是通过百姓的眼睛观察天下的，上天是通过百姓的耳朵听取天下人的意见的。'说的就是这个意思。"

【导读】

在禅让制的时代，一般人认为君权是由上一代的天子授予的，孟子则认为天子个人并没有权力把天下授予谁，只有上天和百姓才有这个权力。孟子既强调天人合一，又有"君权神授"的神秘色彩；同时强调得民心者得天下，有"民相约而后立君"的味道。孟子说舜之所以最终"之中国，践天子位"，完全是因为"天下诸侯朝觐者，不之尧之子而之舜；讼狱者，不之尧之子而之舜；讴歌者，不讴歌尧之子而讴歌舜"，与其说是天"授"，不如说是民"举"。

9.6　万章问曰："人有言：'至于禹而德衰，不传于贤，而传于子。'有诸？"

孟子曰："否，不然也。天与贤，则与贤；天与子，则与子。昔者，舜荐禹于天，十有七年，舜崩，三年之丧毕，禹避舜之子于阳城，天下之民从之，若尧崩之后不从尧之子而从舜也。禹荐益于天，七年，禹崩，三年之丧毕，益避禹之子于箕山之阴。朝觐讼狱者不之益而之启（禹之子），曰：'吾君之子也。'讴歌者不讴歌益而讴歌启，曰：'吾君之子也。'丹朱（尧之子，名朱，封于丹）之不肖，舜之子亦不肖。舜之相尧、禹之相舜也，历年多，施泽于民久。启贤，能敬承继禹之道。益之相禹也，历年少，施泽于民未久。舜、禹、益相去久远，其子之贤不肖，皆天也，非

万章问孟子："有人说：'到了禹的时候道德就衰微了，天下不传给贤人，而传给儿子。'有这样的事吗？"

孟子说："没有，不像传说的那样。上天想把天下给贤人，就会给贤人；上天想把天下给君主的儿子，就会给君主的儿子。从前，舜推荐禹给上天，经过十七年，舜去世，守丧三年后，禹为了能让舜的儿子继位而跑到阳城，天下的百姓都跟随着他，就像尧去世后不跟从尧的儿子而跟从舜一样。禹向上天推荐益，经过七年，禹去世，服丧三年后，益为了能让禹的儿子继位而跑到箕山的北面。朝见和打官司的人不去益那里而去启那里，他们说：'这是我们天子的儿子。'歌颂的人都不歌颂益而歌颂启，他们说：'这是我们天子的儿子。'尧的儿子丹朱不贤能，舜的儿子也不贤能。舜辅佐尧，禹辅佐舜，经历的岁月多，对百姓施予恩惠的时间也久。启很贤明，能恭敬地继承禹的治国之道。益辅佐禹，经历的岁月少，施予百姓恩

人之所能为也。莫之为而为者，天也；莫之致而至者，命也。匹夫而有天下者，德必若舜禹，而又有天子荐之者，故仲尼不有天下。继世（世代相传）以有天下，天之所废，必若桀纣者也，故益、伊尹（汤之贤相）、周公不有天下。伊尹相汤以王于天下，汤崩，太丁（汤的儿子，未立而死）未立，外丙（太丁之弟）二年，仲壬（太丁之弟）四年，太甲（太丁之子）颠覆汤之典刑，伊尹放之于桐，三年，太甲悔过，自怨自艾（自我反省，自我改过），于桐处仁迁义，三年，以听伊尹之训己也，复归于亳。周公之不有天下，犹益之于夏、伊尹之于殷也。孔子曰：'唐虞禅，夏后殷周继，其义一也。'"

惠的时间也短。舜、禹、益之间，相去久远，他们的儿子贤明或不贤明，都是天意，不是人的力量所能做到的。没有人叫他们这样做，而竟然这样做了，都是天意；不是人力所能招致的却自然来了，就是命运。一个百姓而能拥有天下，品德修养必然像舜和禹一样，而且还要有天子的推荐，所以孔子就没能拥有天下。世代相传而拥有天下的，上天所废弃的，必然是像夏桀、商纣那样的人，所以益、伊尹、周公也没能拥有天下。伊尹辅佐商汤统一了天下，商汤去世，太丁也没有做天子，外丙继位两年，仲壬在位四年，太甲破坏了商汤的典章法律，伊尹就把他流放到桐邑，过了三年，太甲悔过认罪，自我反省，在桐邑能够以仁居心，唯义是从，三年中，他听从伊尹对自己的训导，于是又回到亳都当了天子。周公之所以没能拥有天下，就和益在夏代、伊尹在殷朝一样。孔子说：'唐尧虞舜让贤，夏商周三代子孙继位相传，道理都是一样的。'"

【导读】

尧和舜的儿子不贤，故天不与之天下。禹的儿子夏启很贤明，也很孝顺，"能敬承继禹之道"，故而百姓称颂他为"吾君之子也"。故禹传位给益，百姓不认可他而认可启。这就说明贤明者，不仅要"孝"父母，还要奉行圣道。只有奉行圣道才能得到百姓的认可，才能继位而拥有天下。当然，即使奉行圣道者也不一定就能拥有天下，如伊尹、周公、孔子等都是奉行圣道者，却没能拥有天下。所以，不论是禅让还是子孙继位，奉行圣道是必要条件。

9.7　万章问曰："人有言：'伊尹以割烹要汤（相传伊尹想要接近汤，就做了厨师，通过烹饪之道游说汤，最后得到汤的重用）。'有诸？"

孟子曰："否，不然。伊尹耕于有莘之野，而乐尧舜之道焉。非其义也，非其道也，禄之以天下，弗顾也；系马千驷，弗视也。非其义也，非其道也，一介（通"芥"）不以与人，一介不以取诸人。汤使人以币聘之，嚣嚣然（不在乎的样子）曰：'我何以汤之聘币为哉？我岂若处畎亩之中，由是以乐尧舜之道哉？'汤三使往聘之，既而幡然改曰：'与我处畎亩之中，由是以乐尧舜之道，吾岂若使是君为尧舜之君哉？吾岂若使是民为尧舜之民哉？吾岂若于吾身亲见之哉？天之生此民也，使先知觉后知，使先觉觉后觉也。予，天民之先觉者也；予将以斯道觉斯民也。非予觉之，而谁也？'思天下之民匹夫匹妇有不被尧舜之泽者，若己推而内之沟中。其自任以天下之重如此，故就汤而说之以伐夏救民。吾未闻枉己而正人者也，况辱己以正天下者乎？圣人之行不同也，或远，或近；或去，或不去；归洁其身而已矣。吾闻其

万章问孟子："有人说：'伊尹曾以烹调滋味为路径向汤阐述治国之道。'有这回事吗？"

孟子说："没有，不是这样的。伊尹在莘国的郊野种田，推崇尧舜的治国之道。如果不合乎尧舜之道义，即使把天下的财富都作为俸禄给他，他也不屑一顾；即使给他四千匹马，他也不看一眼。如果不合乎尧舜之道义，他不会给别人一点东西，也不会接受别人一点东西。汤派人用皮币帛礼聘请他，他满不在乎地说：'我要汤的财物干什么呢？怎么能比得上我安于田野之中，在此推崇尧舜的治国之道的乐趣呢？'汤多次派人去聘请他，他突然改变了想法说：'我与其身居田野之中，在此推崇尧舜的治国之道，何不使现在的君主成为尧舜一样的君主呢？何不使现在的百姓成为尧舜治理下的百姓呢？我何不在有生之年亲眼看到这些呢？上天生育这些民众，使先明理的人启发后明理的人，使先觉悟的人启发后觉悟的人。上天生育我这个先觉悟的人，是要我用尧舜之道来启发百姓。我不去启发他们，还靠谁呢？'伊尹觉得天下的百姓，如果有人没受到尧舜之道的恩惠，就好像是自己将他们推进沟壑中一样。伊尹就是这样自愿把天下的重担挑在肩上的人，所以他到汤那里，劝说汤讨伐夏桀以拯救百

以尧舜之道要（劝说）汤，未闻以割烹也。《伊训》曰：'天诛造攻自牧宫，朕载自亳。'"

姓。我没有听说过有自身屈曲而能矫正别人的人，更何况屈辱自己而能够匡正天下的人呢？圣人的行事方式是与众不同的，有的远避君主，有的亲近君主；有的离开君主，有的不离开君主；归根到底，洁身自好而已。我只听说伊尹以尧舜之道劝说汤，却没有听说他以烹调滋味为路径劝说汤。《尚书·伊训》说：'上天的惩罚由夏桀自己造成，我只是自亳邑开始计划而已。'"

【导读】

伊尹自耕自食，自得自乐，根本不在乎名誉、财富和地位。然而，仅仅是自耕自食、自得自乐就能实现人生价值吗？就是遵循了尧舜之道吗？当然不是！所以伊尹幡然醒悟曰："与我处畎亩之中……非予觉之，而谁也？"孟子意在强调：一个人不能只求自己的快乐和幸福，应以拯救天下之民为己任。伊尹辅佐商汤推行尧舜之道，讨伐夏桀，清除暴政，挽救黎民，实现了商汤统一天下的愿望，此乃志士仁人的行为。所以孟子称赞他"其自任以天下之重如此"。

9.8　万章问曰："或谓孔子于卫主（以……为主人）痈疽（治痈疽的医生，是卫灵公宠信的宦官），于齐主侍人（宦官）瘠环（齐君的宠臣），有诸乎？"

孟子曰："否，不然也。好事者为之也。于卫主颜雠由（卫国的贤大夫）。弥子（卫灵公的宠臣弥子瑕）之妻与子路之妻，兄弟（古代姐妹亦称兄弟）也。弥子谓子路曰：'孔

万章问孟子："有人说孔子在卫国住在宦官痈疽家，在齐国住在宦官瘠环家，有这回事吗？"

孟子说："没有，不是这样的。这是好事之徒捏造出来的。孔子在卫国住在颜雠由家。弥子的妻子和子路的妻子是姐妹。弥子告诉子路说：'孔子住在我家，可以得到卫国的卿位。'子路将这话告诉孔子。孔

子主我，卫卿可得也。'子路以告。孔子曰：'有命。'孔子进以礼，退以义，得之不得曰'有命'。而主痈疽与侍人瘠环，是无义无命也。孔子不悦于鲁卫，遭宋桓司马（宋国大夫桓魋）将要（拦截）而杀之，微服而过宋。是时孔子当厄（处境艰难），主司城贞子，为陈侯周（陈国国君，名周）臣。吾闻观近臣，以其所为主；观远臣，以其所主。若孔子主痈疽与侍人瘠环，何以为孔子？"

子说：'这由命运决定。'孔子进依礼，退合义，得到或得不到都说是'一切由命运决定'。而如果住在痈疽和瘠环家，既不合礼义也不合天命。孔子在鲁国和卫国都不顺心，又遇上宋国的司马桓魋要拦截杀害他，于是就改变装束通过宋国。那个时候孔子正走厄运，曾暂避于司城贞子家，做了陈侯周的臣子。我听说，观察在朝的近臣，要看他用什么样的人；观察外来的远臣，要看他乐于被什么样的人任用。如果孔子住在宦官痈疽和瘠环家，还怎么能算是孔子呢？"

【导读】

孔子出仕是尊礼，辞官是尊义，至于自己能不能得到官职，他认为是由命运决定的。换言之，就是尽人事以待天命。爱护自身名节，对于君子来说是大事。孔子是圣人，不可能干佞臣所干的事。伊尹继承尧舜之道，以拯救天下民众为己任，孔子亦是继承尧舜之道，以拯救天下民众为己任。但孔子和伊尹所走的路径不同，伊尹遇伯乐，选择辅佐商汤平定天下；孔子未遇伯乐，不得已选择"先觉觉后觉"的普及平民教育的道路，仍坚持弘扬尧舜之道。

9.9　万章问曰："或曰：'百里奚（先为虞国大夫，后为秦国大夫，辅佐秦穆公成就霸业）自鬻（卖）于秦养牲者五羊之皮，食牛，以要秦穆公。'信乎？"

孟子曰："否，不然。好事者为之也。百里奚，虞人也。晋人以

万章问孟子："有人说：'百里奚把自己卖给秦国饲养牲畜的人，得到五张羊皮，去为人家喂牛，以此求取秦穆公的任用。'这话可信吗？"

孟子说："不，不是这样的。这是好事之徒编造出来的。百里奚是虞国人。晋国

垂棘之璧与屈产之乘假道于虞以伐虢(周时国名)。宫之奇谏，百里奚不谏，知虞公之不可谏而去之秦，年已七十矣，曾(居然)不知以食牛干秦穆公之为污(肮脏行为)也，可谓智乎？不可谏而不谏，可谓不智乎？知虞公之将亡而先去之，不可谓不智也。时举(被推举)于秦，知穆公之可与有行(有所作为)也而相之，可谓不智乎？相秦而显其君于天下，可传于后世，不贤而能之乎？自鬻以成其君，乡党自好者不为，而谓贤者为之乎？"

以垂棘产的璧玉和屈地产的良马为礼物，向虞国借路以便去征伐虢国。宫之奇劝谏虞君，百里奚不劝谏，因为他知道虞君是劝不住的，于是就离开去了秦国，他到秦国时，已有七十岁了，居然不知道以养牛的方式去接近秦穆公是一种卑劣的方式，这能说是明智吗？知道不可劝谏而不劝谏，能说是不明智吗？知道虞君将要被灭亡而事先离开，就不能不说是明智之举了。当在秦国被推荐时，知道秦穆公是可以帮助而有所作为的君主而辅佐，难道说不明智吗？辅佐秦国而使秦国的君主名扬天下并流传于后世，不贤明能做到这样吗？卖掉自己以成就君主，连乡里洁身自好的人都不肯干，难道说贤者倒肯这样做吗？"

【导读】

　　智者能看清天下大势，顺势而为而不逆势而动，百里奚有准确的预见性，可谓智者。孟子赞百里奚：知道昏庸糊涂的虞君不可谏而不谏，一智也；知道虞将灭亡而先行离去，二智也；知道秦穆公有作为而辅佐之，三智也。百里奚辅佐秦穆公而名扬天下，说明其是贤能之才。

万章章句下

（凡九章）

10.1　孟子曰："伯夷，目不视恶色，耳不听恶声。非其君，不事；非其民，不使。治则进，乱则退。横政之所出，横民之所止，不忍居也。思与乡人处，如以朝衣朝冠坐于涂炭也。当纣之时，居北海之滨，以待天下之清也。故闻伯夷之风者，顽（贪婪）夫廉，懦夫有立志。

"伊尹曰：'何事非君（语序为"何君非事"）？何使非民？'治亦进，乱亦进。曰：'天之生斯民也，使先知觉后知，使先觉觉后觉。予，天民之先觉者也。予将以此道觉此民也。'思天下之民匹夫匹妇有不与被尧舜之泽者，若己推而内之沟中——其自任以天下之重也。

孟子说："伯夷，眼睛不看邪恶的事物，耳朵不听邪恶的声音。不是理想的君主不侍奉；不是理想的百姓不使唤。天下太平就出来做事，天下混乱就退隐。暴政滥行的地方，暴民居住的地方，他都不愿在那里居住。认为和乡下无修养的人相处，就像穿戴着上朝的衣帽坐在污泥炭灰之上。当纣王乱政之时，他住在北海之滨等待天下清平。所以，在伯夷之风影响下，贪得无厌的人也会变得清廉，懦弱的人也会立志奋发。

"伊尹说：'什么样的君主不可以侍奉？什么样的百姓不可以使唤？'社会安定努力做事，社会混乱也努力做事。他还说：'上天生育这些百姓，并指派先明理的人启发后明理的人，指派先觉悟的人启发后觉悟的人。我是上天生育这些百姓中先觉悟的人。我要用尧舜之道来启发上天所生的百姓。'他觉得天下的百姓如果有人没受到尧舜之道恩泽的滋润，就好像是自己将他们

"柳下惠不羞污君，不辞小官。进不隐贤，必以其道。遗佚而不怨，厄穷而不悯。与乡人处，由由然不忍去也。'尔为尔，我为我，虽袒裼裸裎于我侧，尔焉能浼我哉?'故闻柳下惠之风者，鄙夫宽，薄夫敦（厚道）。

"孔子之去齐，接淅而行；去鲁，曰：'迟迟吾行也，去父母国之道也。'可以速而速，可以久而久，可以处而处，可以仕而仕，孔子也。"

孟子曰："伯夷，圣之清者也；伊尹，圣之任者也；柳下惠，圣之和者也；孔子，圣之时者也。孔子之谓集大成。集大成也者，金声而玉振之也。金声也者，始条理（节奏次第）也；玉振之也者，终条理也。始条理者，智之事也；终条理者，圣之事也。智，譬则巧也；圣，譬则力也。由射于百步之外也，其至，尔力也；其中，非尔力也。"

推进沟壑中一样。伊尹就是这样自愿把天下的重担挑在肩上的人。

"柳下惠不觉得侍奉昏君是耻辱，不会因官职小而辞职。他做事不隐藏自己的才干，但一定要按自己的原则行事。被冷落遗忘而隐逸也不怨恨，处于困窘之境也不忧愁。与乡里的人相处也很随便，不愿离开。他说：'你是你，我是我，即使你一丝不挂赤裸裸站在我身边，也不能迷惑沾染我！'所以，在柳下惠之风影响下，狭隘的人会变得宽容，刻薄的人会变得厚道。

"孔子离开齐国，不等把米淘完沥干就走；离开鲁国时，说：'我们慢慢地走吧，这是离开祖国的态度。'应该马上走就马上走，应该慢点走就慢点走，应该不做官就不做官，应该做官就做官，这就是孔子。"

孟子又说："伯夷是圣贤中清高的人，伊尹是圣贤中有责任感的人，柳下惠是圣贤中随和的人，孔子是圣贤中能够因时而变的人。孔子可称得上集大成的人。所谓集大成者，就好比奏乐时先敲击镈钟，最后击打玉磬结束一样。镈钟声是节奏旋律的开始，玉磬声是节奏旋律的终结。所谓节奏旋律的开始，是智的体现；所谓节奏旋律的终结，是圣的体现。所谓智，就好比技巧；所谓圣，就好比力量。这就像在百步之外射箭，箭能射到靶子上，是你的力量；箭能射中目标，就不仅仅是你的力量了。"

【导读】

伯夷之所以为圣人，在于他为人清廉，气节清高；伊尹之所以为圣人，在于他胜任工作，负责有担当；柳下惠之所以为圣人，在于他随和平易，与任何人相处都不会受不良的影响；孔子之所以为圣人，在于他能审时度势，顺应时势。圣人各具特点，前三者都因某种气质而被称赞，只有孔子是集大成者，能将"智"与"圣"相结合。孟子期望人们将"智""圣"作为精神追求。

10.2　北宫锜（卫国人）问曰："周室班（排列）爵禄也，如之何？"

孟子曰："其详不可得闻也。诸侯恶其害己也，而皆去（销毁）其籍，然而轲也尝闻其略也。天子一位，公一位，侯一位，伯一位，子、男同一位，凡五等也。君一位，卿一位，大夫一位，上士一位，中士一位，下士一位，凡六等。天子之制，地方千里，公侯皆方百里，伯七十里，子、男五十里，凡四等。不能（不足）五十里，不达于天子，附于诸侯，曰附庸（附属依托）。天子之卿受地视（参照）侯，大夫受地视伯，元士（上士）受地视子、男。大国地方百里，君十卿禄，卿禄四大夫，大夫倍上士，上士倍中士，中士倍下士，下士与庶人在官者同禄，禄足以代其耕也。次国地方七十里，君十卿禄，卿禄三大夫，大夫倍上士，上士倍中士，中

北宫锜问孟子："周朝排列爵位和俸禄的制度是怎样的？"

孟子说："详情已不得而知了。诸侯们厌恶它妨害了自己的利益而把那些文献都销毁了，但我也听说过大概的情况。天子是一级，公是一级，侯是一级，伯是一级，子、男同是一级，总共五个等级。君是一级，卿是一级，大夫是一级，上士是一级，中士是一级，下士是一级，总共六个等级。天子控制的地方，方圆千里，公、侯的封地方圆百里，伯的封地方圆七十里，子、男的封地方圆五十里，总共四个等级。不能达到方圆五十里的，不归天子直接管理，只能附属于诸侯，叫作附庸。天子朝中的卿所受的封地视同侯爵，大夫的封地视同伯爵，元士的封地视同子、男爵。大的诸侯国方圆百里，国君的俸禄十倍于卿，卿的俸禄四倍于大夫，大夫的俸禄倍于上士，上士倍于中士，中士倍于下士，下士与在官府服役的平民俸禄相同，俸禄足以抵得上他们耕种的收入。次一等的诸侯国

士倍下士，下士与庶人在官者同禄，禄足以代其耕也。小国地方五十里，君十卿禄，卿禄二大夫，大夫倍上士，上士倍中士，中士倍下士，下士与庶人在官者同禄，禄足以代其耕也。耕者之所获，一夫百亩；百亩之粪（施肥耕种），上农夫食九人，上次食八人，中食七人，中次食六人，下食五人。庶人在官者，其禄以是为差（等级）。"

方圆七十里，国君的俸禄十倍于卿，卿的俸禄三倍于大夫，大夫倍于上士，上士倍于中士，中士倍于下士，下士与在官府服役的平民俸禄相同，俸禄足以抵得上他们耕种的收入。小的诸侯国方圆五十里，国君的俸禄十倍于卿，卿的俸禄二倍于大夫，大夫倍于上士，上士倍于中士，中士倍于下士，下士与在官府服役的平民俸禄相同，俸禄足以抵得上他们耕种的收入。耕种者的收入大概是这样：一个农夫有百亩地，认真地耕种百亩地，上等的农夫可供养九人，稍次一点的可供养八人，中等的可供养七人，稍次一点的可供养六人，下等的可供养五人。百姓在官府服役的，俸禄比照这个来分等级。"

【导读】

治理国家需有章可循，有法可依。古代天子治国，都有基本章程。上至天子，下至庶民，都要按照基本章程行事。姑且不论这种章程是否合理，但从中可以感知，凡治理国家，必须要制定人们普遍认同的规章制度。孟子所言的周朝的爵位和俸禄等级制度，至春秋战国时期事实上已被废弃，但并不意味着这个制度是完全不合理的，因为这种制度在历史发展过程中起过积极作用。时移世易，社会在发展，人的思想认识在变化，治理国家的各种制度也需要不断修正，如此国家才能长治久安。

10.3 万章问曰："敢问友。"

孟子曰："不挟（倚仗）长，不挟贵，不挟兄弟而友。友也者，友其德也，不可以有挟也。孟献子

万章问孟子："请问交友的道理。"

孟子说："不倚仗年长，不倚仗自己地位高，不倚仗兄弟富贵来交朋友。交朋友，是以德相交往，不应该倚仗其他东西。孟

（世称仲孙蔑，春秋时期鲁国外交家、政治家，孟文伯之子，孟子先祖），百乘之家也，有友五人焉：乐正裘、牧仲，其三人，则予忘之矣。献子之与此五人者友也，无献子之家者也。此五人者，亦有献子之家，则不与之友矣。非惟百乘之家为然也，虽小国之君亦有之。费惠公曰：'吾于子思，则师之矣；吾于颜般，则友之矣；王顺、长息则事我者也。'非惟小国之君为然也，虽大国之君亦有之。晋平公之于亥唐（春秋时晋国贤人）也，入云则入，坐云则坐，食云则食；虽蔬食菜羹，未尝不饱，盖不敢不饱也。然终于此而已矣。弗与共天位也，弗与治天职也，弗与食天禄也，士之尊贤者也，非王公之尊贤也。舜尚见帝，帝馆甥（女婿）于贰室（副官），亦飨舜，迭为宾主，是天子而友匹夫也。用（以）下敬上，谓之贵贵；用上敬下，谓之尊贤。贵贵尊贤，其义一也。"

献子，是拥有兵车百乘的卿，有五个朋友：乐正裘、牧仲，其余三位我忘记了。孟献子同这五个人交朋友，抛掉了自己的身份地位。这五个人如果看重献子的身份地位，也就不会与他交朋友了。不仅是拥有兵车百乘的卿大夫如此，即使小国的国君也有这样的。费惠公说：'我把子思看成是老师，我把颜般看成是朋友，王顺、长息则是帮我办事的人。'不仅是小国的君主如此，即使是大国的君主也有这样的。晋平公对待亥唐，亥唐叫他进就进，叫他坐就坐，叫他吃饭就吃饭；哪怕是粗茶淡饭，从不会不吃饱，因情义不能不吃饱。然而晋平公也只能做到这一步了。并不与他共居官位，不与他共理政事，不与他共享俸禄，这只是士人对贤者的尊敬，不是王公贵族对贤者的尊敬。舜拜见尧，尧让女婿住在副宫，还宴请舜，尧也接受舜的宴请，二人互为宾主，这是天子与百姓为友。职位低的人尊敬职位高的人，叫作尊重贵人；职位高的人尊敬职位低的人，叫作尊敬贤人。尊重贵人，尊敬贤人，道理是一样的。"

【导读】

朋友是指志同道合、情意相投、情谊深厚的人，故交友应遵循"不挟长，不挟贵，不挟兄弟而友"的原则，不能掺杂"长""贵""兄弟"等外在因素，否则友谊就不纯粹了。孟子强调以德交友，"友也者，友其德也，不可以有挟也"，交友应看重其品德，若存有其他杂念，就是对"友"的亵渎。

10.4 万章问曰："敢问交际（指通过赠送礼物互相交往）何心也？"

孟子曰："恭也。"

曰："'却之却之为不恭'，何哉？"

曰："尊者赐之，曰：'其所取之者义乎，不义乎？'而后受之。以是为不恭，故弗却也。"

曰："请无以辞却之，以心却之，曰：'其取诸民之不义也。'而以他辞无受，不可乎？"

曰："其交也以道，其接也以礼，斯孔子受之矣。"

万章曰："今有御人（抢劫的强盗）于国门之外者，其交也以道，其馈也以礼，斯可受御（指抢来的东西）与？"

曰："不可。《康诰》曰：'杀越（抢劫）人于货，闵（行为强横）不畏死，凡民罔（没有）不譈（憎恶）。'是不待教而诛者也。殷受夏，周受殷，所不辞也。于今为烈，如之何其受之？"

曰："今之诸侯取之于民也，犹御也。苟善其礼际矣，斯君子受

万章问孟子："请问人与人交往互赠礼物，是什么心思？"

孟子说："表达恭敬。"

万章问："'一再拒绝人家的礼物，这是不恭敬的'，为什么？"

孟子说："尊贵的人赏赐的，自己先要想想：'他取得这些东西是正当的呢，还是不正当的呢？'然后才接受。这是不恭敬的，所以不要拒绝。"

万章问："先不直言拒绝，而只是在心里拒绝，暗想：'这东西是取自于百姓的不义之财。'然后以其他借口拒绝，难道不可以吗？"

孟子说："交往合乎道，接触合乎礼，这样孔子也会接受礼物的。"

万章问："假如现在有个在国都郊外拦路抢劫的人，他与人交往合乎道，他的馈赠也合乎礼，这样可以接受他劫来之物吗？"

孟子说："不可以。《尚书·康诰》说：'杀人而掠夺财物，蛮横不怕死，这种人是没有人不痛恨的。'这种人不必等待教育就可以诛杀。殷从夏承继这条法规，周又从殷承继这条法规，没有更改。如今这种杀人抢劫的现象愈演愈烈，如何能接受这种礼物呢？"

万章问："如今的诸侯，财物都取自百姓，如同拦路抢劫。假如他们以合乎礼义

之，敢问何说也？"

曰："子以为有王者作，将比（连同）今之诸侯而诛之乎？其教之不改而后诛之乎？夫谓非其有而取之者盗也，充类至义（充其类，极其义。指把标准上升到最严格的地步）之尽也。孔子之仕于鲁也，鲁人猎较（古代打猎，争夺猎物，夺得后用来祭祀，当时的风俗很崇尚这样，认为很吉祥），孔子亦猎较。猎较犹可，而况受其赐乎？"

曰："然则孔子之仕也，非事道与？"

曰："事道也。"

"事道奚猎较也？"

曰："孔子先簿正祭器（用文书规定祭祀用的祭品），不以四方之食供簿正。"

曰："奚不去也？"

曰："为之兆（开始）也。兆足以行矣，而不行，而后去，是以未尝有所终三年淹（停留）也。孔子有见行可之仕，有际可（礼遇特定对象）之仕，有公养（指国君养贤）之仕。于季桓子，见行可之仕也；于卫灵公，际可之仕也；于卫孝公

的方式将抢劫来的物品赏赐给别人，这样君子也可以接受，请问这是什么道理呢？"

孟子说："你认为如果有圣王兴起，对现在的诸侯是一律加以诛杀呢，还是杀经过教育仍不悔改的诸侯呢？如果把本不是他应有的而通过别的方式获得的都称作抢劫，这是把'抢劫'的含义扩大化了。孔子在鲁国当官的时候，鲁国人有争夺猎物的习俗，孔子也争夺猎物。争夺猎物尚且可以，何况接受他们的赏赐呢？"

万章问："孔子之所以当官，不是为了推行正道吗？"

孟子说："是为了推行正道。"

万章问："推行正道还去争夺猎物吗？"

孟子说："孔子先用文书规定祭祀所用的器物与祭品，不让四方献来的食物作祭祀之用（这样就可以逐渐废除争夺猎物的习俗了）。"

万章问："孔子为什么不辞官而走呢？"

孟子说："他是为了验证一下自己的政治主张。经验证政治主张可以施行而国君不推行，他才离开，所以他没有在一个朝廷停留超过三年的。孔子有时见道可推行而出来做官，有时因为国君以礼相待而出来当官，有时因国君养贤而当官。对于季桓子，是因为可行道而当官；对于卫灵公，

（史无记载，猜测是卫出公，因《史记》说卫出公曾有意任用孔子），公养之仕也。"

是因为以礼相待而当官；对于卫孝公，是因为国君养贤才当官。"

🌀 【导读】

　　孟子认为：君主的掠夺与强盗的抢劫是有区别的。一方面是因为君主代表国家，其搜刮的财物部分用于国家开支。另一方面国家政权的存在是必要的，人们不可能把天下所有不义的君主统统废除杀掉；即便有王者出现，推行仁爱正义，也只能将少数罪大恶极者法办，大部分人还是立足教育，让其悔改。所以孟子主张对于君主按照礼赠送的财物还是应当接受。孔子接受统治者的俸禄为官原因有三：一是可以试行自己的政治主张，二是国君以礼相待，三是国君供养贤人。儒家在出仕问题上，重点关注有道还是无道，国君是尊道还是悖道，并不主张一味地追溯其原罪。孟子对待当时的诸侯，务实且彰显智慧，持更为现实的态度，认为君主只要有意行善，乐意从道，贤者就可以出仕与其合作。

　　10.5　孟子曰："仕非为贫也，而有时乎为贫；娶妻非为养（孝养父母）也，而有时乎为养。为贫者，辞尊居卑，辞富居贫。辞尊居卑，辞富居贫，恶乎宜乎？抱关（守关）击柝（巡夜打更）。孔子尝为委吏（管仓库的小官）矣，曰：'会计当而已矣。'尝为乘田（管理畜牧的小官）矣，曰：'牛羊茁壮长而已矣。'位卑而言高，罪也；立乎人之本朝，而道不行，耻也。"

　　孟子说："出来做官并不是因为贫穷，但有时也是因为贫穷；娶妻不是为了奉养父母，但有时也是为了奉养父母。如果是因为贫穷，那就应该辞去尊贵的而居于卑贱的，辞去俸禄多的而接受俸禄少的。辞去尊贵的而居于卑贱的，辞去俸禄多的而接受俸禄少的，居于什么样的位置才合适呢？那就是守关打更。孔子曾经做过管理仓库的小官，他说：'把账簿记得正确就行了。'他也曾做过管理畜牧的小官，他说：'牛羊能茁壮成长就行了。'如果职位很低却去议论国事，是罪过；身在朝廷做官，而自己的正义主张没有得到施行，是耻辱。"

【导读】

一个人如果不是为了温饱而仕，而是为了实现自己的政治抱负而仕，那么"立乎人之本朝"，就应该关心国家大事，尽到自己的一份责任。否则，"道不行"就是耻辱。孔子说"不在其位不谋其政"，也就是担任什么角色就做什么样的事，说什么样的话，尽什么样的力。即便是圣人孔子，管账就管好账，管理畜牧就管理好畜牧。当官无法行其道，不当官又难以解决生活问题，怎么办？孟子认为：为生计而出仕，可辞高位而就低位，辞厚禄之位而就薄禄之位，既能防获"罪"，又能免陷"耻"。

10.6　万章曰："士之不托（依附）诸侯，何也？"

孟子曰："不敢也。诸侯失国，而后托于诸侯，礼也；士之托于诸侯，非礼也。"

万章曰："君馈之粟，则受之乎？"

曰："受之。"

"受之何义也？"

曰："君之于氓（他国流亡来的人）也，固周（救济）之。"

曰："周之则受，赐之则不受，何也？"

曰："不敢也。"

曰："敢问其不敢何也？"

曰："抱关击柝者皆有常职以食于上。无常职而赐于上者，以为不恭也。"

曰："君馈之，则受之，不识可常继乎？"

万章问孟子："士人不依附诸侯，这是什么道理呢？"

孟子说："不敢依附。诸侯失去了自己的国家，然后去依附其他诸侯，符合礼；士人依附诸侯，不合礼。"

万章问："如果国君赠送粮食，可以接受吗？"

孟子说："可以接受。"

万章问："接受馈赠又是什么道理呢？"

孟子说："国君对于流亡来的百姓，也是要周济的。"

万章说："周济则接受，赏赐则不接受，这又是什么道理呢？"

孟子说："是不敢接受呀。"

万章问："为什么说不敢呢？"

孟子说："守关打更的人都有固定的工作并能从上面领取俸禄。没有固定工作而接受上面的赏赐，被人认为是不恭敬的人。"

万章问："国君赠送，就接受，不知道是否可以经常这样？"

曰："缪公之于子思也，亟（屡次）问，亟馈鼎肉。子思不悦。于卒也，摽（biāo，挥手让人离开）使者出诸大门之外，北面稽首再拜而不受，曰：'今而后知君之犬马畜伋。'盖自是台无馈也。悦贤不能举，又不能养也，可谓悦贤乎？"

曰："敢问国君欲养君子，如何斯可谓养矣？"

曰："以君命将（送）之，再拜稽首而受。其后廪人继粟，庖人继肉，不以君命将之。子思以为鼎肉使己仆仆尔（烦扰的样子）亟拜也，非养君子之道也。尧之于舜也，使其子九男事之，二女女（将女儿嫁为人妻）焉，百官牛羊仓廪备，以养舜于畎亩之中，后举而加诸上位，故曰，王公之尊贤者也。"

孟子说："鲁缪公对于子思，多次派人慰问，多次送给他肉食。子思对此很不高兴。最终，子思把派来的使者赶出大门之外，向北面叩头作揖而拒绝接受馈赠，说：'至今才知道君主是把我当成犬马来畜养。'从此缪公不再派人送东西了。喜欢贤才又不重用，又不能用养贤的方法来对待，这能说是喜欢贤才吗？"

万章问："请问国君想养贤，怎么样才算得上是养贤呢？"

孟子说："用国君的名义送来礼物，依礼要两次跪拜叩头然后才能接受。以后管仓库的人不断送来粮食，管厨房的人不断送来肉食，都不是用国君的名义。子思认为为了几块煮熟的肉食使自己辛苦地多次跪拜，这不是养贤的做法。尧对待舜，派自己的九个儿子侍奉舜，又把两个女儿嫁给舜，百官、牛羊、粮食等都齐备了，使舜在田野中接受供养，然后才推举他担任很高的职位，所以说，这是王公尊贤的典范。"

【导读】

万章认为：若能提高生活质量，"寄人篱下"也是可以的。孟子认为这不符合社会行为规范。人在青少年时期，父母供养其读书，就应该刻苦学习，如果成年了还没有读出名堂来，就该去打工，即使"抱关击柝"，也可养家糊口。如果一心想要国家来供养，将会养成懒惰的习性。如果愿意"寄人篱下"，托庇于诸侯而锦衣玉食，那就丧失了人格气节。贤人需要从人格上得到尊重，国君不仅要养贤，更要尊贤用贤。欣赏一个贤人，不只是给他好的待遇，更要尊重他，重用他。尧尊重且重用舜，不仅把自己的女儿嫁给舜，还把天下禅让给舜，让舜得以施展才干抱负，成为圣王，此乃真正尊贤用贤。

10.7　万章曰："敢问不见诸侯，何义也？"

孟子曰："在国曰市井之臣，在野曰草莽之臣，皆谓庶人。庶人不传质为臣，不敢见于诸侯，礼也。"

万章曰："庶人，召之役，则往役；君欲见之，召之，则不往见之，何也？"

曰："往役，义也；往见，不义也。且君之欲见之也，何为也哉？"

曰："为其多闻也，为其贤也。"

曰："为其多闻也，则天子不召师，而况诸侯乎？为其贤也，则吾未闻欲见贤而召之也。缪公亟见于子思，曰：'古千乘之国以友士，何如？'子思不悦，曰：'古之人有言曰，事之云乎（句末语气词，无意义），岂曰友之云乎？'子思之不悦也，岂不曰：'以位，则子，君也；我，臣也，何敢与君友也？以德，则子事我者也，奚可以与我友？'千乘之君求与之友而不可得

万章问孟子："请问士子不去见诸侯，是什么道理？"

孟子说："不曾有过职位的人，住在城中的叫市井臣民，住在乡下的叫草野臣民，都是百姓。百姓不给诸侯送礼称臣，是不敢见诸侯的，这合乎礼。"

万章问："作为百姓，要他去服役，他就去服役；君主想见他，召他，而他却不去见，这是什么道理呢？"

孟子说："去服役，合乎义；去拜见，就不合乎义了。况且君主之所以想见到这个人，为的是什么呢？"

万章说："可能是因为这个人见多识广，品德高尚。"

孟子说："如果因为见多识广而召见，天子都不能随便召见自己的老师，何况诸侯呢？如果因为品德高尚而召见，那么我从来没有听说过想见贤人而召他来见的。鲁缪公多次见子思，说：'古代千乘之国的国君若同士人交友，是怎样的呢？'子思很不高兴地说：'古代人是说侍奉贤人，哪里说是交友呢？'子思之所以不高兴，难道不是这样的意思吗：'论地位，你是君主，我是臣子，哪敢与君主交朋友呢？论道德，你视我为师，怎么可以与我交朋友呢？'有

也，而况可召与？齐景公田，招虞人以旌，不至，将杀之。志士不忘在沟壑，勇士不忘丧其元。孔子奚取焉？取非其招不往也。"

曰："敢问招虞人何以？"

曰："以皮冠。庶人以旃（zhān，赤色的曲柄旗），士以旂（qí，带有铃铛的旗），大夫以旌。以大夫之招招虞人，虞人死不敢往；以士之招招庶人，庶人岂敢往哉？况乎以不贤人之招招贤人乎？欲见贤人而不以其道，犹欲其入而闭之门也。夫义，路也；礼，门也。惟君子能由是路，出入是门也。《诗》云：'周道如底（通"砥"），其直如矢。君子所履，小人所视（效法）。'"

万章曰："孔子，君命召，不俟驾而行。然则孔子非与？"

曰："孔子当仕有官职，而以其官召之也。"

千辆兵车的国君想与他交朋友都不可以，更何况是召见呢？从前齐景公田猎时，用旌旗召唤管理园林的官吏而召唤不来，就想杀掉他。有志之士不怕抛尸沟壑，有勇之士不怕掉脑袋。孔子称赞管理园林的小吏，是取他哪一点呢？取的是他不符合自己身份之礼的召唤不前往。"

万章问："召唤管理园林的官吏应该用什么呢？"

孟子说："用皮帽子。召唤百姓用旃，召唤士人用旂，召唤大夫用旌。用召唤大夫的旗召唤管理园林的官吏，管理园林的官吏死也不敢去；用召唤士人的旗召唤百姓，百姓怎么敢前去呢？更何况用召唤不贤能的人的礼节召唤贤能的人呢？想见贤能的人而不遵守一定的礼节，就好比请人家进来却紧闭着大门。义好比大路，礼好比大门。唯有君子能走这条路，能出入这扇门。《诗经》说：'大路像磨刀石一样平，像箭一样直。君子走在这条路上，是小人所必须效法的。'"

万章问："孔子，听到君主召唤，不等马车驾好就先出发了。那么孔子错了吗？"

孟子说："孔子当官，有官职在身，国君用合乎他官职之礼召唤他。"

【导读】

天子诸侯之于官，以君臣之义统摄之；于民，则以君民之义；于贤，其可师不可友。国君既然认为某人贤且多闻，就应尊贤为师，当然不可以友召之。君子以友辅仁，以仁合，以德聚。贤者自处以义，故虽虞人之贱，宁死，非其招不往也。贤者处人以礼，故虽千乘之君求友，子思不悦。贤者必须坚守以义为路，以礼为门。孟子主张士人应该积极出仕，但必须保持独立人格。

10.8　孟子谓万章曰："一乡之善士（贤达之人）斯友一乡之善士，一国之善士斯友一国之善士，天下之善士斯友天下之善士。以友天下之善士为未足，又尚（向上追溯）论古之人。颂（朗读，背诵）其诗，读其书，不知其人，可乎？是以论其世也。是尚友也。"

孟子对万章说："一个乡的贤达之士，自然想与整个乡的贤达之士交朋友；一个国家的贤达之士，自然想与整个国家的贤达之士交朋友；影响天下的贤达之士，自然想与整个天下的贤达之士交朋友。如果认为与全天下的贤达之士交朋友还不够，又可追论古代贤达之士。吟诵他们的诗，研读他们的书，而不了解他们的为人，可以吗？所以要研究他们所处的时代。这就是追溯历史并与古人交朋友。"

【导读】

文学作品和作家本人的生活经历以及时代背景有着极为密切的关系，因而只有知其人、论其世，即了解作者的生活经历和写作的时代背景，才能客观正确地理解和把握文学作品的思想内容。孟子知人论世理论对后世的文学批评产生了深远的影响。知人论世，就是在"论世"基础上，才能真正"知人"，论世知人才能对作品做出正确的评价。清代章学诚在《文史通义·文德》中说："不知古人之世，不可妄论古人文辞也。知其世矣，不知古人之身处，亦不可以遽论其文也。"知人论世有助于读懂作品，而越是深入阅读作者的作品，也就越能加深对作者思想的理解。

10.9　齐宣王问卿。孟子曰："王何卿之问也？"

王曰："卿不同乎？"

齐宣王向孟子请教关于公卿的事情。

孟子说："大王问的是什么卿？"

齐宣王说："难道卿还有不同吗？"

曰："不同。有贵戚之卿，有异姓之卿。"

王曰："请问贵戚之卿。"

曰："君有大过则谏，反覆之而不听，则易位。"

王勃然变乎色。

曰："王勿异（惊讶）也。王问臣，臣不敢不以正（诚）对。"

王色定，然后请问异姓之卿。

曰："君有过则谏，反覆之而不听，则去。"

孟子说："是有不同。有和王室同宗的公卿，有非王族的异姓公卿。"

齐宣王说："请问和王室同宗的公卿。"

孟子说："国君有大的过错他们则劝谏，反复劝谏不听，就另立国君。"

齐宣王脸色一下子变得很难看。

孟子说："大王不要见怪。大王问我，我不敢不真诚地回答。"

齐宣王心情平静下来，然后问非王族的异姓公卿。

孟子说："国君有过错他们则劝谏，反复劝谏不听，他们就辞职离开。"

【导读】

孟子认为：王室宗族之卿与君王有亲亲之恩，无可去之义，理当以宗庙社稷为重，不能坐视国亡，因而当君王有重大错误又不听劝谏时，就可以另立新君。在孟子看来，"易位"如果是出于个人私欲或党派之争，那就叫篡权、政变；如果是为了维护国家和宗族利益，就是正义合法的，也必然会得到人民的拥护。异姓之卿，既没有王室宗族之卿那么大的权力，也没有那么大的职责，与君王的关系是合则留不合则去——能劝谏就劝谏，不能劝谏就辞职。

告子章句上

（凡二十章）

11.1　告子曰："性犹杞柳（也叫红皮柳，枝条可编器物）也，义犹桮棬（bēi quān，杯盘类的容器）也；以人性为仁义，犹以杞柳为桮棬。"

孟子曰："子能顺杞柳之性而以为桮棬乎？将戕贼（残害）杞柳而后以为桮棬也？如将戕贼杞柳而以为桮棬，则亦将戕贼人以为仁义与？率天下之人而祸仁义者，必子之言夫！"

告子说："人性好比是红皮柳，仁义好比是杯盘；使人性体现为仁义，就好比是把红皮柳制成杯盘。"

孟子说："你是顺着红皮柳的本性来做成杯盘呢，还是伤害它的本性来做成杯盘？假如说要伤害红皮柳的本性来做成杯盘，那么你也会伤害人的本性来使人体现仁义吗？带领天下人来祸害仁义的，必定是你这种言论。"

【导读】

孟子与告子都是战国时人，孟子持性善说，告子持无善无恶说。告子认为道德并非天赋，而是后天人为的结果。仅就桮棬与杞柳的关系而言，杞柳只是一种树，并无桮棬之形，不一定为桮棬。将杞柳制成桮棬，是因为杞柳具有"向着作为桮棬而生成"的自然特性，顺其本性即可制成桮棬。由杞柳到成为桮棬，可能存在着两个相反的方面：一方面成桮棬必然要改变杞柳之本然特性，具有戕害的特点；另一方面桮棬之制成，是依循杞柳自身的内在纹理而成，具有顺成的特点。在此，孟子强调应顺着杞柳的本然特性而成桮棬，即顺其本性而为，反对戕害杞柳之本然而成桮棬，也就是反对戕害人之本性而体现仁义。

11.2　告子曰："性犹湍水也，决诸东方则东流，决诸西方则西流。人性之无分于善不善也，犹水之无分于东西也。"

孟子曰："水信（确实）无分于东西，无分于上下乎？人性之善也，犹水之就下也。人无有不善，水无有不下。今夫水，搏（拍打）而跃之，可使过颡（sǎng，额头）；激（用戽斗抽水）而行之，可使在山。是岂水之性哉？其势则然也。人之可使为不善，其性亦犹是也。"

告子说："人性就好比急流的水，在东边冲开缺口就向东流，在西边冲开缺口就向西流。所以人性不分善与不善，就好比水不分东西。"

孟子说："水确实不分东西，但是不分上下吗？人的本性是善良的，就好比水向下流。人的本性没有不善良的，水的本性没有不向下流的。如今的水，被击打就可以溅得很高，可以使它高过额头；用戽（hù）斗抽水使水倒行，可以使它流上山岗。这难道是水的本性吗？是外部力量使它这样的。人之所以会做坏事，其性之变化就如同水迫于外部力量而往上流一样。"

【导读】

告子以水流无分东西做类比，得出人性无善恶之分的结论；孟子也以水流做类比，用水往下流来说明人性本善。然而孟子也承认，水迫势激跃，失其本真。人性之所以有不善，非其本真，亦如搏激水而使之溅起也。孟子的这种看法给我们如何引导和教育人提供了重要启示。

11.3　告子曰："生之谓性。"

孟子曰："生之谓性也，犹白之谓白与？"

曰："然。"

"白羽之白也，犹白雪之白；白雪之白，犹白玉之白与？"

曰："然。"

告子说："天生的资质就称为性。"

孟子说："天生的资质就称为性，那就等于说白色的东西就称为白吗？"

告子说："是的。"

孟子说："那么白色羽毛的白，就好比是白雪的白；白雪的白，就好比是白玉的白吗？"

告子说："是的。"

"然则犬之性犹牛之性，牛之性犹人之性与？"

孟子说："那么狗的本性就好比是牛的本性，牛的本性就好比是人的本性吗？"

【导读】

"生之谓性"是告子关于万物本性的认识，他认为"生即是性，性即是生"，生和性是相同的。孟子认为，天地万物，虽然有种类相同之物，但却绝无本性相同之物，生和性也是不同的，而告子的"生之谓性"认识，错把人生的一切知觉、爱好都视为性。孟子认为，人的良知良能是本性。

11.4　告子曰："食色，性也。仁，内也，非外也；义，外也，非内也。"

孟子曰："何以谓仁内义外也？"

曰："彼长（年龄大）而我长（尊敬）之，非有长于我也；犹彼白而我白之，从其白于外也，故谓之外也。"

曰："异于（一般认为"异于"两字是多出来的）白马之白也，无以异于白人之白也；不识长马之长也，无以异于长人之长与？且谓长者义乎？长之者义乎？"

曰："吾弟则爱之，秦人之弟则不爱也，是以我为悦者也，故谓之内。长楚人之长，亦长吾之长，是以长为悦者也，故谓之外也。"

曰："耆（通"嗜"）秦人之炙，

告子说："喜欢美味美色是人的本性。仁是内在的，不是外在的；义是外在的，不是内在的。"

孟子问："为什么说仁内义外呢？"

告子说："因对方年长我才尊敬他，尊敬之心不是我固有的；就好比那东西是白色而我才认为它白，是随从它白色外表而确定的，所以说义是外在的。"

孟子说："白马的白和白人的白也许没有不同，但不知对老马的怜悯之心和对老人的尊敬之心是不是也没有不同？所谓义，取决于长者还是取决于尊敬长者的人呢？"

告子说："我的弟弟我就爱他，秦国人的弟弟我就不爱他了，这是因为我内心喜悦不同，所以说仁是内在的。尊敬楚国人的长者，也尊敬我的长者，是因为他们年长才尊敬的，所以说义是外在的。"

孟子说："喜欢吃秦国人的烤肉和喜欢

无以异于耆吾炙，夫物则亦有然者也，然则耆炙亦有外欤？"

吃自己的烤肉没有不同，各种事物都有类似的情形，难道说喜欢吃烤肉之心也是外在的吗？"

【导读】

本章讨论的重点从内在的心理善恶延伸到了外在的行为方式。告子认为内在的仁和外在的义是不同的，是不相干的。孟子认为人的外在行为方式源于内心的善恶，内心嗜好烤肉，才会有吃烤肉的外在的行为方式。换言之，内心有善良的存在，才会显示出善良的行为；如果内心是邪恶的，那就很难有善良的行为。所以，仁与义是不可分割的，都是内在的。

11.5 孟季子问公都子曰："何以谓义内也？"

曰："行（发出）吾敬，故谓之内也。"

"乡人长于伯兄一岁，则谁敬？"

曰："敬兄。"

"酌（斟酒）则谁先？"

曰："先酌乡人。"

"所敬在此，所长在彼，果在外，非由内也。"

公都子不能答，以告孟子。

孟子曰："敬叔父乎？敬弟乎？彼将曰：'敬叔父。'曰：'弟为尸（指古时祭祀时以儿童作为受祭的代理人），则谁敬？'彼将曰：'敬弟。'子曰：

孟季子问公都子说："凭什么说义是内在的？"

公都子说："敬意是从我的内心发出，所以说是内在的。"

孟季子问："有一个乡里的人比你兄长大一岁，该尊敬谁呢？"

公都子说："尊敬兄长。"

孟季子问："斟酒时先给谁斟呢？"

公都子说："先给乡里人。"

孟季子说："你内心尊敬的是兄长，所表现出的却是恭敬对待他人，可见义是外在的，不是由内心发出的。"

公都子不能应答，便把这事告诉孟子。

孟子说："应该尊敬叔父呢，还是尊敬弟弟呢？他会说：'尊敬叔父。'你说：'弟弟是祭祀时受祭的代理人，那该尊敬谁呢？'他会说：'尊敬弟弟。'你就说：'为什

'恶(怎么)在其敬叔父也?' 彼将曰：'在位故也。'子亦曰：'在位故也。庸(平常)敬在兄，斯须(暂时)之敬在乡人。'"

季子闻之，曰："敬叔父则敬，敬弟则敬，果在外，非由内也。"

公都子曰："冬日则饮汤，夏日则饮水，然则饮食亦在外也?"

么又说要尊敬叔父呢?'他会说：'这是因其所处地位决定的。'你就说：'是因为地位的缘故，平时尊敬兄长，临时恭敬地对待乡里人。'"

孟季子听了这番话后，说："尊敬叔父和在特定情况下尊敬弟弟，毕竟是外在情况决定的，并不是由内心发出的。"

公都子说："冬天则喝热水，夏天则喝凉水，难道饮食也是外在的吗?"

【导读】

　　孟季子也认为人的行为是外在的，虽然尊敬兄长，但在宴席上还是要恭恭敬敬地先给乡人斟酒，这种行为不能说是内在的。孟季子忽略了一个问题，人必须先要有内在的恭敬的情感才会产生恭敬的行为。一个对社会充满仇恨的人，心中只有憎恨，恨一切人和事，就不可能有恭敬待人的行为。一个人表现出恭敬的行为，就说明这个人的内心里有恭敬待人的意识；就像天气变冷了，内心里有需要喝热水的意识一样，如果没有需要喝热水的意识，那他只会喝凉水。故人的行为是由内在的意识决定的，也就是说义是内在的。

　　11.6　公都子曰："告子曰：'性无善无不善也。'或曰：'性可以为善，可以为不善。是故文武兴，则民好善；幽厉兴，则民好暴。'或曰：'有性善，有性不善。是故以尧为君而有象；以瞽瞍为父而有舜；以纣为兄之子，且以为君，而有微子启(纣王的哥哥)、王子比干(纣王的叔叔)。'今曰'性善'，然则彼皆非与?"

　　公都子说："告子说：'人性无所谓善恶。'有人说：'人性可以是善的，也可以是恶的。所以文王、武王兴起，百姓就好善；幽王、厉王兴起，百姓就向恶。'还有人说：'有的人本性善，有的人本性恶。因此尧为君时还有象这样的恶人；恶父瞽瞍还有舜这样贤德的儿子；以纣这样恶的侄儿，而且为君王，却还有微子启、王子比干这样的仁人。'假如说'人性本善'，那么他们说的都不对吗?"

孟子曰："乃若（发语辞）其情（天生资质），则可以为善矣，乃所谓善也。若夫为不善，非才（天生资质）之罪也。恻隐之心，人皆有之；羞恶之心，人皆有之；恭敬之心，人皆有之；是非之心，人皆有之。恻隐之心，仁也；羞恶之心，义也；恭敬之心，礼也；是非之心，智也。仁义礼智，非由外铄（渗入）我也，我固有之也，弗思耳矣。故曰：'求则得之，舍则失之。'或相倍蓰（xǐ，五倍）而无算（无数倍）者，不能尽其才者也。《诗》曰：'天生蒸（众）民，有物有则。民之秉彝（常道），好是懿德。'孔子曰：'为此诗者，其知道乎！故有物必有则；民之秉彝也，故好是懿德。'"

孟子说："人本来的性情，是可以行善的，这就是我所说的人性善。至于有的人行恶，那不是人的本性。同情心，人人都有；羞耻心，人人都有；恭敬心，人人都有；是非心，人人都有。同情心，就是仁；羞耻心，就是义；恭敬心，就是礼；是非心，就是智。仁、义、礼、智，不是由外面渗入我内心的，是我本来就有的，只是未曾探究它罢了。所以说：'探求就可以获得，放弃便会失去。'人与人相差一倍、五倍乃至无数倍，就是因为他们发挥自身善性的程度不同。《诗经》说：'天生育众民，万物皆有规则。众民都遵循常道，崇尚美德。'孔子说：'作这首诗的人是真正懂得道啊！所以他才说万物皆有规则，众民都遵循常道，所以才崇尚美德。'"

【导读】

在古代先哲的心目中，天是至善的代名词，天赋予的德自然是善，而民所秉执的常性是好此"懿德"，也就意味着人性是好美德的，是善的。"蒸民"乃一切的人；"则"是法则，即"为人之道"；"秉彝"是天赋予人的恒常持久的"性"，"好是懿德"的"德"，如《易经》所说"夫人者，与天地合其德"的"德"，是天地的本质，亦即"天命在人内的性"，因而，"懿德"便是好善恶恶的"性"。这"性"来自天命，遵之行之必可使自己的生命"扩而充之，足以保四海"。人性本善，是因为人本来就有"四心"，仁义礼智四种品质是人固有的，只不过平时人们没有去探究它罢了。孟子说"求则得之，舍则失之"，希望人们不断扩充自身天生善质。

11.7 孟子曰："富岁（丰年），子弟多赖（今作"懒"）；凶岁，子弟多暴，非天之降才尔殊也，其所以陷溺其心者然也。今夫麰麦（大麦。麰音 móu），播种而耰（yōu，用耰来平土）之，其地同，树（种植）之时又同，浡然而生，至于日至（夏至）之时，皆熟矣。虽有不同，则地有肥硗（qiāo，土地贫瘠）、雨露之养、人事之不齐也。故凡同类者，举相似也，何独至于人而疑之？圣人，与我同类者。故龙子（古代贤人）曰：'不知足而为屦，我知其不为蒉（土筐）也。'屦之相似，天下之足同也。口之于味，有同耆也；易牙（齐桓公的宠臣，据说擅长烹饪）先得我口之所耆者也。如使口之于味也，其性与人殊，若犬马之与我不同类也，则天下何耆皆从易牙之于味也？至于味，天下期于易牙，是天下之口相似也。惟耳亦然。至于声，天下期于师旷，是天下之耳相似也。惟目亦然。至于子都，天下莫不知其姣也。不知子都之姣者，无目者也。故曰，口之于味也，有同耆焉；耳之于声也，有同听焉；目之于色也，有同美焉。至于心，独无所同然乎？心之所同然者何

孟子说："丰年少年子弟多懒惰，荒年少年子弟多凶暴，这不是上天赋予他们的资质不同，而是环境使他们心变坏的缘故。比如种大麦，把地播种，如果土地相同，栽种时节也相同，便会蓬勃生长，到了夏至时都会成熟。若收获有所不同，那是由于土地有肥有瘠、雨露滋养不同、人工勤惰不同。所以凡是同类大体都相同，为什么单单对人要怀疑呢？圣人与我们是同类。所以龙子说：'不知道脚的形状就编草鞋，我知道绝对不会编成草筐子。'草鞋式样都相似，是因为人的脚大体相同。口对于味道，有相同的嗜好；易牙早就弄清我们口味的嗜好。假如口对于味道人与人不同，就像狗、马与我们不同，那么天下人的嗜好为什么还要随从易牙的口味呢？讲到口味，天下人都期望尝到易牙烹制的菜，可见天下人口味都是相同的。耳朵也是如此。讲到声音，天下人都期望听到师旷演奏，可见天下人耳力都是相同的。眼睛也是如此。讲到子都，天下没有人不知道他长得美。不知道子都长得美的人就是没长眼睛的人。所以说，口对于味，有相同的嗜好；耳朵对于声音，有相同的听觉；眼睛对于颜色，有相同的美感。讲到内心，唯独没有相同的地方吗？内心相同之处是什么呢？是理是义。圣人早就知道我们内心有相同的理义。所以理义使人内心得到喜悦，

也？谓理也，义也。圣人先得我心
之所同然耳。故理义之悦我心，犹
刍豢（指各种牲畜）之悦我口。"

就好比牛羊猪狗肉使人的味觉愉悦一样。"

【导读】

刍豢悦口、理义悦心，说明人类有共同之性，所以对物质和精神的追求才会有相同之处。"刍豢之悦我口"所涉是感官知觉，是物欲满足；"理义之悦我心"所涉是道德判断，是精神满足。虽是两个不同领域的问题，但两者同样显示共同的人性，共同的审美感觉。共同的口味，共同的听觉，共同的对于美人的欣赏和喜爱，那是人之常情，也是人性的展示。

11.8　孟子曰："牛山之木尝
美矣，以其郊于大国也，斧斤伐
之，可以为美乎？是其日夜之所
息（滋生），雨露之所润，非无萌
蘖（新枝嫩芽）之生焉，牛羊又从而
牧之，是以若彼濯濯（光秃秃的样
子）也。人见其濯濯也，以为未尝
有材焉，此岂山之性也哉？虽存乎
人者，岂无仁义之心哉？其所以放
其良心者，亦犹斧斤之于木也，旦
旦而伐之，可以为美乎？其日夜之
所息，平旦（清晨）之气，其好恶
与人相近也者几希，则其旦昼（明
天）之所为，有梏亡（因受束缚而致
丧失）之矣。梏之反覆，则其夜气
不足以存；夜气不足以存，则其违
禽兽不远矣。人见其禽兽也，而以

孟子说："牛山上的树木曾经长得很茂
盛，因为它们长在大都市的郊外，经常被
刀斧砍伐，还能保持其茂美吗？虽然它日
夜生长，有雨露滋润，并非没有新枝嫩芽
生长出来，但又在山上放牧牛羊，所以牛
山就变得那样光秃秃的了。人们见到它光
秃秃的，便误以为它不曾生长过树木，这
难道是山的本性吗？在某些人身上，难道
就没有仁义之心吗？他们之所以丧失善良
之心，就像刀斧对待树木那样，天天砍伐
它，怎么还能茂美呢？尽管他日夜养善心，
接触清明之气，他的爱憎也与一般人有相
近之处，但是他第二天的所作所为，又使
其善心受到束缚摧残并消亡。反复束缚摧
残，夜养的善心不能存留下来；夜养的善
心不能存留下来，那他离禽兽就不远了。
人们看见他近似禽兽，以为他未曾有过善

为未尝有才焉者，是岂人之情也哉？故苟得其养，无物不长；苟失其养，无物不消。孔子曰：'操则存，舍则亡；出入无时，莫知其乡（通"向"）。'惟心之谓与？"

心，这难道是人的本性吗？所以，如果得到一定的滋养，没有什么事物不生长发展的；如果失去滋养，没有什么事物不消亡。孔子说：'把握住就能存留，舍弃就会消亡；进出没有一定的时间，也不知道它何去何从。'这是指人心而言的吧！"

【导读】

草木如得滋养就可以生长，如失滋养就会消亡。人的向善之心就像牛山上的嫩芽细叶每天在生长一样，如果得到雨露滋养，就会渐渐长成一片森林，但是得不到滋养，又有斧头砍伐它，牛羊啃食它，内在的向善的念头就会慢慢失去，从而使人像禽兽一样。孟子引用孔子"操则存，舍则亡"之言，主要是为了说明为善在于自己，一个人愿意把内在的向善之心存养扩充，就会成长为仁人君子；如果善良本性长期反复受到摧折，人就会变成丧尽天良的恶魔禽兽。孔孟强调人是弃恶从善的主体，不能依赖神灵或他人。

11.9 孟子曰："无或（通"惑"）乎王之不智也。虽有天下易生之物也，一日暴之，十日寒之，未有能生者也。吾见亦罕矣，吾退而寒之者至矣，吾如有萌（使善念萌生）焉何哉？今夫弈之为数（技艺），小数也；不专心致志，则不得也。弈秋（名秋，因为擅长下棋，所以叫弈秋），通国之善弈者也。使弈秋诲二人弈，其一人专心致志，惟弈秋之为听。一人虽听之，一心以为有鸿鹄（天鹅）将至，思援弓缴（zhuó，拴在

孟子说："君王的不明智不足为怪。即使天下有最容易生长的植物，让它曝晒一天，冷冻十天，也是不能生长的。我与君王相见的次数太少了，一旦离开，那些与我意见相反的说教者就来了，即使我的教导使君王的仁心善念有所萌生，那又有什么用呢？比如下棋，只是一种小技艺而已，但如果不专心致志，也是学不好的。弈秋，是全国下围棋的高手。如果让弈秋同时教两个人下围棋，其中一人专心听弈秋讲课，另外一个人虽人在课堂，心却想着天鹅就要飞来，幻想拿起弓箭去射杀它。

箭上的生丝绳，这里指拴着生丝绳的箭）
而射之，虽与之俱学，弗若之矣。
为是其智弗若与？曰：非然也。"

虽然两人一同学习，但结果后者比不上前
者。是因为后者的智力比不上前者吗？自
然不是。"

【导读】

　　孟子以下棋为例，说明只有施教者主观愿望还不行，还要学习者愿意学，潜心学。
雨露滋润，万物生长，如果一曝十寒，那么什么植物都不能存活。《中庸》曰："至诚无
息，不息则久。"圣人天天宣扬仁心善行，君王不明智，不采纳，不坚持，那也是无
效的。

　　11.10　孟子曰："鱼，我所欲也；熊掌，亦我所欲也。二者不可得兼，舍鱼而取熊掌者也。生，亦我所欲也；义，亦我所欲也。二者不可得兼，舍生而取义者也。生亦我所欲，所欲有甚于生者，故不为苟得也；死亦我所恶，所恶有甚于死者，故患有所不辟也。如使人之所欲莫甚于生，则凡可以得生者，何不用也？使人之所恶莫甚于死者，则凡可以辟患者，何不为也？由是则生而有不用也，由是则可以辟患而有不为也，是故所欲有甚于生者，所恶有甚于死者。非独贤者有是心也，人皆有之，贤者能勿丧耳。一箪食，一豆羹，得之则生，弗得则死，呼尔而与之，行道之人弗受；蹴（cù，践踏）尔而与之，乞人不屑

　　孟子说："鱼，是我想要的；熊掌，也是我想要的。但这两样东西不可能同时得到，那么就舍弃鱼而要熊掌。生，是我想要的；义，也是我想要的。但这两样东西不可能同时得到，那就舍弃生而取义。生是我想要的，但我想要的还有比生更重要的东西，所以我不做苟且活着的事；死亡是我所厌恶的，但还有比死亡更令人厌恶的东西，所以有的祸害是不可躲避的。如果人们想要的没有超过生命的，那么所有求生的手段哪一个不可用呢？如果人们厌恶的没有超过死亡的，那么凡是可以躲避祸害的手段哪一个不可以用呢？（有些人，）有能生存的手段却不去用，有能躲避祸害的手段却不使用，是因为所想要的超过了生命，所厌恶的超过了死亡。不仅贤明的人有这样的心思，人人都有，只不过贤明的人没有丧失本性。一小筐饭，一小碗汤，

也。万钟则不辨礼义而受之，万钟于我何加（好处）焉！为宫室之美、妻妾之奉、所识穷乏者得（同"德"，感激）我与？乡为身死而不受，今为宫室之美为之；乡为身死而不受，今为妻妾之奉为之；乡为身死而不受，今为所识穷乏者得我而为之，是亦不可以已乎？此之谓失其本心。"

得到它就可以生存，得不到就会死亡，呼喝着给予，路上的行人都不会接受；践踏过的东西再给人，连乞丐都不屑一顾。万钟的厚禄如果不辨别是否合乎礼义就接受，这万钟的厚禄对我有什么意义呢！是为了宫室的华美、妻妾的侍奉、认识的穷困之人对自己的感激吗？过去宁愿身死都不接受，如今为了宫室的华美而接受；过去宁愿身死都不接受，如今为了妻妾的侍奉而接受；过去宁愿身死都不接受，如今为了认识的穷困之人对自己的感激而接受，这样的事难道不可以停止吗？这就叫作丧失了本性。"

【导读】

人皆有"所欲有甚于生""所恶有甚于死"的"本心"，"贤者能勿丧耳"。孟子以性善论为依据，探讨人的生死观。人的生命是很可贵的，但以失去做人的尊严、做人的原则、做人的底线和做人的气节为代价换取生存的机会和权利，宁可失去生命也不为，这就叫舍生取义。孟子提倡舍生取义，反对不顾礼义的苟且偷生。行人呼而不受，乞人蹴而不屑，此乃坚守尊严。孟子强调：人在面临财富、名誉、地位时，切不可丧失善良的本心。

11.11 孟子曰："仁，人心也；义，人路也。舍其路而弗由，放其心而不知求，哀哉！人有鸡犬放，则知求之；有放心而不知求。学问之道无他，求其放心而已矣。"

孟子说："仁，是人的善心；义，是人的正路。舍弃正路不走，丧失善心而不知道去寻找，太悲哀了！一个人，鸡犬丢失了尚且知道去寻找，可是丧失了善心却不知去寻找。学问之道没有别的，只是找回丧失的善心罢了。"

【导读】

人应把"仁"铭刻在心，时刻按照仁的要求为人行事；"义"是人应走的道路，放弃该走的路而不走，丢失了善良本心不去寻找，那是十分悲哀的事。自家养的鸡鸭猫狗不小心走失了都知道赶紧去寻找，善良本心丢了居然无动于衷！人生下来心都是善良的，因后天环境的影响和受教育不同，有的人受到环境的积极影响和正面教育，依然善良；有的人受到环境的消极影响和负面"教育"，就变坏了。君子和普通人的根本区别，就在于君子内心装的是仁和义。孟子强调：一个人若能求"放心"，则仁义存。

11.12　孟子曰："今有无名之指屈而不信（通"伸"），非疾痛害（妨碍）事也，如有能信之者，则不远秦楚之路，为指之不若人也。指不若人，则知恶之；心不若人，则不知恶，此之谓不知类（不知轻重）也。"

孟子说："一个人的无名指弯曲而不能伸直，但并不疼痛而且不妨碍做事，如果有人能帮他伸直，哪怕是到秦国、楚国去治疗，他也不会觉得路途遥远，这是因为他的指头比不上别人。指头比不上别人，就知道厌恶；善心比不上别人，却不知道厌恶，这就叫不知轻重。"

【导读】

忧指忘心，是不知轻重，是舍本求末。指不若人，一目了然，无所藏匿；心不若人，抽象无形，可以伪装。指不若人，标准清楚外显，不需辩驳；心不若人，内隐难以度量，还可自欺欺人。所以，指不若人，羞愧难当，不辞秦楚之路，只求能去其耻辱。心不若人，不以为耻，甚至反以为荣，又何求秦楚之路呢？孟子认为：舍大求小，不知其要；忘心不仁，君子恶之。身体的病变需医术治疗，心灵的扭曲只有道义才能医治。

11.13　孟子曰："拱把（指树细小）之桐梓，人苟欲生之，皆知所以养之者。至于身，而不知所以养之者，岂爱身不若桐梓哉？弗思甚也。"

孟子说："一两只手就能握住的桐树、梓树，人们如果想让它生长，都知道如何培养它。而对于自己，却不懂得修养的方法。难道爱自己还比不上爱桐树、梓树吗？真是太不动脑筋了吧。"

人们用心培育桐树和梓树，是育"材"也；而育"德"若不如培育桐树和梓树那样用心，就是不重视道德修养。这并不是人们不懂得爱身甚于爱树苗，而是人们在行事时，不善思考，辨不清根本和方向，所以才经常做错事。

11.14　孟子曰："人之于身也，兼所爱。兼所爱，则兼所养也。无尺寸之肤不爱焉，则无尺寸之肤不养也。所以考其善不善者，岂有他哉？于己取之而已矣。体有贵贱，有小大。无以小害大，无以贱害贵。养其小者为小人，养其大者为大人。今有场师（管理场圃的人），舍其梧槚（指梧桐和楸树，都是优良木材），养其樲棘（指酸枣树和荆棘，都是普通木材），则为贱场师焉。养其一指而失其肩背，而不知也，则为狼疾（同"狼藉"，糊涂）人也。饮食之人，则人贱之矣，为其养小以失大也。饮食之人无有失也，则口腹岂适（仅）为尺寸之肤哉？"

孟子说："人们对于自己的身体，是处处爱护的。处处爱护，就要处处保养。没有哪一寸皮肤不爱护的，所以也没有哪一寸皮肤不保养的。考察他保养得好不好，难道有别的办法吗？只是看他所注重的是身体的哪一部分罢了。人的身体有重要的部分，有次要的部分；有大的部分，有小的部分。不要以小的去损害大的，不要以次要的去损害主要的。保养小的部分就是小人，保养大的部分就是君子。如今有个场圃管理员，不去爱护梧桐树和楸树，而去爱护酸枣树和荆棘，这个人就是很差劲的场圃管理员。养护一根指头，却失去了肩背还不知道，这就是一个糊涂透顶的人。只讲究吃喝的人，人人都鄙视他，因为他贪小而失大。如果讲究吃喝的人也很注重道德修养，那么满足口腹难道仅仅是为了口腹那一块地方吗？"

只知道吃喝的人之所以受到人们鄙视，是因为其保养口腹而不顾道德。如果一个人吃喝不仅仅是为了活命健体，而是将吃喝作为培养仁义道德、提升自身修养的基础，那讲究吃喝又有什么不好呢？人在重视养体的同时更应该注重养心。所谓养心者，以仁义之道养之也。

11.15　公都子问曰："钧（通"均"）是人也，或为大人，或为小人，何也？"

孟子曰："从其大体为大人，从其小体为小人。"

曰："钧是人也，或从其大体，或从其小体，何也？"

曰："耳目之官不思，而蔽于物。物交物，则引之而已矣。心之官则思，思则得之，不思则不得也。此天之所与我者。先立乎其大者，则其小者不能夺也。此为大人而已矣。"

公都子问孟子："同样是人，有些人是君子，有些人是小人，这是为什么呢？"

孟子说："求满足其身体重要部分需要的是君子，求满足其身体次要部分需要的是小人。"

公都子问："同样是人，有的求满足其身体重要部分需要，有的求满足其身体次要部分需要，这又是为什么呢？"

孟子说："人的耳朵、眼睛等器官不会思考，会被外物蒙蔽，一接触外物就容易被引入迷途。心这个器官则会思考，思考就能得到正确答案，不会思考的就得不到正确答案。这是上天赋予人类的。首先确定重要部位，那么次要部位就不能占据主导地位。这就是君子成为君子的原因。"

【导读】

眼睛、耳朵不具有思维能力，易被外物蒙蔽而远离正道。心能思考，思考就能得仁得义。思考功能是上天赐予人类的宝贵财富，君子能用心思考，能抓住事物的重点，揭示事物的本真。"心"是体之大者，也是体之贵者；眼睛、耳朵等都是体之小者，体之贱者。只要心的统帅作用树立起来，其他感官也就不会被外物蒙蔽而误入歧途了。孟子强调：天与人性，先立其大，心官思之，邪不压正，故能成为大人也。

11.16　孟子曰："有天爵者，有人爵者。仁义忠信，乐善不倦，此天爵也；公卿大夫，此人爵也。古之人修其天爵，而人爵从之。今之

孟子说："有自然爵位，有社会爵位。仁义忠信，乐善不倦，这是自然爵位；公卿大夫是社会爵位。古代贤人修养自然爵位，社会爵位也就会随之而来。如今的人修养

人修其天爵，以要人爵；既得人爵，而弃其天爵，则惑之甚者也，终亦必亡（丢失）而已矣。"

自然爵位，是为了获得社会爵位；一旦取得了社会爵位，就抛弃自然爵位，真是太糊涂了，结果连社会爵位也会丧失。"

【导读】

孟子认为宇宙间有两种爵位，一是"天爵"，是形而上的，存在于圣贤心目中；一是人世间的地位，即"人爵"。一个有高尚道德修养的人，坚守仁、义、忠、信，还能"乐善不倦"，即能享"天爵"。"古之人修其天爵，而人爵从之"，古人修养是为了成就"天爵"，至于"人爵"如何，则顺其自然。后世许多人，修"天爵"是为了成就"人爵"，获得"人爵"就弃"天爵"。"天爵"是精神的、内在的爵位，不需封赏，无法世袭。"人爵"则是世间的、外在的爵位，需封赏或世袭。换言之，具"天爵"者是精神贵族，获"人爵"者是社会贵族。

11.17 孟子曰："欲贵者，人之同心也。人人有贵于己者，弗思耳矣。人之所贵者，非良贵也。赵孟（春秋时晋国的大臣赵盾）之所贵，赵孟能贱之。《诗》云：'既醉以酒，既饱以德。'言饱乎仁义也，所以不愿（羡慕）人之膏粱（肥肉和细粮）之味也；令闻广誉施于身，所以不愿人之文绣（绣有花纹的衣服）也。"

孟子说："期盼尊贵是每个人都会有的想法，而每个人都有自己的可贵之处，只是没有思考它罢了。别人给予的尊贵，不是真正值得尊贵的。赵孟能让一个人或一件东西尊贵，赵孟也能使之卑贱。《诗经》说：'酒已经醉了，德已经饱了。'是说仁义之德很富足了，也就不美慕别人的肥肉细粮了；世人皆知的好名声在我身上，也就不美慕别人的绣花衣裳了。"

【导读】

醉酒易，饱德难。人最值得尊贵的是仁爱的本性，发挥自己的爱心善心，就会得到别人的赞扬和尊敬。某物可能一时尊贵，但也会随时贬值。仁爱之心，不仅珍贵，而且不会贬值。荣华富贵不属于生命本真，故人的精神快乐并不依附荣华富贵，真正的快乐是从生命的本性流露出来的。君子坚守道义，甚于功名爵位。

11.18　孟子曰："仁之胜不仁也，犹水胜火。今之为仁者，犹以一杯水救一车薪之火也；不熄，则谓之水不胜火，此又与（助长）于不仁之甚者也，亦终必亡而已矣。"

孟子说："仁胜过不仁，如同水可以扑灭火一样。如今行仁的人，好像用一杯水去救一车着火的木柴；火扑不灭，就说是水不能扑灭火，这种说法又助长了不仁的人的气势，最终连他们自己所行的一点点仁也会丧失。"

【导读】

"杯水"泼不灭"车薪"之火，有人就说水不能胜火。仁得不到倡导和践行，有人不知反求诸己，反而说仁战胜不了不仁，这比不行仁更可怕；倡善行善有始无终，贤者之仁也会丧失。孟子较为客观地分析了仁与不仁之间的辩证关系。首先肯定仁必能战胜不仁，正如水能浇灭火一样；但他又看到了水浇灭火是有条件的，水可以浇灭火，这是水的本性，但一杯水不可能浇灭一车木柴之火，这是因为两者力量悬殊。同样，仁可以战胜不仁，但仁的力量足够时才能战胜不仁。

11.19　孟子曰："五谷者，种之美者也；苟为不熟，不如荑（tí，通"稊"，稗子一类的草，籽实像糜子）稗。夫仁，亦在乎熟之而已矣。"

孟子说："五谷是庄稼中的好品种；如果不成熟，还不如稊米和稗子。仁，也在于使它成熟罢了。"

【导读】

五谷乃天下种子之美者也，五谷不成，不如杂草；仁乃天下道之美者也，仁之不成，恶之所害。要使"仁"走向成熟，就需要有真正的仁爱理论和施行仁爱的中坚力量。正直的士大夫就是这种力量之一，但真正的力量还是天下百姓。只要百姓普遍接受了仁爱的教化，仁爱的力量就会不断壮大，不仁的气焰就会逐渐消退。

11.20　孟子曰："羿之教人射，必志于彀（gòu，拉弓满）；学者亦必

孟子说："羿教人射箭，一定强调把弓拉满；学射箭的人也一定要把弓拉满。高

志于彀。大匠诲人必以规矩，学者
亦必以规矩。"

明的工匠教人必定要依循规矩，学习的人
也一定要懂得依循规矩。"

【导读】

事各有本，道有所重，诲人以规矩，孟子以之喻为仁；修养仁爱，失其法而不成。
因此，一定要尊重规律，不可违逆而行。

告子章句下

（凡十六章）

12.1　任人有问屋庐子（孟子的
学生）曰："礼与食孰重？"

曰："礼重。"

"色与礼孰重？"

曰："礼重。"

曰："以礼食，则饥而死；不以
礼食，则得食，必以礼乎？亲迎，
则不得妻；不亲迎，则得妻，必亲
迎乎？"

屋庐子不能对，明日之邹以告
孟子。

孟子曰："于答是也，何有？
不揣（衡量）其本，而齐（比较）其
末，方寸之木可使高于岑楼。金重
于羽者，岂谓一钩金与一舆羽之谓
哉？取食之重者与礼之轻者而比
之，奚翅（同"啻"，仅）食重？取
色之重者与礼之轻者而比之，奚翅

有个任国人问屋庐子："礼和食哪个
重要？"

屋庐子说："礼重要。"

任国人又问："女色和礼哪个重要？"

屋庐子说："礼重要。"

任国人又问："要是按礼去求食，就会
饿死；不按礼去求食，就能够得到吃的，
难道必须要按礼吗？如果按礼迎亲，就得
不到妻子；如果不按礼迎亲，就能够得到
妻子，难道必须要按礼迎亲吗？"

屋庐子不能回答这个问题，第二天便
到邹国把这话告诉孟子。

孟子说："回答这样的问题，有什么困
难呢？不探究事物根基高低，而只比较其
末端的高低，那么方寸之木放在高处可以
比高楼还高。金子比羽毛重，怎么能说一
点点金子比一大车羽毛还重呢？拿决定生
死的食物问题与礼的细节问题来比较，怎
么能比得上食物重要呢？拿决定娶妻生子

色重？往应之曰：'紾（扭转）兄之臂而夺之食，则得食；不紾，则不得食，则将紾之乎？逾东家墙而搂其处子，则得妻；不搂，则不得妻，则将搂之乎？'"

的大事与礼的细节来比较，怎么能比得上娶妻生子重要呢？你去这样回答他：'扭住兄长的胳膊而夺取他的食物，就能得到吃的；不扭住兄长的胳膊，就不能够得到吃的，那么你扭吗？翻越邻居的墙去搂抱人家的姑娘，就可以得到妻室；不搂抱就得不到妻室，那你会去搂抱吗？'"

【导读】

如果为了一碗饭而杀人，为了满足自己而乱性，人类社会就乱套了。比较事物，应该将比较对象处于同一水平线、同一基准上，否则比较就没有意义，比较出来的结果一定是荒谬的。人有思想、理智、情感，同时人类社会还有社会行为规范，人的行为必须符合社会规范。任国人采取诡辩的方式，把食与色的问题推到极端的地步来和礼的细节相比较，孟子以诡辩对诡辩、以极端对极端予以回击。孟子强调：判断事情正确与否，需衡量其轻重，本来礼为先，食色为后，若遇特殊情况，无法定先后，则以仁义为准。

12.2　曹交（曹国国君的弟弟）问曰："人皆可以为尧舜，有诸？"

孟子曰："然。"

"交闻文王十尺，汤九尺，今交九尺四寸以长，食粟而已，如何则可（指成为尧舜）？"

曰："奚有于是？亦为之而已矣。有人于此，力不能胜一匹雏，则为无力人矣；今曰举百钧（古代重量单位，一钧为三十斤），则为有力人矣。然则举乌获之任，是亦为乌

曹交问孟子："人人都可以成为尧舜，有这样的说法吗？"

孟子说："有。"

曹交问："我听说文王身高十尺，汤身高九尺，如今我身高九尺四寸，只是能吃饭罢了，怎样才能成为尧舜呢？"

孟子说："这和身高有什么关系呢？只要去做就行了。有个人力量不能提起一只小鸡，那他就是个没有力气的人；如今一个人可以举起三千斤，那他就是个有力气的人。那么要是举得起乌获能举起的重

获而已矣。夫人岂以不胜为患哉？弗为耳。徐行后长者谓之弟，疾行先长者谓之不弟。夫徐行者，岂人所不能哉？所不为也。尧舜之道，孝弟而已矣。子服尧之服，诵尧之言，行尧之行，是尧而已矣。子服桀之服，诵桀之言，行桀之行，是桀而已矣。”

曰：“交得见于邹君，可以假馆，愿留而受业于门。”

曰：“夫道若大路然，岂难知哉？人病不求耳。子归而求之，有余（数不尽）师。”

量，那他就是乌获了。人难道以不胜任为忧吗？只是不去做罢了。缓慢走在长者后面叫作尊敬长辈，快走到长者前面叫不尊敬长辈。那么慢走，难道是人办不到的事吗？只是不做罢了。尧舜之道，只不过是孝和悌而已。你穿尧的衣服，说尧说的话，做尧所做的事，那你就是尧了。你穿桀的衣服，说桀说的话，做桀所做的事，那你就是桀了。”

曹交说：“我准备去拜见邹君，若能借住馆舍，希望留下来在您门下学习。”

孟子说：“学习治国做人的道理，就像行走大路，难道很难掌握吗？人的问题在于不去探求罢了。你回去自己探求吧，老师多得很。”

【导读】

“人皆可以为尧舜”，这是孟子鼓励人向善，激励人居仁善而有所作为。无论是君王治国理政，还是个人立身处世，都有一个“不为”与“不能”的问题。若能树立起立志向善的信心，做自己力所能及的事情，不断完善自己，成为一个有益于社会且有所作为的人，此乃“人皆可以为尧舜”意义之所在。

12.3　公孙丑问曰：“高子曰：‘《小弁》（《诗经·小雅》篇名。三家《诗》认为此诗是尹吉甫之子伯奇因遭后母谗言而被流放，怨恨而作此诗。弁音pán），小人之诗也。’”

孟子曰：“何以言之？”

曰：“怨。”

公孙丑问孟子：“高子说：‘《小弁》是小人所作。’”

孟子说：“怎么能这样说呢？”

公孙丑说：“因为内容多哀怨。”

曰："固（见识浅薄）哉，高叟之为诗也！有人于此，越人关（通"弯"）弓而射之，则己谈笑而道之；无他，疏之也。其兄关弓而射之，则己垂涕泣而道之；无他，戚之也。《小弁》之怨，亲亲（亲爱亲人）也。亲亲，仁也。固矣夫，高叟之为诗也！"

曰："《凯风》（《诗经·邶风》篇名，讲的是"卫有七子之母，不能安其室，七子作此以自责也"）何以不怨？"

曰："《凯风》，亲之过小者也；《小弁》，亲之过大者也。亲之过大而不怨，是愈疏也；亲之过小而怨，是不可矶（激怒）也。愈疏，不孝也；不可矶，亦不孝也。孔子曰：'舜其至孝矣，五十而慕（依恋父母）。'"

孟子说："高子如此理解《小弁》，固陋不通！假如有个人在此，越国人弯弓射他，他自己可以谈笑风生地讲述这件事，没有别的原因，是因为他跟越国人关系疏远。如果是自己的兄长弯弓而射，那么他在讲述这件事时就会落下眼泪来，没有别的原因，是因为兄长是自己的亲人。《小弁》诗中的哀怨，正是亲爱亲人的缘故。亲爱亲人，就是仁。高子如此解诗，真是固陋啊！"

公孙丑问："《凯风》为什么不哀怨？"

孟子说："《凯风》这首诗，是因为父母过错较小，《小弁》这首诗，是因为父母过错较大。亲人的过错较大而不哀怨，是感情更加疏远的表现；亲人的过错较小而哀怨，这是太不能容忍了。逐渐疏远亲人，是不孝；不能容忍，也是不孝。孔子说：'舜是非常孝顺的人，五十岁了还依恋父母。'"

【导读】

小过而大怨，不孝也；大过而不怨，亦是不孝也。孝顺父母，建立人与人之间的亲爱关系，必须遵守社会行为规范。父母过错大而哀怨，是因为父母是自己的亲人，如果不认识的人犯了过错，怎么会哀怨呢？如果父母过错小而哀怨，那就不应该了。性必因情而显，而情乃感于物而动，必然指向具体对象，因对象之不同而异。亲之过大则怨，这是情感的自然流露，是仁；而此时若不怨，便是"疏"，就是不孝。

12.4 宋牼（宋国人，战国时著

宋牼准备到楚国去，孟子在石丘遇见

名学者。轻音 kēng）将之楚，孟子遇于石丘，曰："先生将何之？"

曰："吾闻秦、楚构兵（交战），我将见楚王说而罢之。楚王不悦，我将见秦王说而罢之。二王我将有所遇焉。"

曰："轲也请无问其详，愿闻其指（同"旨"，大意）。说之将何如？"

曰："我将言其不利也。"

曰："先生之志则大矣，先生之号（说法）则不可。先生以利说秦、楚之王，秦、楚之王悦于利，以罢三军之师，是三军之士乐罢而悦于利也。为人臣者怀利以事其君，为人子者怀利以事其父，为人弟者怀利以事其兄，是君臣、父子、兄弟终去仁义，怀利以相接（交往），然而不亡者，未之有也。先生以仁义说秦、楚之王，秦、楚之王悦于仁义，而罢三军之师，是三军之士乐罢而悦于仁义也。为人臣者怀仁义以事其君，为人子者怀仁义以事其父，为人弟者怀仁义以事其兄，是君臣、父子、兄弟去利，怀仁义以相接也，然而不王者，未之有也。何必曰利？"

他，就问："先生要到哪里去？"

宋牼说："我听说秦、楚两国要打仗，准备去见楚王劝说他罢兵休战。如果楚王不听，我就准备去见秦王劝说他罢兵休战。这两个君王中一定有与我看法相同的。"

孟子说："我不想问您详细的情况，只想知道一下大意。您将怎样劝说呢？"

宋牼说："我将说战争对双方是不利的。"

孟子说："先生的志向是很好的，但先生的提法却不行。先生以利劝说秦、楚两王，秦、楚两王因有利而高兴，从而停止军事行动，这就使军队官兵乐于罢兵，因为喜悦利。当臣子的心怀利以侍奉国君，作为儿女心怀利以侍奉父母，作为弟弟心怀利以侍奉兄长，就会使君臣、父子、兄弟之间最终丢掉仁义，心怀利相待，如此而国家不灭亡，是没有的事。先生如果以仁义劝说秦、楚两王，秦、楚两王因崇尚仁义而高兴，从而停止军事行动，就会使军队官兵乐于罢兵，因为喜悦仁义。作为臣子心怀仁义以侍奉国君，作为儿女心怀仁义以侍奉父母，作为弟弟心怀仁义以侍奉兄长，就会使君臣、父子、兄弟之间抛弃利的追求，心怀仁义相待，如此国家还不能以德政统一天下，是从来没有的。为什么一定要说'利'呢？"

【导读】

　　义和利是从属关系，利从属于义。合乎道义而为之，不合道义则弃之。若用趋利的观点去劝阻战争，不可能平息战争，只有用仁义的观点去劝阻战争，才有可能让战争双方各自收兵。孟子竭力维护和平，但和平的前提是仁义，而不是利益交换。如果趋利避害去换得一时的和平，早晚也会失去和平，甚至还会失去国家。因为基于"利"的和平，潜伏着很多不和平的因素。若人与人之间都以利相待，一旦"利"失去平衡，或一方不满足于眼前之"利"，冲突再起，必然失去和平。如果以仁义为前提赢得和平，则会保持长久的稳定与发展。

　　12.5　孟子居邹，季任（任国国君的弟弟）为任处守（古时国君离开京城，命大臣留守其地，代理政务），以币交，受之而不报。处于平陆，储子为相，以币交，受之而不报。他日，由邹之任，见季子；由平陆之齐，不见储子。屋庐子喜曰："连（屋庐子的名）得间（差错）矣。"问曰："夫子之任，见季子；之齐，不见储子，为其为相与？"

　　曰："非也。《书》曰：'享（诸侯朝见天子的礼仪）多仪，仪不及物曰不享，惟不役（用）志（心意）于享。'为其不成享也。"

　　屋庐子悦。或问之，屋庐子曰："季子不得之邹，储子得之平陆。"

　　孟子住在邹国时，季任留守任国，代理国政，送厚礼想结交孟子，孟子收了礼却没有回报。后来孟子住在齐国的平陆，当时储子担任齐国的卿相，也送厚礼想结交孟子，孟子也是收了礼却没有回报。有一天，孟子从邹国到任国去，拜见了季任；而从平陆到齐国，孟子却不去拜见储子。屋庐子高兴地说："我可找到老师的差错了。"于是便问孟子："先生到任国，拜见了季任；到齐国，却不去拜见储子，就是因为他是卿相吗？"

　　孟子说："不是的。《尚书》说：'享献之礼可贵的是仪节，仪节不够，礼物再多也只能认为没有享献，因为进献的人并没有把心思放在进献上。'就因为储子没有完成进献的仪节。"

　　屋庐子很高兴。有人问他，他说："季任不能擅自到邹国，储子可以到平陆而他并没有去。"

【导读】

　　人与人交往必须充满诚意，否则就得不到应有的回报，关系亦难以持久。古代享献仪式是以礼仪为主，而不是以礼物为主，礼物再多，若仪式不够，享献应有的敬意就没有达到。季任代理国政，镇守一方，有保民守土之责，不能随便到其他地方去，因此他派人送礼是可以的。而储子是臣，可以为国事而去任何地方，但储子也只是派人送礼给孟子，缺乏交往的诚意。既然他缺乏诚意，孟子也就没有必要回报他了。

　　12.6　淳于髡曰："先（重视）名实者，为人（济世救民）也；后名实者，自为（独善其身）也。夫子在三卿之中，名实未加（建立）于上下（指辅君王、济百姓）而去之，仁者固如此乎？"

　　孟子曰："居下位，不以贤事不肖者，伯夷也；五就汤，五就桀者，伊尹也；不恶污君，不辞小官者，柳下惠也。三子者不同道，其趋（追求）一也。一者何也？曰：仁也。君子亦仁而已矣，何必同？"

　　曰："鲁缪公之时，公仪子为政，子柳、子思为臣，鲁之削（衰弱）也滋甚。若是乎，贤者之无益于国也！"

　　曰："虞不用百里奚而亡，秦穆公用之而霸。不用贤则亡，削何可得与？"

　　淳于髡问孟子："注重功名是为了济世救民，轻视功名是为了独善其身。先生居三卿之位，上辅君王下济百姓的名誉功业都没有建立就离去，仁者就是这样的吗？"

　　孟子说："居于低位，不以贤德去侍奉昏君，伯夷如此；五次侍奉商汤，五次侍奉夏桀，伊尹如此；不厌恶昏庸的君主，不推辞小官之位，柳下惠如此。这三个人，人生道路不同，但追求是相同的。他们的追求是什么呢？就是仁。君子追求的最高目标就是仁，方法何必要一样呢？"

　　淳于髡说："鲁缪公的时候，公仪子执政，子柳、子思做大臣，可是鲁国日渐削弱。如此看来，贤能者对于治国也是没有什么益处的！"

　　孟子说："虞国不用百里奚，后来就灭亡了；秦穆公用了百里奚，因而称霸。不用贤能就灭亡，到时候想要勉强存在，办得到吗？"

曰："昔者王豹处于淇，而河西（指卫国，因为卫国在黄河西岸）善讴；绵驹处于高唐，而齐右（高唐在齐国的西部，以面南而言，右为西）善歌；华周、杞梁之妻善哭其夫而变国俗。有诸内，必形诸外。为其事而无其功者，髡未尝睹之也。是故无贤者也，有则髡必识之。"

曰："孔子为鲁司寇，不用，从而祭，燔肉不至，不税（通"脱"）冕而行。不知者以为为肉也，其知者以为无礼也。乃孔子则欲以微罪（小罪）行，不欲为苟（随便）去。君子之所为，众人固不识也。"

淳于髡说："从前王豹住在淇水旁，而河西的人都善于唱歌；绵驹住在高唐，而齐国西部的人都善于唱歌；华周、杞梁的妻子因为哀哭她们的丈夫，从而使国家的风俗改变了。内在有什么内容，外在就会表现出来。做了事而没有成效，我从来没有见过。所以说齐国没有贤能的人，如果有，我一定会知道他。"

孟子说："孔子做了鲁国的司寇，不被重用，跟随国君去祭祀，祭祀的肉也没有得到，于是不脱礼帽就离开了。不了解孔子的人以为孔子是为了一块祭祀的肉，了解孔子的人知道孔子是因为鲁国失礼而去。而孔子本人想以承担轻微的罪而离开，不愿意随便离去。君子的意图，一般人是不知道的。"

【导读】

淳于髡认为孟子位列三卿，上不能正其君，下不能济其民，不能称为仁者。换言之，孟子名誉功业都没有建立就离去，是不仁不义的。孟子主张仁义存于心，重视怀仁行义，但不必强求践行仁义的具体方式和过程。孟子虽然胸怀天下，但自己王道仁政的思想主张不被当时的君王接受，所以无法实现兼济天下的目标，但这不妨碍孟子成为仁义君子。心中有"仁"，行事遵"礼"，选择最适合自己又利国利民的行为方式就是仁者之举。

12.7　孟子曰："五霸者，三王之罪人也；今之诸侯，五霸之罪人也；今之大夫，今之诸侯之罪人也。

孟子说："五霸，对三王来说是罪人；如今的诸侯，对五霸来说又是罪人；如今的大夫，对如今的诸侯来说又是罪人。天天子适诸侯曰巡狩，诸侯朝于天子曰述职。春省耕而补不足，秋省敛而助不给。入其疆，土地辟，田野治，养老尊贤，俊杰在位，则有庆（奖赏）；庆以地。入其疆，土地荒芜，遗老失贤，掊克（指聚敛民财的人）在位，则有让（责罚）。一不朝，则贬其爵；再不朝，则削其地；三不朝，则六师（指天子的军队。周朝规定天子设六军，大国诸侯设三军）移之。是故天子讨而不伐，诸侯伐而不讨。五霸者，搂（带领）诸侯以伐诸侯者也，故曰，五霸者，三王之罪人也。五霸，桓公为盛。葵丘之会，诸侯束牲载书而不歃血。初命曰，诛不孝，无易树子，无以妾为妻。再命曰，尊贤育才，以彰有德。三命曰，敬老慈幼，无忘（慢待）宾旅。四命曰，士无世官，官事无摄（兼任），取士必得（得贤），无专（独断独行）杀大夫。五命曰，无曲（遍）防，无遏籴（dí，购买粮食），无有封而不告。曰，凡我同盟之人，既盟之后，言归于好。今之诸侯皆犯此五禁，故曰，今之诸侯，五霸之罪人也。长君之恶其罪小，逢君之恶其罪大。今之大夫皆逢君之恶，故曰，今之大夫，今之

子视察各诸侯国，称为巡狩；诸侯去朝见天子，称为述职。春天视察春耕补助困难的人，秋季视察收成情况而帮助不足的人。进入诸侯封地，如果土地得到开辟，田野得到治理，赡养老人尊敬贤才，有才能的人在位，就奖励；奖励用土地。进入诸侯封地，如果土地是荒芜的，遗弃老人失去贤才，搜括掠夺百姓钱财的人在位，就受处罚。第一次不朝觐，就贬损其爵位；第二次不朝觐，就削减其土地；第三次不朝觐，就派军队到他的封地上。所以天子用兵声讨而不征伐，诸侯则是攻伐而不声讨。所谓的五霸，是拉拢一部分诸侯去征伐另一部分诸侯，所以说，五霸对于三王来说是罪人。五霸中齐桓公势力最大。在葵丘盟会诸侯，把盟书放在捆绑的牺牲上，没有歃血。盟约第一条称：诛杀不孝，不能更换已立的太子，不能立妾为妻。第二条称：尊敬贤能，培育贤才，表彰有道德的人。第三条称：尊敬老人，慈爱儿童，不轻慢宾客旅人。第四条称：士人的官职不世袭，公职不兼任，选拔士人要得当，不能擅自杀死大夫。第五条称：不遍修堤防，不禁止邻国来采购粮食，不能私自封赏而不报告。盟约最后说：凡是一起参加盟誓的，自盟誓之日起，恢复和平友好关系。如今的诸侯都违反了这五条盟誓，所以说，如今的诸侯对于五霸来说是罪人。助长国

诸侯之罪人也。"

君的恶行，其罪还算小；为国君的恶行辩护，罪就大了。如今的大夫都是在为国君的恶行辩护，所以说，如今的大夫对于如今的诸侯来说是罪人。"

【导读】

到了战国时代，葵丘盟约已遭到彻底践踏，孟子心目中理想政治的要素被各国诸侯破坏殆尽。孟子认为：三王（指夏商周三代之圣王）是圣王，三王治理天下亲民爱民，赏罚分明，人尽其才，才尽其用，社会安定，人民安居乐业。五霸（即"春秋五霸"）破坏了三王确立的政治规矩，从而引发诸侯混战导致社会失序，百姓陷入水深火热的痛苦境地，所以说五霸对三王来说是罪人。作为臣子，一味顺从君王并助长君王的过错，这显然是有罪的，因为没有尽到作为臣子应该尽的劝谏职责。明知君王有过错，不但不加以纠正，还一味逢迎拍马，粉饰其罪，甚至将其错误说成是英明决断而大加赞扬，颠倒是非，使君王一错再错，其罪可诛。

12.8 鲁欲使慎子（鲁国大臣，名滑釐，擅长打仗）为将军。孟子曰："不教民而用之，谓之殃民。殃民者，不容于尧舜之世。一战胜齐，遂有南阳，然且不可。"

慎子勃然不悦曰："此则滑釐所不识也。"

曰："吾明告子。天子之地方千里；不千里，不足以待诸侯。诸侯之地方百里；不百里，不足以守宗庙之典籍。周公之封于鲁，为方百里也；地非不足，而俭于百里。太公之封于齐也，亦为方百里也；

鲁国国君想让慎子做将军。孟子说："没有教育百姓就叫他们去打仗，这叫坑害百姓。坑害百姓的人，在尧舜时代是不允许存在的。一仗能打败齐国，占领齐国的南阳，虽胜利也是不可以的。"

慎子突然发怒不高兴地说："这话我听不懂。"

孟子说："我明白告诉你。天子的土地方圆千里；不够一千里，就不够接待诸侯。诸侯的土地方圆百里；不够一百里，就不够奉守历代相传的礼法制度。当年周公被封在鲁地，也应该是方圆百里；当时土地不是不够，而封地只给百里。太公被封在

地非不足也，而俭于百里。今鲁方
百里者五，子以为有王者作，则鲁
在所损乎，在所益乎？徒取诸彼以
与此，然且仁者不为，况于杀人以
求之乎？君子之事君也，务引其君
以当道，志于仁而已。"

齐地，也应该是方圆百里；土地不是不够，
而封地只给百里。如今鲁国已经有五个方
圆百里了，你以为有王者兴起，会使鲁国
的封地有所减损，还是会使其增益呢？不
用战争而把彼国的土地拿给此国，仁者都
不愿意做，何况是用战争去强取呢？君子
侍奉君主，就是要努力把君主引向正道，
追求仁德罢了。"

【导读】

西周分封诸侯奉行"地非不足也，而俭于百里"，目的是不让诸侯国拥有太多的
土地和百姓，也就是诸侯不能拥有太大的权势。然而至春秋时，诸侯已不满足于方圆
百里的土地了，趁着周王室日益衰微，各自拼命扩张国土，做强做大。孟子认为：诸
侯想做强做大，也并非坏事，但不能靠侵略、掠夺，而是要遵循仁义原则，爱民恤民，
讲究道德诚信。如此则远近一心，众寡同力，战必胜，守必固。"君子之事君也，务引
其君以当道，志于仁而已。"孟子一语说出了为臣之道。

12.9　孟子曰："今之事君者皆
曰：'我能为君辟土地，充府库。'
今之所谓良臣，古之所谓民贼也。
君不乡道，不志于仁，而求富之，
是富桀也。'我能为君约与国，战必
克。'今之所谓良臣，古之所谓民
贼也。君不乡道，不志于仁，而求
为之强战，是辅桀也。由今之道，
无变今之俗，虽与之天下，不能一
朝居也。"

孟子说："如今侍奉君主的人都说：'我
能替君主开拓疆土，充实府库。'如今所谓
的良臣，古称民贼。君主不向往道德，不立
志于仁，而是求富贵，就等于使夏桀富有。
又说：'我能替君主盟约其他国家，打仗一
定能取胜。'如今所谓的良臣，古称民贼。
君主不向往道德，不立志于仁，而替他勉强
作战，就等于是辅助夏桀。按照现在的道路
走下去，而不改变当今的恶风劣俗，即使把
整个天下给他，他连一天也坐不稳。"

【导读】

孟子认为：任何一个国家，如果不施行仁政，幻想通过战争使自己富强是不可能的。孟子一贯反对不行仁政而穷兵黩武的治国之道。"今之所谓良臣，古之所谓民贼也。"孟子把那些自夸能富国强兵的人称为"民贼"，这涉及"富国强兵"与"仁义道德"之间的冲突。孟子曾言"春秋无义战"，孟子所处的战国时期，战争背离仁义。孟子反对战争，主张靠仁政治国，坚持用仁义道德感化百姓。

12.10　白圭（名丹，先秦商业经济思想家，主张减轻田税）曰："吾欲二十而取一，何如？"

孟子曰："子之道，貉（mò，古代北方少数民族国家）道也。万室之国，一人陶，则可乎？"

曰："不可，器不足用也。"

曰："夫貉，五谷不生，惟黍生之；无城郭、宫室、宗庙、祭祀之礼，无诸侯币帛饔飧（yōng sūn，用饮食来招待客人的礼节），无百官有司，故二十取一而足也。今居中国，去人伦，无君子，如之何其可也？陶以寡，且不可以为国，况无君子乎？欲轻之于尧舜之道者，大貉、小貉也；欲重之于尧舜之道者，大桀、小桀也。"

白圭问孟子："我想定税率为二十取一，怎么样？"

孟子说："你这种做法，是胡貉地区的做法。假如有一万户人口的国家，只有一个人制作陶器，可以吗？"

白圭说："不可以，那样陶器会不够用。"

孟子说："胡貉地区不生五谷，只产黍子；没有城墙、宫室、宗庙以及祭祀仪式，没有诸侯间钱币、绢帛、宴席各类交往活动，没有各级官吏和机构，所以税制用二十取一就足够了。如今在中原，抛弃人伦，不要各级官吏，那怎么行呢？制作陶器的工人太少，都有碍于国家治理，更何况没有官吏呢？想使税率比尧舜时还低的，无非是大貉、小貉；想使税率比尧舜时还高的，就是大桀、小桀了。"

【导读】

国家正常运转需要财政税收，财税收取多少为合适呢？孟子推崇尧舜之时十分抽一的税率。如果税率太高，老百姓就会怨声载道；税率太低，国家财政紧张，入不敷出，会影响国家正常运转和社会发展。孟子深谙此道，他从实际出发，认为如果用二十抽一税率，老百姓的负担确实减轻了，但无法保证国家正常运转，就更谈不上社会事业的发展了。当然，孟子也不赞成像暴虐的夏桀那样，横征暴敛，把人民置于水火之中。他主张税收多寡要根据国家的发展需要和人民的承受能力来确定。

12.11　白圭曰："丹之治水也愈于禹。"

白圭说："我治水患，比大禹还强。"

孟子曰："子过矣。禹之治水，水之道（顺乎水的本性而为）也，是故禹以四海为壑。今吾子以邻国为壑。水逆行谓之洚水（大水泛滥）——洚水者，洪水也——仁人之所恶也。吾子过矣。"

孟子说："你错了。大禹治水是顺着水的本性而为，所以大禹以四海为蓄水的沟壑。如今你却把邻国当作蓄水的沟壑。水逆流而行，就称其为洚水——所谓洚水，就是洪水——是有仁爱之心的人所厌恶的。所以你错了。"

【导读】

大禹治水，顺其自然，以疏为主，将水导入大海，利国利民，造福人类。白圭治水，逆流而治，以堵为主，水被堵塞后流向邻国，损人利己。人们之所以推崇大禹治水，除了称道大禹治水的敬业精神外，更赞扬他遵循规律，方法科学，行仁显智。白圭治水，心无仁德，以邻为壑，利己害人，不仁不智，所以仁者厌恶他。

12.12　孟子曰："君子不亮（通"谅"，诚信），恶乎执？"

孟子说："君子不讲诚信，如何能有操守呢？"

【导读】

关于"信"，孟子有过"大人者，言不必信，行不必果，惟义所在""君子不亮，恶乎执"等表述，表面上看似乎自相矛盾，实是原则与变通的统一。"信"乃善之体现，无信则不善，但若坚守背"义"之信，就是助纣为虐，故孟子说"惟义所在"。

12.13 鲁欲使乐正子为政。孟子曰："吾闻之，喜而不寐。"

公孙丑曰："乐正子强乎？"

曰："否。"

"有知虑乎？"

曰："否。"

"多闻识乎？"

曰："否。"

"然则奚为喜而不寐？"

曰："其为人也好善。"

"好善足乎？"

曰："好善优于天下，而况鲁国乎？夫苟好善，则四海之内皆将轻千里而来告之以善；夫苟不好善，则人将曰：'訑訑（yí，不愿听取他人善言的声音），予既已知之矣。'訑訑之声音颜色距人于千里之外。士止于千里之外，则谗谄面谀之人至矣。与谗谄面谀之人居，国欲治，可得乎？"

鲁国想让乐正子治理国政。孟子说："我听到这个消息，高兴得睡不着觉。"

公孙丑问："乐正子能力很强吗？"

孟子说："不怎么强。"

公孙丑问："他富有智慧吗？"

孟子说："不怎么富有智慧。"

公孙丑又问："他见多识广吗？"

孟子说："见识不怎么广博。"

公孙丑又问："那么您为什么高兴得睡不着觉呢？"

孟子说："他乐闻善言。"

公孙丑又问："仅仅乐闻善言就足够了吗？"

孟子说："乐闻善言治理天下都绰绰有余了，何况是治理鲁国呢？一个人如果乐闻善言，那么四海之内的人都将不远千里而来，告诉他行善之方；一个人如果不乐闻善言，那么就会说：'呵呵！我早就知道了。''呵呵'的声音和脸色就会拒人于千里之外。士人被拒于千里之外，那么谄媚逢迎的人就会蜂拥而至。同这些人混在一起，国家要想治理好，可能吗？"

【导读】

孟子认为：治理好一个国家并不单靠执政者个人的能力、智慧和学识，也应当广泛听取和采纳别人的意见，集思广益，如此治理国家就能游刃有余。乐正子虽然能力、智慧、见识都不是很突出，但乐闻善言，故能辅政治国。因此，孟子一听说他将执政于鲁国，便觉得鲁国兴盛有希望了，所以"喜而不寐"。

12.14 陈子曰："古之君子何如则仕？"

孟子曰："所就三，所去三。迎之致敬以有礼，言，将行其言也，则就之。礼貌（礼节、态度）未衰，言弗行也，则去之。其次，虽未行其言也，迎之致敬以有礼，则就之。礼貌衰，则去之。其下，朝不食，夕不食，饥饿不能出门户。君闻之，曰：'吾大者不能行其道，又不能从其言也，使饥饿于我土地，吾耻之。'周（接济）之，亦可受也，免死而已矣。"

陈子问孟子："古时候的君子在什么情况下才做官？"

孟子说："在三种情况下可以做官，在三种情况下可以辞官。迎接时恭敬而合礼，对他的言论主张打算实行，就可以就职。礼节、态度虽然没有减退，但他的言论主张不实行了，那就要辞职。其次，虽然没有说要实行他的主张，但迎接时恭敬且合礼，就可以就职。如果对待他的礼节、态度减退了，那就要辞职。最坏的情况是早晚都吃不上饭，饿得出不了门。君主知道了，说：'我大的方面不能推行他的主张，又不能听从他的建议，但让他在我的国土上挨饿，是我的耻辱。'于是君主接济他，这也是可以接受的，不过是避免饿死罢了。"

【导读】

君子"就""去"有据又有度，能做到"就"之乐，"去"之亦乐。君王能以礼相待并采纳君子的主张，君子的社会价值得以体现；君王礼遇君子，君子的尊严得以保持；君王接济君子，君子的生活得到保障，这三种情况下，可仕。就政见、尊严、物质而言，不同的境况应有不同的衡量标准和满意度，要懂得时移世易，不能死守同一规矩和标准。

12.15 孟子曰："舜发于畎亩之中，傅说（商王武丁的国相）举于版筑（古人筑墙时，用两版相夹，实土其中，以杵筑之）之间，胶鬲（殷纣时贤人）举于鱼盐之中，管夷吾（管

孟子说："在历山耕地的舜被尧起用而发迹，傅说在筑墙劳役中被提举出来，胶鬲在贩卖鱼盐的市场被发现，管夷吾从狱官手下被解救，孙叔敖从海边隐居地被选拔出来，百里奚从交易市场被提举。所以，

仲，辅助齐桓公称霸）举于士，孙叔敖（被楚庄王举为令尹）举于海，百里奚（被秦穆公举为国相）举于市。故天将降大任于是人也，必先苦其心志，劳其筋骨，饿其体肤，空乏其身，行拂（违背）乱其所为，所以动心忍性，曾（同"增"）益其所不能。人恒过，然后能改；困于心，衡（同"横"，不顺）于虑，而后作；征（表现）于色，发于声，而后喻（使人明白）。入则无法家拂士（同"弼士"，辅弼的贤士），出则无敌国外患者，国恒（经常）亡。然后知生于忧患而死于安乐也。"

上天要让某个人担负重任，必定先要磨炼他的心志，劳累他的筋骨，饥饿他的肚腹，穷困疲乏他的身体，他的一切总是不能如意，这样就可以震动他的心灵，磨炼他的性情，使他增长才干弥补不足。人经常有过错，才能够改正；心灵被困，思虑被塞，而后才能奋发有所作为；表现在脸上，发出声音，然后才能让人了解。一个国家，如果国内没有以道治国的辅佐良臣，国外没有敌国的抗衡和外患的忧虑，这个国家容易灭亡。这样才让人知道困苦患难足以使人生存，安逸快乐足以使人死亡的道理。"

【导读】

　　一个国家要是国内没有懂法度和能辅佐国君的大臣，国外没有相与抗衡的邻国和外患，这样的国家常常会招致灭亡。人都希望有一个安适的环境，若陶醉于安适的环境，精神萎靡，意志消沉，不免无所作为；人虽不希望生在忧患的环境中，但忧患的环境能激发人的主观能动性，使人精神振奋，意志高昂，立誓作为，终能生存发展。"生于忧患，死于安乐"，激励人们不要被困难与挫折吓倒，要自强不息，励精图治，这样事业总会成功；同时提醒人们不要陶醉于顺境，更不能骄傲自满，麻痹大意，否则会招致失败与屈辱。

　　12.16　孟子曰："教亦多术矣，予不屑之教诲也者，是亦教诲之而已矣。"

　　孟子说："教育方法多种多样，我不屑于给予教诲，也是一种教育的方法。"

【导读】

教育的方式方法有多种。"不屑之教"乃不言之教，其奥妙在于不屑于教诲他，目的是让他羞愧而奋发向上。"不屑之教"并不是把学生看扁了，不是将他们划为不可教诲的一类，而是一种爱心的延伸。"不屑之教"只是不从正面讲道理而已，是用较为极端的方式促发其自尊心，激励其奋发向上，此乃教育心理学原理在教学中有效运用的典范。

尽心章句上

（凡四十六章）

13.1　孟子曰："尽其心（善心）者，知其性（善性）也。知其性，则知天（指宇宙的运动变化规律）矣。存其心，养其性，所以事天（遵循天道而行）也。夭寿不贰，修身以俟之，所以立命（修身养性以奉天命）也。"

孟子说："人如果能充分扩张善良的本心，就是懂得了人善的本性。懂得了人的本性，就懂得天命了。保存人的本心，培养人的本性，就可以侍奉天了。短命或长寿都不能动摇自己的本心，修身养性以奉天命，这就是安身立命的方法。"

![导读] 【导读】

尽心即悉心竭力，最大限度地扩充四端。尽其心就是明自本心，知其性即识自本性，知天就是知天命，尊天道。孟子谈天命人性，没有唯心神秘色彩，而是充满了积极主动的主体精神。对待天命，不过是保持心灵的思考，涵养人之所以为人的本性罢了；所谓安身立命，也不过是一心一意地修养自身而已。

13.2　孟子曰："莫非命也，顺受其正（正命，本应有的命运）；是故知命者不立乎岩墙（将要倒塌的墙）之下。尽其道而死者，正命也；桎梏死者，非正命也。"

孟子说："一切事物无不有自己的命运，需顺其自然接受命运；所以真正懂得命运的人不站在危墙之下。尽力行道而死的人，就是正当其命；犯罪受刑而死的人，就不是正当其命。"

【导读】

符合道义的命是正命，不符合道义的命是非正命。万事万物都有开始和终结，人有生老病死，既是命运，也是规律。人都知道不立于危墙之下，这叫知命。这不是宿命论，孟子强调的是"顺受其正"，尊重规律，顺理而行，就是顺应正常的命运。

13.3　孟子曰："求则得之，舍则失之，是求有益于得也，求在我者也。求之有道，得之有命，是求无益于得也，求在外者也。"

孟子说："探求才能得到，放弃就会失去，这是有益于收获的探求，因为所探求的在自身之内。探求有一定的方式，得到与否却听从命运，这是无益于收获的探求，因为探求的对象在自身之外。"

【导读】

仁义礼智，探求才能得到，舍弃就会失去，这样的探求是有益于得到的，探求与否在于自身。功名利禄，探求遵循一定方法，是否得到必须尊重天命，这样的探求无益于得到，因为是在向身外寻求。"求在我者"的"求"指的是思想修养，是人生境界的追求，即精神的自我完善。"求在外者"即向身外之物探求，受众多外在因素影响，并不是一厢情愿地追求就可以得到的。

13.4　孟子曰："万物皆备于我矣。反身而诚，乐莫大焉。强恕（推己及人的宽仁之道）而行，求仁莫近焉。"

孟子说："我具备了一切行善的条件。只要反身求诚，就是最大的乐事。努力去行宽仁之道，所求仁德就离自己很近了。"

【导读】

孟子强调在自身具备认识天地万物的能力和条件后，应"反身而诚"，因为认识的一切都是诚实无欺的，这是对真理的探求，故"乐莫大焉"。但仅有认识还不够，还要"强恕而行"，尽力按恕道行事，如此方可实行仁道。"万物皆备于我矣"所引出的是认识和实践两大追求：一是"诚"，二是"恕"。它们都是儒学的核心内容，是一种充满主体意识、乐观向上的心态，展示的是认识世界、探索真理的勇气和信心。

13.5　孟子曰："行之而不著(明白)焉，习矣而不察(深究)焉，终身由(用)之而不知其道者，众也。"

孟子说："践行仁德而不明其理，反复去做却不知其所以然，终身行道而不知这是条什么道路，这是一般的人。"

【导读】

行动不明缘由，习惯了就不再仔细审察，终身忙碌却不知行走在什么道路上，这是普通人的行为。有人处于"自在"状态，无主体意识，不能清醒地认识自己。有人能达到"自为"状态，具有独立的主体意识，行事前能明白"为什么"，并能经常反省自己，故可不断提升自己。孟子所说的"众也"，即处于"自在"状态、不明所以的人。

13.6　孟子曰："人不可以无耻，无耻之耻，无耻矣。"

孟子说："人不可以没有羞耻心，没有羞耻心所带来的耻辱，那才叫无耻。"

【导读】

知羞耻方为人。不分善恶，不明是非，不分荣耻，为了自利，不计一切的行为，对于人而言是最大的耻辱，其泯灭了人性，让人又退回到动物群中。一个人无耻到无意识那就是名副其实的无耻了。知耻，是自尊的重要表现，唯有知耻，才能自尊。知耻，是获得文明与高尚的前提。

13.7　孟子曰："耻之于人大矣，为机变(奸诈)之巧者，无所用耻焉。不耻不若人，何若人有？"

孟子说："羞耻心对人至关重要，善用计谋奸诈的人，表现不出羞耻心来。不以赶不上别人为羞耻，怎么能赶上别人呢？"

【导读】

"羞耻心"乃是非心、善恶心、美丑心、荣辱心、敬畏心。"羞耻心"就是重人格，讲尊严。人有"羞耻心"就能自我完善，就离圣贤更近了。

13.8　孟子曰："古之贤王好善

孟子说："古代贤君喜好善言善行而忘

而忘势，古之贤士何独不然？乐其道而忘人之势，故王公不致敬尽礼，则不得亟见之。见且由（通"犹"）不得亟，而况得而臣之乎？"

掉自己的富贵权势，古代贤士又何尝不是这样呢？乐于其道而忘了别人的富贵权势，所以王侯贵族不对他们恭敬尽礼，就不能够多次见到他们。见面次数尚且不能够多，何况要使之为臣呢？"

【导读】

君子秉持善道而轻视权势，因为权势不是人性本有的，仅暂时具有威力。靠权势无法让人心服，只有善道才能让人心悦诚服。贤君不以权势压人，行王道可使人心悦诚服；贤士乐道而扬善，方能受人尊敬。

13.9　孟子谓宋勾践曰："子好游（游说）乎？吾语子游。人知之，亦嚣嚣（自得无欲的样子）；人不知，亦嚣嚣。"

曰："何如斯可以嚣嚣矣？"

曰："尊德乐义，则可以嚣嚣矣。故士穷不失义，达不离道。穷不失义，故士得己（自得）焉；达不离道，故民不失望焉。古之人，得志，泽加于民；不得志，修身见于世。穷则独善其身，达则兼善天下。"

孟子对宋勾践说："你喜欢游说各国君主吗？我告诉你怎样游说吧。别人理解你，你自得其乐；别人不理解你，你也自得其乐。"

宋勾践说："怎样才能如此自得其乐呢？"

孟子说："只要崇尚德、喜欢义，就可以自得其乐了。所以士人再不得志也不失义，再怎么得意也不离道。不得志却不失义，所以士人能自得其乐；发达了也不离道，所以百姓不致失望。古时候的人，如果得志，就会惠泽万民；如果不得志，就修养自身以待现于世。穷困时善养自身，发达时善养天下万民。"

【导读】

尊德而不慕乎人爵之荣，则可以自重。乐义而不受外物之诱，则可以自安。善其身，是重内在修养；善天下，强调的是外在事业，即齐家治国平天下。不论穷达，都不背离仁义之根本。失意困穷时，洁身自好，自爱自尊，"修己以敬"；得志显达时，以兼善天下为己任，即施行仁政追求王道，"修己以安百姓"。"穷则独善其身，达则兼善天下"彰显士人无奈地坚守与平治天下的胸怀，也反映儒学通权达变的思想方法和精神气度。

13.10　孟子曰："待文王而后兴（奋发）者，凡民也。若夫豪杰之士，虽无文王犹兴。"

孟子说："等待文王这样的圣君出现才奋发的人，是平凡的人。若是英雄豪杰，即使没有文王这样的圣君出现，也会奋发。"

【导读】

孟子认为：待圣君而兴，算不上真正的英雄豪杰；真正的豪杰之士，是可以造时势的人，即使没有贤君出现，也会奋发向上，有所作为。换言之，豪杰之士不依傍别人而能卓然自立，并能弘扬仁德道义。

13.11　孟子曰："附之以韩魏之家，如其自视欿（kǎn，不自满）然，则过人远矣。"

孟子说："如把春秋时晋国六卿中韩、魏两家的财势都加在他身上，仍然不自满，那他就远远超过一般人。"

【导读】

富甲一方，不如道满天下。财富多，可称富豪，不能称为贤达。一个人如果不追求财势，而是竭力追求仁义，崇尚道德，虽非完人，亦近乎贤达。并非财富越多，其人就越快乐；并非势力越强大，人就越高贵。传承久远的只有思想、智慧和精神。

13.12　孟子曰："以佚道使民，虽劳不怨。以生道杀民，虽死不怨杀者。"

孟子说："在为百姓谋福利的原则下役使百姓，百姓虽劳苦而不埋怨。在谋求大多数百姓生存的原则下杀人，那人虽然会死但不会埋怨杀他的人。"

【导读】

若役使百姓是为百姓谋求福利，若杀人是为民除害，那就不会招致怨恨。执政者若为了大多数人生存和发展而牺牲某些人的利益，百姓虽死无怨。执政者若能从长远和全局利益出发，为百姓及其子孙后代造福，百姓永存感激之情。

13.13　孟子曰："霸者之民欢虞（同"欢娱"）如也，王者之民皞皞（同"浩浩"，广大自得的样子）如也。杀之而不怨，利之而不庸（酬功），民日迁善而不知为之者。夫君子所过者化，所存者神，上下与天地同流，岂曰小补之哉？"

孟子说："霸主的百姓欢呼雀跃，王者的百姓悠然自得。犯罪被处死也不怨恨，得到好处也不酬谢，百姓日益向善而不知道是谁使他们如此。君子经过的地方，人们受到感化，他停留的地方，感化之力神秘莫测，君民上下与天地协调运转，怎么能说是小小补益呢？"

【导读】

霸主能使人安逸舒适，使人欢娱。王者能使人乐善好施，悠然自得。王者之民欢娱快乐甚于霸者之民。两者较之，王者之道之仁心德泽足以悦天地，感神灵，能使人民享受长久安宁和幸福。

13.14　孟子曰："仁言不如仁声之入人深也，善政不如善教之得民也。善政，民畏之；善教，民爱之。善政得民财，善教得民心。"

孟子说："仁德的言语不如仁德的声誉深入人心，良好的政治不如良好的教育得民心。良好的政治，百姓敬畏；良好的教育，百姓喜爱。良好的政治能获取百姓的财富，良好的教育则能得到百姓的心。"

【导读】

"仁言"是一种仁政的预期，"仁声"是人民对已经施行的仁政所取得的良好成果的赞誉，"善政"是兼顾国家和人民的根本利益的政治。使国家和人民富裕起来，是执政者的目标之一。对于人民，还需"教之"，让人民在解决温饱的同时，得到精神上的提升，使百姓有尊严且幸福地生活。

13.15　孟子曰:"人之所不学而能者,其良能也;所不虑而知者,其良知也。孩提之童无不知爱其亲者,及其长也,无不知敬其兄也。亲亲,仁也;敬长,义也;无他,达之天下也。"

孟子说:"人不需要学习就能做到的,是良能;人不需思考就知道的,是良知。两三岁的小孩,没有不爱父母的,等到长大,没有不尊敬兄长的。亲近父母就是仁,尊敬兄长就是义,这没有其他原因,因为这两种品德可以通行于天下。"

【导读】

良知乃人人"共知",是人们判断善恶正邪、捍卫正义的道德品质,是一个包括了理性、情感、意志、信念等诸多道德意识成分的直接真实的生命体验,它为"人人共知""人人同知",是人之为人的道德底线和最高原则。"良能"涵盖"仁""义""礼""智"全能的心灵德性的未发状态,其意义蕴含在弃恶扬善的实践之中。孟子所言的良知良能,是指人人皆有、与生俱来的明辨是非善恶的能力与智慧,人只要保持良知良能,就能居仁行义。

13.16　孟子曰:"舜之居深山之中,与木石居,与鹿豕游,其所以异于深山之野人者几希;及其闻一善言,见一善行,若决江河,沛然莫之能御也。"

孟子说:"舜居住在深山的时候,与树木、山石为伴,与山鹿、野猪同行,他与山野的百姓不同之处很少;等到他听到一句善言,见到一桩善行,他内心的善性就像决口的江河,波涛汹涌,无法阻挡。"

【导读】

圣贤即使在最恶劣的生存环境中也能从善如流,决不会失去人之本性,改变自己的志向。他经过艰难困苦的磨炼,能担大任于天下,救苍生于水火。舜顺天应人,所以听到善言,见到善行,就急迫期待身体力行。

13.17　孟子曰:"无为其所不为,无欲其所不欲,如此而已矣。"

孟子说:"不要去做自己不该做的事,不要去追求自己不该追求的东西,这样就行了。"

【导读】

天下之事繁多，每个人做事都应符合道义，对于违背道义的事坚决不做，否则会自取其辱。人生之欲无尽，即使是圣人君子，也会有物欲。有物欲不可怕，只要坚持不合道义的东西不取，不合道义的事不做就行了。

13.18　孟子曰："人之有德慧术知者，恒（常常）存乎疢疾（灾患。疢音chèn）。独孤臣孽子，其操心也危（不安），其虑患也深，故达（通达）。"

孟子说："人之所以有道德、智慧、本领、知识，常常是由于他遭受过灾患。只有孤立之臣和庶孽之子，时常提高警惕，思虑患害深远，所以他们才通达事理。"

【导读】

所谓通达，即有智谋，知权变，善思考，能成事，这些品质多"生于忧患"。换言之，残酷的生存环境能激发人不断地去认识事物，透过诸多现象发现事物本质，进而掌握、利用规律。孤臣和孽子生存艰难异乎常人，为应对随时到来的挑战，他们蕴藏着惊人的毅力和才智。

13.19　孟子曰："有事君人者，事是君则为容悦者也；有安社稷臣者，以安社稷为悦者也；有天民者（明道者），达可行于天下而后行之者也；有大人者，正己而物正者也。"

孟子说："有侍奉君主之人，他们以取悦君主为己任；有安邦定国之臣，他们以安定国家为己任；有明道之人，他们以道行天下为己任；有品德高尚且才智超凡的人，他们不仅能端正自己，还能端正万物。"

【导读】

臣分四等，人品志向不同，所能成就的事业也就不同。"事君人者"，侍奉国君没有原则，无论正确与否，皆投国君所好，以求保全自己的富贵。"安社稷臣者"，以辅佐君主安定社稷为乐事，谋国之念甚于谋身，其心中所想只有社稷百姓。"天民者"，其用世之志在于有所为，不一定竭力仕进，道能通行天下时便出来做官，道无法通行天下时则遁世隐居终身无悔。"大人者"，身修道立，只致力于正己之功，上正君王，不必形之于讽议，下正黎民，也不必申之以禁令；功在社稷，却不必有安社稷之劳，道济天下，却无意于行藏之迹。

13.20　孟子曰："君子有三乐，而王天下不与存焉。父母俱存，兄弟无故，一乐也；仰不愧于天，俯不怍于人，二乐也；得天下英才而教育之，三乐也。君子有三乐，而王天下不与存焉。"

孟子说："君子有三种快乐，但称王天下不在其中。父母健在，兄弟平安，这是第一种快乐；抬头无愧于天，低头无愧于人，这是第二种快乐；得到天下的优秀人才而对他们进行教育，这是第三种快乐。君子有这三种快乐，但称王天下不在其中。"

【导读】

"父母俱存"可以事亲，"兄弟无故"可以从兄，事亲显仁，从兄具义。"仰不愧于天，俯不怍于人"，君子心地光明坦荡，行事问心无愧，快意自得。"得天下英才而教育之"，君子化育英才，为国储贤养才，传播真理，共同济助天下。一乐家庭平安，二乐心地坦然，三乐教书育人。家庭平安乃能无忧，问心无愧方才安宁，教育英才则是享受，一个人如能获此三者，快乐盈盈，终生无憾。

13.21　孟子曰："广土众民，君子欲之，所乐不存焉；中天下而立，定四海之民，君子乐之，所性不存焉。君子所性，虽大行不加焉，虽穷居不损焉，分定故也。君子所性，仁义礼智根于心，其生色也睟（suì，清和润泽）然，见于面，盎（充盈）于背，施（延及）于四体，四体不言而喻。"

孟子说："拥有辽阔的土地和众多的百姓，是君子所追求的，但他们的快乐不在其中；居于天下的中心，安定四海的百姓，君子以此为乐，但本性不在于此。君子的本性，即使他的理想通行于天下也不会因此而有所增益，即使穷困窘迫也不会因此而有所减损，这是本分已定的缘故。君子的本性，仁、义、礼、智根植于心，而其表现出来的神色则清和润泽，表现于颜面，反映在肩背，以至于四肢，举手投足，不用言语就能使人一目了然。"

【导读】

治国平天下是贤者的理想与追求，但真正的君子，视穷达为身外事，保持仁义礼智根于心，清和润泽显于外，胸怀高远，外在形象与内在灵魂统一，通体闪耀着生命的光辉，精神境界已超越治国平天下。

13.22　孟子曰："伯夷辟纣，居北海之滨，闻文王作，兴曰：'盍归乎来，吾闻西伯（指周文王）善养老者。'太公辟纣，居东海之滨，闻文王作，兴曰：'盍归乎来，吾闻西伯善养老者。'天下有善养老，则仁人以为己归矣。五亩之宅，树墙下以桑，匹妇蚕之，则老者足以衣帛矣。五母鸡，二母彘，无失其时，老者足以无失肉矣。百亩之田，匹夫耕之，八口之家足以无饥矣。所谓西伯善养老者，制其田里，教之树畜，导其妻子使养其老。五十非帛不暖，七十非肉不饱。不暖不饱，谓之冻馁。文王之民无冻馁之老者，此之谓也。"

孟子说："伯夷躲避纣王，住在北海边，听说周文王奋发有为，就振作起来说：'为何不投奔西伯呢？我听说他善于奉养老人。'姜太公躲避纣王，住在东海边，听说周文王奋发有为，就振作起来说：'为何不投奔西伯呢？我听说他善于奉养老人。'天下有善于奉养老人的人，那么仁人君子就把他视为自己的依托。有五亩地的人家，在墙边种植桑树，妇女养蚕缫丝，那么老人就可以穿上丝帛了。养五只母鸡、两头母猪，不耽误喂养时机，老人就可以吃上肉了。有百亩田地的人家，男子耕种，八口之家就足以吃饱饭了。所谓周文王善于奉养老人，就是他制定了田亩制度，教导人们种植桑树和畜养家畜，教育百姓奉养老人。五十岁的人没有丝帛就穿不暖，七十岁的人没有肉就吃不饱。吃不饱，穿不暖，叫作忍饥受冻。文王的百姓中没有忍饥受冻的老人，说的就是这个意思。"

【导读】

周文王以天下之利教天下之民，率天下之民养天下之老。养老尊贤，声播天下，贤能归附，故能平治天下。文王养老之法有三：一是发展农桑养殖，使老者衣食无忧；

二是合理分配耕地，实现养老可持续；三是教百姓以孝悌。

13.23　孟子曰："易（治）其田畴，薄其税敛，民可使富也。食之以时，用之以礼，财不可胜用也。民非水火不生活，昏暮叩人之门户求水火，无弗与者，至足矣。圣人治天下，使有菽粟如水火。菽粟如水火，而民焉有不仁者乎？"

孟子说："让百姓整治田地，减轻税收，百姓就可以富足。按时饮食，依礼消费，财物就用不完。百姓没有水和火就不能生活，黄昏时去敲别人家的门讨要水和火，没有不给的，因为水和火相当充足。圣人治理天下，使粮食像水和火一样充足。粮食像水和火一样充足，百姓哪有不仁爱的呢？"

【导读】

孟子"薄税敛"思想是其仁政学说的重要组成部分，具有政治、经济、道德的多重意义。"薄其税敛"，可使百姓富足，家家吃穿有余，就不会有不仁之人。在捐税多如牛毛之时，孟子为实现"富民"目的而提出"薄税敛"，具有积极意义。

13.24　孟子曰："孔子登东山而小鲁，登泰山而小天下，故观于海者难为水，游于圣人之门者难为言。观水有术，必观其澜。日月有明，容光（指微小的缝隙）必照焉。流水之为物也，不盈科不行；君子之志于道也，不成章（事物达到一定阶段，具有一定规模）不达。"

孟子说："孔子登上东山就觉得鲁国小了，登上泰山就觉得天下小了，所以看过大海的人很难被其他的水吸引，在圣人门下学过的人难以被一般言论吸引。观看水有方法，一定要看它壮阔的波澜。日月有无限的光辉，微小的缝隙也能照射进去。流水的本性，不填满坑坎就不会向前流；君子有志于道，不达到一定阶段也就不会通达。"

【导读】

"登东山而小鲁，登泰山而小天下"，意指人的眼界要高，孟子由此引出做学问就应归入圣人之门的道理。太阳和月亮的光辉不放过任何一个能够容纳光线的小缝隙，流水不放过任何一个坑坎，引申到做学问，就需基础扎实，循序渐进，逐步通达，方可彰明圣道。

13.25　孟子曰："鸡鸣而起，孳孳为善者，舜之徒也；鸡鸣而起，孳孳为利者，跖之徒也。欲知舜与跖之分，无他，利与善之间也。"

孟子说："鸡鸣而起，孳孳不倦地行善，是舜一类的人；鸡鸣而起，孳孳不倦地求利，是盗跖一类的人。要想知道舜和盗跖的区别，没有别的，只是求善和求利的不同。"

【导读】

为善还是为利，不完全观其结果，而是论其行事之动机。小人唯利是图，利己为我；君子追求道义，惠及苍生。君子之道利在天下，名扬古今。

13.26　孟子曰："杨子（指杨朱）取为我，拔一毛而利天下，不为也。墨子兼爱，摩顶放踵利天下，为之。子莫执中。执中为近之。执中无权，犹执一也。所恶执一者，为其贼道也，举一而废百也。"

孟子说："杨子主张为我，就算是只拔自己一根汗毛就有利于天下，他也不愿意做。墨子主张兼爱天下，就算是摩秃头顶，磨破脚跟，如果能利天下，他也愿意干。子莫采取中间态度。中间态度比较接近正道。但是如果折中却不能权变，就像坚持一个极端一样。厌恶偏执一端的做法，是因为它有损仁义之道，只抓住一端而废弃了其余的部分。"

【导读】

杨子坚持"为我"，墨子一味"兼爱"，都偏执一端，而非中道，故二者都不可取。子莫虽主张中道，却死守中道，不知变通，仍然是偏执一端，举一废百。孟子主张"执中行权"，执守中道，通权达变，以取得"时中"的效果。也就是说中道也不是一成不变的，而应随世易而时移。

13.27　孟子曰："饥者甘食，渴者甘饮，是未得饮食之正也，饥渴害之也。岂惟口腹有饥渴之害？人心亦皆有害。人能无以饥渴之害为心害，则不及人不为忧矣。"

孟子说："饥饿的人觉得任何食物都是美味的，干渴的人觉得任何饮料都是甜的，这就有碍于了解饮食的正常滋味，是饥渴造成的。难道只有口腹才受饥渴所害吗？人心亦会受类似饥渴这样的灾害。如果人心能不遭受饥渴这样的灾害，那么就不会因比不上别人而担忧了。"

【导读】

饥不择食，渴不择饮，二者妨害人对饮食滋味的正常判断。人心若遭受"饥渴"之害，就会影响是非辨别力。人只有心灵不受"饥渴"之害，有鉴别地吸收营养，崇尚道义，才能饱尝精神的"甜美"。

13.28　孟子曰："柳下惠不以三公易其介（操守）。"

孟子说："柳下惠不会因为做大官而改变自己的节操。"

【导读】

人可贵可贱，可富可贫，但必须坚守节操。只要心存道义，就不会因外部环境的变化而改变自身的操守。柳下惠心存道义，所以仅将三公之位看作是行仁为善、造福百姓的岗位。

13.29　孟子曰："有为者辟（通"譬"）若掘井，掘井九轫（通"仞"）而不及泉，犹为弃井也。"

孟子说："做一件事就好比是挖井，挖井九仞还不见泉水，（如果不继续挖）仍是一口废井。"

【导读】

孟子用挖井来说明做事要持之以恒，不能半途而废，自弃前功。有作为的人，除了要有远大的志向、坚定的信念之外，还需有坚持不懈的毅力，如此方可有所作为。

13.30　孟子曰："尧舜，性之也；汤武，身之也；五霸，假之也。久假而不归，恶知其非有也。"

孟子说："尧舜爱民，是出于本性；汤、武爱民，是身体力行；五霸假借爱民之名谋利。假借久了而不归还，怎么知道他们本来就没有仁义呢？"

【导读】

尧舜推行仁义是本性，汤、武推行仁义靠身体力行，唯有五霸是假借仁义，假借既不是发自内心，也不是本性、本能，所以不能保持长久。既然不能长久保持，也就不会得到人民的拥护。

13.31　公孙丑曰："伊尹曰：'予不狎于不顺。'放太甲于桐，民大悦。太甲贤，又反之，民大悦。贤者之为人臣也，其君不贤，则固可放与？"

公孙丑问孟子："伊尹曾经说：'我不亲近那些违背礼义的人。'于是将太甲放逐到桐邑，百姓很高兴。太甲变得贤能了，又恢复他的王位，百姓也很高兴。贤人做别人的臣子，国君不贤明，就可以把国君放逐吗？"

孟子曰："有伊尹之志，则可；无伊尹之志，则篡也。"

孟子说："有伊尹那样的兴国之志，就可以；没有伊尹那样的兴国之志，就叫篡逆。"

【导读】

想百姓之所想，急百姓之所急，以天下为己任，此乃伊尹之志。伊尹放逐太甲，体现的是贤臣的节操和追求仁义的精神。放逐太甲，是伊尹对商王朝一片忠心、心系万民的表现。放逐太甲，是为了教育太甲，鞭策太甲修德勤政。

13.32　公孙丑曰："《诗》曰：'不素餐兮。'君子之不耕而食，何也？"

公孙丑问孟子："《诗经》说：'不白吃饭啊。'可是君子不耕种也有饭吃，为什么呢？"

孟子曰："君子居是国也，其

孟子说："君子居住在一个国家，君主

君用之，则安富尊荣；其子弟从之，则孝悌忠信。'不素餐兮'，孰大于是？"

任用他，那么国家就安定富裕、尊贵显荣；国家的少年弟子跟从他学习，就会孝敬父母、友爱兄弟、忠诚守信。'不白吃饭啊'，还有谁的贡献比他更大呢？"

【导读】

《论语》说"君子谋道不谋食"，孟子说"劳心者治人，劳力者治于人；治于人者食人，治人者食于人"，都强调社会分工。"素餐"者，指既不从事耕种，又不为百姓谋福利的官员，他们无所事事，白白享用百姓供给的饮食。能使国家"安富尊荣"，能使子弟"孝悌忠信"者，非"素餐"者，乃有为君子也。

13.33　王子垫（齐王的儿子，名垫）问曰："士何事？"

孟子曰："尚志。"

曰："何谓尚志？"

曰："仁义而已矣。杀一无罪非仁也，非其有而取之非义也。居恶在？仁是也；路恶在？义是也。居仁由义，大人之事备矣。"

王子垫问孟子："士人是做什么的？"

孟子说："修养高尚志向。"

王子垫又问："怎么才算修养高尚志向？"

孟子说："推行仁义罢了。杀一个无罪之人，就是不仁；不是自己应有的而取，就是不义。居住之处在哪里？仁便是；行走之路在哪里？义便是。居于仁而行义，大人的工作就齐全了。"

【导读】

仁义是一种精神，一种理想，一种完美的道德境界。以仁居身，则身心俱安；以义指路，则得行正路。人只有将仁义化为自身的内在德性，进而显于言行，才能成为贤明君子。

13.34　孟子曰："仲子（陈仲子。事见6.10），不义与之齐国而弗受，人皆信之。是舍箪食豆羹之义也。

孟子说："陈仲子，如果不合义就算把整个齐国给他，他也不会接受，人们都相信他能这样做。他的做法，只是舍弃一箪饭、人莫大焉（于）亡亲戚君臣上下。以其小者信其大者，奚可哉？"

一碗汤的小道义。人最大的过错在于抛弃亲戚、君臣、上下的伦常。因为一个人有小的道义就相信他有大的道义，怎么可以呢？"

【导读】

不受不义之财是义，行亲戚君臣上下之礼也是义。孟子认为陈仲子以不义虽与之国且不受，此乃舍箪食豆羹之小义；大义当尊亲戚君臣上下之礼。陈仲子避兄离母，处於陵而不仕，是弃亲戚君臣上下之大分，非义也。

13.35 桃应（孟子的学生）问曰："舜为天子，皋陶为士（古代掌管刑狱的官员），瞽瞍杀人，则如之何？"

桃应问孟子："舜做天子，皋陶做狱官，要是舜的父亲瞽瞍杀了人，应该怎么办？"

孟子曰："执之而已矣。"

孟子说："抓起来就是了。"

"然则舜不禁与？"

桃应说："那么舜不阻拦吗？"

曰："夫舜恶得而禁之？夫有所受之也。"

孟子说："舜怎么能阻拦呢？狱官去逮捕是有依据的。"

"然则舜如之何？"

桃应又问："那么舜该怎么办呢？"

曰："舜视弃天下犹弃敝蹝（亦作"屣"）也。窃负而逃，遵海滨而处，终身䜣（欢欣）然，乐而忘天下。"

孟子说："舜把抛弃天子之位看作抛弃穿破的鞋子。他会偷偷背着父亲逃跑，沿海边住下，终身逍遥，快乐得把曾经做过天子的事情都忘掉了。"

【导读】

做事力求合情合理，但有时情与理难两全。面对"瞽瞍杀人"的假设，孟子推崇的是舜"视弃天下犹弃敝蹝"，"乐"而忘天下的通达气度。

13.36 孟子自范之齐，望见齐王之子，喟然叹曰："居（环境）移

孟子从范邑到齐国的国都，远远看见齐王的儿子，感叹地说："环境改变气度，

气，养移体，大哉居乎！夫非尽人之子与？"

奉养改变体质，环境真是重要啊！不都是人的儿子吗？"

孟子曰："王子宫室、车马、衣服多与人同，而王子若彼者，其居使之然也。况居天下之广居（指仁）者乎？鲁君之宋，呼于垤泽之门。守者曰：'此非吾君也，何其声之似我君也？'此无他，居相似也。"

孟子说："王子所住的宫殿、所乘的车马、所穿的衣服大多是与别人相同的，王子为什么会那样呢？就是因为他所处的环境使他那样的。何况以仁为自己居所的人呢？鲁国国君到宋国，在垤泽门下大声喊叫。守门人说：'这不是我们的国君，为什么他的声调那么像我们的国君呢？'这没有别的原因，只因为所处的环境相似。"

【导读】

近朱者赤，近墨者黑。所处环境不同，所造就的思想、气质就不一样。环境可以影响人的心理，转变人的意识。如果一个人生活在仁山义海之中，就能崇仁尚义。

13.37 孟子曰："食而弗爱，豕交之也；爱而不敬，兽畜之也。恭敬者，币之未将（送）者也。恭敬而无实，君子不可虚拘（束缚）。"

孟子说："供养别人而没有爱，就像养猪一样；虽有爱却不恭敬，就像养禽兽一样。恭敬之心是在送礼物之前就具备的。如果只有恭敬的形式而缺乏恭敬的实质，那么君子就不会被虚假的恭敬束缚。"

【导读】

敬人之道，必以恭，恭贵实，实者谓敬爱者也。敬人必以心存恭敬为先，而币帛从之。交之以"食"，只满足物质需求，这种交往无异于饲养牲畜。交之以"仁"，能满足精神需求，是敬人爱人。

13.38 孟子曰："形色，天性也。惟圣人然后可以践形（意指圣人

孟子说："人的身体容貌是天生的。只有修养成圣贤，然后才能践行形体的真正

尽人之性，才能践人之形）。" 意义。"

天不以形色毁人，君子不以形色取人。人的形色有自然之美，有后天之美。自然之美，取决于父母；后天之美，取决于自身修养。形色后天美不美，取决于人的心灵。心灵美，则形色何陋之有？心灵不美，则形色何美之有？

13.39 齐宣王欲短丧。公孙丑曰："为期（jī，一年）之丧，犹愈于已（停止）乎？"

孟子曰："是犹或紾（zhěn，扭）其兄之臂，子谓之姑徐徐云尔，亦教之孝悌而已矣。"

王子有其母死者，其傅为之请数月之丧。公孙丑曰："若此者何如也？"

曰："是欲终之而不可得也。虽加一日愈于已，谓夫莫之禁而弗为者也。"

齐宣王想缩短守孝的时间。公孙丑问孟子："守孝一年，还是比不守孝要好吧？"

孟子说："这就好像有人扭他哥哥的胳膊，你却劝'你慢一点，轻一点'一样，应该教育他孝顺父母，恭敬兄长。"

有个王子死了母亲，他的师傅为他请求服丧几个月。公孙丑问孟子："像这种情况该怎样处理呢？"

孟子说："他这是想守孝三年但客观条件不允许。即使是多守孝一天也比不守孝好，我说的是针对没有人禁止他守孝但他却不肯守孝的那种人。"

孩子生下来三年以后，才能离开父母的怀抱；为父母守孝三年，是依礼应尽的义务，是仁爱之心的真实体现，而不能是一种过场。当客观条件不允许时，亦可缩短丧期，但一定要心存孝心。齐宣王与某王子虽然都没有服完三年之丧，但意义完全不同，齐宣王是"不为"也，某王子是"不能"也。

13.40 孟子曰："君子之所以 孟子说："君子教育人的方式有五种：

教者五：有如时雨化之者，有成德者，有达财（通"材"）者，有答问者，有私淑艾者。此五者，君子之所以教也。"

有像及时雨一样滋润万物的，有成全品德的，有培养才能的，有解答疑问的，还有以流风余韵为后人所私自学习的。这五种，就是君子教育人的方法。"

【导读】

孟子所列的五种教育方式并不是一个全面的教学体系，主要强调教学方法不能千篇一律，要根据培养目标及学生本身的不同情况、不同潜质区别对待，因材施教。

13.41　公孙丑曰："道则高矣，美矣，宜若登天然，似不可及也；何不使彼为可几及而日孳孳也？"

孟子曰："大匠不为拙工改废绳墨，羿不为拙射变其彀率。君子引而不发，跃如也。中道而立，能者从之。"

公孙丑问孟子："道太高太美好，就好比是要登天一样，似乎高不可攀；为什么不让它变得可攀而可以每天都能勤勉努力呢？"

孟子说："高明的工匠不会因为笨拙的工匠而改变或放弃墨斗线的标准，羿不会因为笨拙的射手而改变自己弯弓的限度。君子修道如同拉满弓而不发箭，还要做出马上发箭的样子。立于仁义之道，有才能的人就会跟从。"

【导读】

君子不因目标高远而降低标准，也不会因追求真理有困难而降低要求。善导的老师重在传授方法，启发学生，调动学生的学习主动性，激发学生求知的欲望。欲行仁义、能行仁义的人一定能依仁义之道处事。

13.42　孟子曰："天下有道，以道殉身；天下无道，以身殉道。未闻以道殉乎人者也。"

孟子说："天下政治清明的时候，用道义行事；天下政治黑暗的时候，用生命捍卫道义。没有听说过牺牲道义而屈从于他人的。"

【导读】

君子与道，两相成就，君子不损道，道也不弃君子。小人与道，两相厌恶，小人损道偷生，道最终必弃小人。大丈夫在天下有道之时，以此道来完善自身；在天下无道之时，为了道而舍生取义，杀身成仁。

13.43　公都子曰："滕更（滕君的弟弟，孟子的学生）之在门也，若在所礼，而不答，何也？"

孟子曰："挟贵而问，挟贤而问，挟长而问，挟有勋劳而问，挟故而问，皆所不答也。滕更有二焉。"

公都子问孟子："滕更在先生门下，应在以礼相待的范围，为什么不回答呢？"

孟子曰："倚仗自己的地位权势来问，倚仗自己贤能来问，倚仗自己年纪大来问，倚仗自己有功劳来问，倚仗自己是老交情来问，都不予回答。滕更占了两条。"

【导读】

向老师请教，不管是学知识还是切磋学问，都不能掺杂贵、贤、长、功、故等外在的因素，否则，非诚心求学，非谦虚求教，无尊敬师长之心，就不可能得到有效的回应，更难有收获。

13.44　孟子曰："于不可已而已者，无所不已。于所厚者薄，无所不薄也。其进锐者，其退速。"

孟子说："对于不应该停止的事情却停止了，那就没有什么不可以停止的了。对于应该厚待的人却薄待了，那就没有什么人不可以薄待了。前进太猛的人，后退也会很快。"

【导读】

在不该停的地方停了，乃不思进取。对不该薄待的人薄待了，是诚心不够。急躁冒进，是不尊重规律。

13.45　孟子曰："君子之于物也，爱之而弗仁；于民也，仁之而弗亲。亲亲而仁民，仁民而爱物。"

孟子说："君子对于万物，爱惜它，但不用仁德对待它；对于百姓，仁爱但谈不上亲爱。君子亲爱亲人而仁爱百姓，仁爱百姓而爱惜万物。"

【导读】

　　孟子认为：一个人若不爱自己的亲人，却说能爱别人，既不真实也不可能。人只有先爱自己的亲人，将爱养成一种习惯时，再说爱别人，爱世间万物，才有可能。君王只有亲爱自己的亲人，才有可能仁爱百姓；君王仁爱天下万民，但不会单独亲近某个人；只有仁爱百姓者，才有可能真正爱惜万物。

13.46　孟子曰："知者无不知也，当务之为急；仁者无不爱也，急亲贤之为务。尧舜之知而不遍物，急先务也；尧舜之仁不遍爱人，急亲贤也。不能三年之丧，而缌（sī，指服丧三个月的孝服，五种丧服中最轻的一种）、小功（服丧五个月的孝服）之察；放饭流歠（chuò），而问（讲求）无齿决（用牙齿咬断干肉），是之谓不知务。"

孟子说："智者没有不该知道的，但总是以当前的事务为先；仁者没有不爱的，但总是以亲近亲人、贤人为要务。尧和舜不能知晓万物，但他们总是急于当前的重要事务；尧和舜的仁爱不能遍及所有人，但他们总是急于亲近亲人和贤人。如果不能实行三年之丧，却对三个月、五个月的丧礼很讲究；在尊长之前用餐，大吃猛喝，而又讲究不用牙齿啃断食物的人，这叫作不识大体。"

【导读】

　　凡事要分轻重缓急，应先办急务。施行大道应讲究一定的次序，把急切要解决的问题放在首位，缓办之事才能妥善处理。换言之，应抓主要矛盾，次要矛盾便可迎刃而解。因小失大，舍本逐末，那就叫"不知务"。

尽心章句下

（凡三十八章）

14.1　孟子曰："不仁哉梁惠王也！仁者以其所爱及其所不爱，不仁者以其所不爱及其所爱。"

公孙丑问曰："何谓也？"

"梁惠王以土地之故，糜烂其民而战之，大败；将复之，恐不能胜，故驱其所爱子弟以殉之，是之谓以其所不爱及其所爱也。"

孟子说："梁惠王真是不仁啊！仁人把施予喜爱的人的恩德推及不喜爱的人，不仁的人把强加给不喜爱的人的祸害推及喜爱的人。"

公孙丑问："这是什么意思呢？"

孟子说："梁惠王为了扩张土地，驱使自己不喜爱的百姓上战场，打了败仗，使他们暴尸郊野；准备再战，担心不能取胜，因此驱使自己喜爱的子弟去献身，这就叫把强加给不喜爱的人的祸害推及喜爱的人。"

【导读】

君王对内横征暴敛，对外穷兵黩武，就是最大的不仁。因为对内横征暴敛，就是掠夺百姓财富，仁者不为也；对外穷兵黩武，就是残害百姓，仁者亦不为也。梁惠王对内横征暴敛，不顾百姓死活；对外穷兵黩武，驱赶百姓赴死，甚至不惜让自己的子弟赴死。因此孟子说梁惠王不仁。

14.2　孟子曰："春秋无义战。彼善于此，则有之矣。征者，上伐

孟子说："春秋时代没有正义的战争。但某国君主比另一国君主好一些是有的。

下也，敌（<u>实力地位差不多</u>）国不相征也。"

所谓的征讨，是天子讨伐无礼的诸侯，地位相当的诸侯是不能相互征讨的。"

【导读】

只有救百姓于水火且得到百姓支持的战争才是正义的战争。儒家认为"礼乐征伐自天子出"才是合乎义的，而春秋时代则是"礼乐征伐自诸侯出"，所以没有合乎义的战争。当时战争的目的不是让百姓过上好日子，而是攻城略地，称霸天下，结果是涂炭生灵。

14.3　孟子曰："尽信《书》，则不如无《书》。吾于《武成》，取二三策（<u>竹简</u>）而已矣。仁人无敌于天下，以至仁伐至不仁，而何其血之流杵也？"

孟子说："一味地相信《书》，还不如没有《书》。我对《尚书·武成》只不过取其中两三枚竹简罢了。仁人在天下是没有敌手的，最仁德的人去征伐最不仁德的人，怎么会使血流得把舂米用的木槌都漂起来呢？"

【导读】

《尚书·武成》记叙了武王伐纣时的一段历史，其中说到双方战争非常激烈，死伤无数，以致"血之流杵"。孟子不相信这段记载。他认为武王至仁，他的军队乃仁义之师，而且老百姓痛恨纣王，拥护武王，战争不会如此激烈。所以才有了"尽信《书》，则不如无《书》"的结论。如今，"尽信书，则不如无书"成为精辟透彻的读书法，要求读者善于独立思考。如果读者唯书是从，轻则成为书呆子，重则形成"本本主义"作风，误己害人，后患无穷。

14.4　孟子曰："有人曰：'我善为陈（<u>今作"阵"</u>），我善为战。'大罪也。国君好仁，天下无敌焉。南面而征，北狄怨；东面而征，西夷怨，曰：'奚为后我？'武王之伐

孟子说："有人说：'我善于布兵阵，我善于作战。'这是大罪恶。一个国家的君主若喜好仁德，天下就没有敌手了。向南方征讨，北方国家的百姓埋怨他；向东方征讨，西边国家的百姓埋怨他，人们都说：

殷也，革车三百两（今作"辆"），虎贲（指勇士）三千人。王曰：'无畏！宁尔也，非敌百姓也。'若崩厥角（叩头。厥同"蹶"）稽首。征之为言正也，各欲正己也，焉用战？"

'为什么不先到我们这里呢？'武王讨伐商纣，只出动兵车三百辆，勇士三千人。武王说：'不用害怕！我是来解救你们的，不是来与大家为敌的。'百姓便把额头触地叩起头来，声音好像山崩塌一样。征的实质是正，百姓都希望端正自己，哪还用战争呢？"

【导读】

在孟子看来，自诩善于排兵布阵、能打仗的人是罪大恶极的人。因为其不顾国家安危以满足国君的贪婪之心，不顾百姓生死而陷万民于绝境。这种人负于天下，不容于有道之世。武力不能征服人心，仁德无敌于天下。如果失去民心，再强的国力也会瓦解；反之，如果国君好仁，推行王道，百姓会欣然归服。

14.5　孟子曰："梓匠轮舆（古代木工细分为轮、舆、弓、庸、匠、车、梓等，此处泛指各类工匠）能与人规矩，不能使人巧。"

孟子说："各类工匠，只能把制作的规矩准则教给人，却不能使人一定具有高明的技艺。"

【导读】

能工巧匠只能教给人规矩法则而不能教会人"巧"，要掌握"巧"则需要自己静心体悟，勤勉努力地去探索，此乃"师傅领进门，修行在个人"的含义。

14.6　孟子曰："舜之饭糗（干粮）茹草也，若将终身焉；及其为天子也，被袗衣（指天子所穿的盛服），鼓琴，二女果（通"婐"，音wǒ。侍候），若固有之。"

孟子说："舜啃干粮吃野菜的时候，好像要这样过一辈子；等到他成为天子，穿着华美的衣服，弹着琴，尧的两个女儿侍候他，又好像这是本来就有的一样。"

【导读】

舜之为人，受得了穷，享得了福，随遇而安，无论现实如何，顺其自然。

14.7　孟子曰："吾今而后知杀人亲之重也：杀人之父，人亦杀其父；杀人之兄，人亦杀其兄。然则非自杀之也，一间耳。"

孟子说："我现在懂得杀别人亲人的严重性了：杀别人的父亲，别人也会杀他的父亲；杀别人的兄长，别人也会杀他的兄长。那么即使不是自己杀自己的亲人，也就相差那么一点点。"

【导读】

人命关天。古人更是认为父母之仇不共戴天，此仇不能不报。如此互相伤害，身边的亲人难免受到牵连，相当于自己把亲人推向死亡的边缘。君王若不懂爱民，就会滥杀无辜，无辜被杀者的亲人就会寻隙报仇，如果寻机杀死君王的亲人，这就相当于君王滥杀了自己的亲人。这又是"己所不欲，勿施于人"的一个注脚。

14.8　孟子曰："古之为关也，将以御暴；今之为关也，将以为暴。"

孟子说："古代设置关卡，是准备抵抗残暴的；如今设置关卡，却是用来实行暴政的。"

【导读】

不同时代，不同政治环境，关卡起着不同的作用。古代的贤王设置关卡，目的是爱民护民，以防不法之徒和外来侵略者伤害自己的百姓。到了战国时期，统治者设置关卡是为了盘剥百姓，遭百姓痛恨。

14.9　孟子曰："身不行道，不行于妻子；使人不以道，不能行于妻子。"

孟子说："自己不践行道，道在妻子与儿女身上都行不通；使唤人不合于道，就连使唤妻子与儿女都不可能。"

【导读】

欲化育天下者，为子孙懿范者，必躬行正道。为教者、为政者，应该是自己所教之人、所用之人的表率。

14.10　孟子曰："周（足）于利者凶年不能杀（窘困），周于德者邪世不能乱（迷惑）。"

孟子说："财利富足的人，荒年不会窘困；道德高尚的人，乱世不会迷惑。"

【导读】

积之厚，用则有余。平时注重道德修养，心存礼义，乱世也不能乱其心志。

14.11　孟子曰："好名之人能让千乘之国，苟非其人，箪食豆羹见于色。"

孟子说："喜好名声的人，能把拥有千辆兵车的国家的君位让给别人，但如果不是那受让的对象，即便是叫他让出一筐饭、一碗汤，他也会表现出不高兴的神情。"

【导读】

名声是道义的外在表现，折射出善恶。有人视名声如生命，为保名声可倾其所有；但"倾其所有"要看对象，对于邪恶之徒，则不愿施与一筐饭、一碗汤。

14.12　孟子曰："不信仁贤，则国空虚；无礼义，则上下乱；无政事，则财用不足。"

孟子说："不信任仁人、贤人，国家就会空虚；没有礼义，上下的关系就会混乱；没有好的行政管理，国家的财用就会匮乏。"

【导读】

重用仁贤，能使国家走向富强。明道重教，百姓遵礼重义，社会就会诚信和睦。国家政治清明，天下才能安定，国家才会富强，人民才会幸福。

14.13 孟子曰："不仁而得国者，有之矣；不仁而得天下者，未之有也。"

孟子说："不施行仁德而能够得到国家的人，是有的；不施行仁德而能够得到天下的人，是没有的。"

![导读] 【导读】

阴险狡诈之徒，能侥幸篡权夺位；不行仁义者，要想得天下是不可能的。换言之，不仁的人可以通过耍计谋、玩手段，盗取一个国家的政权，但要想得到全天下的老百姓的拥护，那是不可能的。

14.14 孟子曰："民为贵，社稷次之，君为轻。是故得乎丘（众）民而为天子，得乎天子为诸侯，得乎诸侯为大夫。诸侯危社稷，则变置（改立）。牺牲既成，粢盛（zī chéng，祭祀时所提供的饭食）既絜（通"洁"），祭祀以时，然而旱干水溢，则变置社稷。"

孟子说："百姓是最重要的，象征国家的土神、谷神是次要的，君主是最次要的。因此得到百姓的拥戴就可以成为天子，得到天子的信任就可以成为诸侯，得到诸侯的信任就可以成为大夫。若诸侯危害国家，那就改立。祭祀用的牲畜已经长成，祭祀用的饭食已经洁净，按时祭祀，但仍发生旱灾水灾，那就改立土神和谷神。"

![导读] 【导读】

孟子将国君从高不可攀的神坛上拉下来，又把民权放在社稷和君权之上。人民是国家的根本，根本稳固了，国家也就安宁了。国君和社稷都可以改立更换，只有人民是不可更换的。人民是国家的根本，君主是依附人民而存在的。君主若不能胸怀人民，甚至残害人民，那么危及根本的国君就可以被废除了。

14.15 孟子曰："圣人，百世之师也，伯夷、柳下惠是也。故闻伯夷之风者，顽（贪）夫廉，懦夫有立志；闻柳下惠之风者，薄夫敦，

孟子说："圣人，是百世人的老师，伯夷、柳下惠就是这样的圣人。因此，听到伯夷风操的人，贪婪者都会变得廉洁，懦弱的人也会长志气；听到柳下惠风操的人，刻

鄙夫宽。奋（振作）乎百世之上，百世之下，闻者莫不兴起也。非圣人而能若是乎？而况于亲炙之者乎？"

薄的人也会变得敦厚，胸襟狭小的人也会变得宽宏大量。他们在百世以前奋发有为，百世以后，听到他们风操的人无不感动奋发。如果不是圣人，谁能够有如此的作为呢？更何况那些亲受圣人熏陶的人呢？"

【导读】

圣贤崇高的节操可以化贪婪为清廉，化懦弱为坚强，化浅薄为敦厚，化狭隘为大度。圣贤的道德品质和立身处世原则，不但影响当时，还对后世产生深远的影响。

14.16　孟子曰："仁也者，人也。合而言之，道也。"

孟子说："'仁'就是'人'。'仁'和'人'合并起来说，就是'道'。"

【导读】

天下之理，存之于心则为仁，施之于事则为道，而其要都在人自身。以仁之理，合于人之身，乃为道也。仁者，爱之理，心之德也，为仁就是行仁。"仁"是做人的原则，行仁乃人之正道。

14.17　孟子曰："孔子之去鲁，曰：'迟迟吾行也，去父母国之道也。'去齐，接淅而行——去他国之道也。"

孟子说："孔子离开鲁国时，说：'我们慢慢地走吧，这是离开祖国的态度。'离开齐国时，不等把米淘完沥干就走——这是离开别国的态度。"

【导读】

孔子即将离开生养自己的鲁国，充满着眷眷之意和依依惜别之情；与此相反，孔子对得以离开齐国，流露出急迫与快意。孟子充分体会到孔子对"齐""鲁"不同的思想感情。

14.18 孟子曰："君子之厄于陈、蔡之间，无上下之交也。"

孟子说："孔子受困于陈国、蔡国之间，是与两国的君臣都没有交往的缘故。"

【导读】

《史记·孔子世家》载，楚昭王派人来聘请孔子，而陈、蔡两国怕孔子到楚国后对陈、蔡两国不利，就派人把孔子一行人围困在陈、蔡之间的荒野，断粮七天。后来子贡向楚昭王报信，楚昭王派兵解围，救了孔子。孟子认为：孔子是圣人，无往而不宜，之所以会有如此困穷境遇，是因为没有和陈、蔡君臣建立亲爱关系。

14.19 貉稽曰："稽大不理（顺）于口（言语）。"

孟子曰："无伤也。士憎兹多口。《诗》云：'忧心悄悄，愠（怨恨）于群小（众小人）。'孔子也。'肆（发语词，无意义）不殄厥（其）愠，亦不殒厥问（通"闻"，声誉）。'文王也。"

貉稽说："我被人家说得很坏。"

孟子说："这没有什么妨碍。士人都憎恶这种七嘴八舌的人。《诗经》说：'烦恼忧愁压在心，小人视我眼中钉。'孔子就是这样的人。《诗经》又说：'不消减别人的怨恨，也不损害自己的名声。'周文王就是这样的人。"

【导读】

对于别人的非议，孔子只是内心忧愁而已，周文王连忧愁都没有，因为自己尽心知命，这就是圣人。圣人尽心知命，知道非议他的人为何如此，对其只有悲悯之心，绝无憎恨之意。

14.20 孟子曰："贤者以其昭昭使人昭昭，今以其昏昏使人昭昭。"

孟子说："贤能的人自己明白了，再使别人明白，现在的人自己还糊涂呢，却想使别人明白。"

【导读】

"昭昭"表示内心清明，明白事理；"昏昏"表示内心糊涂，认识不清。贤人只有自己明白透彻，才会去教导别人，才能使别人也清楚明白；而昏庸之人，在自己糊里糊涂之时，还妄想让别人明白。

14.21 孟子谓高子（齐人，曾学于孟子）曰："山径之蹊（小路），间介然（专一）用之而成路；为间（短时间）不用，则茅塞之矣。今茅塞子之心矣。"

孟子对高子说："山坡上的小路一点宽，只要经常有人走就成了路；如果一段时间没人走，就会被茅草堵塞。如今茅草已经堵塞了你的心。"

【导读】

仁义是人心之大路，物欲似人心的茅草，存亡出入只在须臾之间。山路如果一段时间不走，就会被茅草堵塞；人的仁爱之德也是持续不断修炼出来的，一旦荒废，将被堵塞。

14.22 高子曰："禹之声尚文王之声。"

高子说："禹的音乐胜过文王的音乐。"

孟子曰："何以言之？"

孟子问："为什么这样说呢？"

曰："以追（钟钮）蠡（经久磨损要断的样子）。"

高子说："因为禹传下来的钟钮都要磨断了。"

曰："是奚足哉？城门之轨，两马之力与？"

孟子说："这怎么能说禹的音乐胜过文王的音乐呢？城门下的车辙难道是一辆车碾成的吗？"

【导读】

孟子认为：大禹之钟钮几欲断裂，应是年代久远，历经几代圣王的无数次敲击摇摆所致，不足以证明大禹之礼乐高于文王。他以城门下的车辙印作比，道理显而易见。

14.23 齐饥。陈臻曰："国人皆以夫子将复为发（开仓赈济）棠，殆不可复。"

孟子曰："是为冯妇也。晋人有冯妇者，善搏虎，卒为善士。则之野，有众逐虎。虎负嵎（yú，山弯曲险阻的地方），莫之敢撄（碰）。望见冯妇，趋而迎之。冯妇攘（捋起衣袖）臂下车。众皆悦之，其为士者笑之。"

齐国闹饥荒。陈臻对孟子说："国内的人都以为您还会再一次劝说齐王打开棠邑仓库救济灾民，大概不可以再这样做吧。"

孟子说："再这样做那就成冯妇了。晋国有个人叫冯妇，善于跟虎搏斗，后来成为善士。一次他到郊外，有很多人在追逐一只老虎。老虎背靠着山角，没人敢去捕捉。众人看见冯妇来了，都赶上前迎接。冯妇挽起袖子，伸出手臂，下车要打老虎。大家都很高兴，但是他的行为却被士人笑话。"

【导读】

孟子曾仕齐宣王，齐国出现灾荒之时劝说过宣王开仓济民。齐湣王时，孟子不再仕齐，当时齐国武力较强，湣王骄横，常对外发动战争，因连年兴师用兵，齐国上下困乏劳累，已显强弩之末态。齐国又闹饥荒，孟子此时无劝谏之责，若再劝齐王，一是湣王不会听，二会动摇自己离开齐国的决心，三会遭到湣王身边人的讥笑。孟子审时度势，不做"冯妇"，坚定自己的心志与追求。

14.24 孟子曰："口之于味也，目之于色也，耳之于声也，鼻之于臭也，四肢之于安佚也，性也，有命焉，君子不谓性也。仁之于父子也，义之于君臣也，礼之于宾主也，知之于贤者也，圣人之于天道也，命也，有性焉，君子不谓命也。"

孟子说："嘴巴对于美味，眼睛对于美色，耳朵对于悦耳的声音，鼻子对于芬芳的气味，四肢对于安逸的喜欢，这些都是天性，但得到与否是由命运决定的，所以君子不将之视为天性的必然。仁在父子之间，义在君臣之间，礼在宾主之间，智在贤能之间，圣人认为天道通行与否，属于命运，但也是天性的必然，所以君子不认为命运可以决定一切。"

【导读】

人有天性，但人的天性可以改变。人有命运，但人的命运也可以改变。所以，人们不要过分地依凭本性，也不能过分地屈从命运，因为天性和命运既然能够被改变，那就不是绝对的。只有懂得人生的道理，走正确的人生道路，才能够获得幸福和快乐。

14.25　浩生不害问曰："乐正子何人也？"

孟子曰："善人也，信人也。"

"何谓善？何谓信？"

曰："可欲之谓善，有诸己之谓信，充实之谓美，充实而有光辉之谓大，大而化之之谓圣，圣而不可知之之谓神。乐正子，二之中、四之下也。"

浩生不害问孟子："乐正子是个什么样的人？"

孟子说："是个善良的人，是个讲诚信的人。"

浩生不害问："什么叫善良？什么叫讲诚信呢？"

孟子说："自己喜爱，使人有之，就是善良；自己有善，让别人也有善，就是讲诚信；充实善、信就是美；发扬善、信就是大；弘扬善、信美德，且能感化天下就是圣；圣化之力不知不觉全面影响化育万民就是神。乐正子具善、信之质，未达美、大、圣、神境界。"

【导读】

乐正子能保持善良的本性，成为善而有诚信的人。孟子认为，仅仅拥有善良和诚信是不够的，还要让善、信得以弘扬，在发扬光大善、信的同时，还能用自己发出的光去照亮别人。善、信、美、大、圣、神是孟子理想人格的六重境界。

14.26　孟子曰："逃墨必归于杨，逃杨必归于儒。归，斯受之而已矣。今之与杨、墨辩者，如追放

孟子说："脱离墨家学说必然要归入杨朱学说，脱离杨朱学说必然要归入儒家学说。回来了，就接受他罢了。如今与杨朱、

豚，既入其苙（圈栏），又从而招（羁绊）之。”

墨家辩论的人，就好像是追逐那走失的小猪一样，已经关到猪圈里了，还要把它的脚绊住。”

【导读】

善恶不在于辩论的结果，善辩者未必有善。对于恶的学说，弃恶者必然会逃离；对于善的学说，从善者必然会归来。春秋战国时期，新的学说层出不穷，除了儒家，其中影响较大的要算墨家和杨朱学派。墨翟与杨朱的学说虽有一定的道理，但都走极端，在现实中很难行得通。墨翟主张兼爱，有值得肯定的成分，但有悖逆人性的东西；杨朱主张贵己，缺乏社会伦理与合作精神；儒家倡导仁爱，强调团结合作，所以人类的思维模式必然是归于儒。

14.27　孟子曰：“有布缕之征，粟米之征，力役之征。君子用其一，缓其二。用其二而民有殍，用其三而父子离。”

孟子说：“有征布帛的税，有征粮食的税，还有征发劳力的税。君子采用其中的一种，缓征另外两种。如同时征收两种，百姓就会有饿死的，如果同时征收三种，那么父子就不能相顾。”

【导读】

孟子认为，国家征税要充分考虑百姓的承受能力，才能保证民富国强，长治久安。他不反对国家向百姓征税，但反对国家对百姓过度征税。

14.28　孟子曰：“诸侯之宝三：土地、人民、政事。宝珠玉者，殃必及身。”

孟子说：“诸侯有三样宝：土地、百姓和政治。若更珍爱珠宝美玉，一定会遭受灾祸。”

【导读】

诸侯的三件宝贝，都是治国的依托。国家若失去了土地，就荡然无存；国家若失去了百姓，就无所谓君王了；国家若疏于管理，社会就会混乱。因此孟子判断：统治者"宝珠玉"，"殃必及身"。

14.29　盆成括仕于齐，孟子曰："死矣盆成括！"

盆成括见杀，门人问曰："夫子何以知其将见杀？"

曰："其为人也小有才，未闻君子之大道也，则足以杀其躯而已矣。"

盆成括到齐国做官，孟子说："盆成括要死了！"

后来盆成括果然被杀，孟子的学生问孟子："您怎么知道他要被杀？"

孟子说："他有点小聪明，但未知君子之道，去做官，就会招来杀身之祸。"

☁ 【导读】

当官执政应懂得君子之道，要仁爱百姓。如果靠耍小聪明而当上了官，往往不能尽心理政，却可能会利欲熏心。为官者若不能为民谋福祉，忘却了爱民的根本宗旨，那就会招来杀身之祸。

14.30　孟子之滕，馆于上宫。有业屦（没编好的草鞋）于牖上，馆人求之弗得。或问之曰："若是乎从者之廋（sōu，隐匿）也？"

曰："子以是为窃屦来与？"

曰："殆非也。夫子之设科（办学）也，往者不追，来者不拒。苟以是心至，斯受之而已矣。"

孟子到滕国，住在上宫。有一双尚未编完的草鞋放在窗台上不见了，旅馆里的人找不到它。有人问孟子："是不是您的随从藏起来了？"

孟子说："你以为他们是为偷草鞋而来的吗？"

那人说："应该不是。您办教育，走的不追赶，来的不拒绝。只要是抱着学习的心态来的，您都接受，难免良莠不齐。"

☁ 【导读】

圣贤对异端邪说，抨击甚严；而对醒悟归来者，待之甚宽，做到仁之至，义之尽。

"往者不追，来者不拒"是大师应展现的风范，是老师对待学生应有的态度。如果求学者不想学，不愿学，就不必强求；对诚心诚意求学者，也来者不拒。本章借此表明孟子对待持不同学术观点求学者的态度。

14.31　孟子曰："人皆有所不忍，达之于其所忍，仁也；人皆有所不为，达之于其所为，义也。人能充无欲害人之心，而仁不可胜用也；人能充无穿逾之心，而义不可胜用也；人能充无受尔汝（人所轻贱之称）之实，无所往而不为义也。士未可以言而言，是以言餂（tiǎn，取）之也；可以言而不言，是以不言餂之也，是皆穿逾之类也。"

孟子说："人都有不忍心干的事，如果能将它扩充到忍心干的事情上，就是仁；人都有不愿意做的事，如果能将它扩充到愿意做的事情上，就是义。人能够将不想害人之心扩而充之，仁就用之不尽了；人能将不翻墙打洞之心扩而充之，义便用之不尽了；人能灭轻贱之心并扩而充之，那无论去到哪里都合于义了。士人与不该谈话的人谈话，是以言谈诱取他；可以言谈而不言谈的，是以沉默来诱取他，这些都属于翻墙打洞的非礼行为。"

【导读】

孟子时代，游说风起。大多数游说者心术不正，欺世盗名。孟子对此深恶痛绝，斥之为翻墙打洞之贼，希望人们提高警惕，严防那种专以巧语或沉默为手段来诱惑人的贼。孟子认为"不义"的事既不要做，也不要想，扩充推广自己本身所具备的善心，让所有的人都能得到恩惠，这样才能成为至善之人。

14.32　孟子曰："言近而指远者，善言也；守约而施博者，善道也。君子之言也，不下带（"古人视不下于带"，句中意指眼前常见之事）而道存焉；君子之守，修其身而天下平。人病舍其田而芸人之田——

孟子说："言语浅近而意义深远的，是善言；操守简要而影响广大的，是善道。君子的言语，讲的虽是平常事，但道理就在其中；君子的操守，修养自身而能使天下太平。人的毛病往往是荒弃自己的田而去耕耘别人的田——要求别人的多，自己所求于人者重，而所以自任者轻。" 　担当的少。"

【导读】

道之善，以心为源，当求诸己，责于人者君子不为。谨防"以善小而不为，以恶小而为之"，也要警惕严于律人宽以待己。舍己之田而芸他人之田者，是苛求别人多，对己要求少，贻笑大方。自己不作为而要求别人有担当者，世人皆鄙视之。

14.33　孟子曰："尧舜，性者也；汤武，反之也。动容周旋中礼者，盛德之至也。哭死而哀，非为生者也。经（行）德不回（通"违"），非以干禄也。言语必信，非以正行也。君子行法，以俟命而已矣。"

孟子说："尧和舜行仁德是出于本性，商汤和武王是经过修养而回归本性。行为和仪容都合于礼，就是最高的道德。哭死者而显现出悲哀，并不是做给活着的人看。依据道德而行，不违礼，并不是为了谋求官职。言语必讲诚信，并不是为了让人知道自己的行为端正。君子行为合于法度，只是遵从命运的安排罢了。"

【导读】

行仁出于本心，修身回归本性，行、容合乎礼，德之极致也。人欲保持向善本性，就要做到：修德不为谋取利益，讲求诚信不为显示端正，竭力回归本心，顺应自然，趋仁向善。

14.34　孟子曰："说大人，则藐之，勿视其巍巍然。堂高数仞，榱题（屋椽的端头。榱音cuī）数尺，我得志，弗为也。食前方丈，侍妾数百人，我得志，弗为也。般（大）乐饮酒，驱骋田猎，后车千乘，我得志，弗为也。在彼者，皆我所不

孟子曰："向诸侯进言，就得藐视他，不把他高高在上的地位放在眼里。堂高几丈，椽头宽几尺，我如果得到地位，绝不住这么奢华的屋堂。每餐食物广列，侍女众多，我如果得到地位，绝不如此奢华地进餐。乐队为饮酒助兴，驰骋打猎，跟随的车子上千辆，我如果得到地位，绝不如

为也；在我者，皆古之制也，吾何畏彼哉？"

此肆无忌惮。他们喜欢做的，都是我不愿意做的；我所做的，都符合古代礼制，那我为什么怕他们呢？"

【导读】

若能不为名利地位所动，不为个人的享乐而放弃自己的本心，不在权贵面前折腰，就能保持自己的人格尊严。换言之，若能视权势、财富、地位、美色如草芥，当然就能"说大人，则藐之"。

14.35 孟子曰："养心莫善于寡欲。其为人也寡欲，虽有不存焉者，寡矣；其为人也多欲，虽有存焉者，寡矣。"

孟子说："修养心性的最好方法是减少欲望。一个人如果欲望少，即使善性有所丢失，也不会丢失很多；一个人如果欲望太多，即使有些善性还存在，也不会存留很多。"

【导读】

快乐是从生命的本性流露出来的，它源于人的精神世界，与人生的憧憬、未来的希望联系在一起。外物会改变人的本性，感官之欲会减损人的善心。欲望太多的人，往往利令智昏，一旦失去控制，将坠入万劫不复的深渊。修养心性的最好办法就是减少欲望，寡欲清心。

14.36 曾皙嗜羊枣，而曾子不忍食羊枣。公孙丑问曰："脍炙与羊枣孰美？"

孟子曰："脍炙哉！"

公孙丑曰："然则曾子何为食脍炙而不食羊枣？"

曰："脍炙所同也，羊枣所独

曾皙爱吃羊枣，因此其子曾子不忍心吃羊枣。公孙丑问孟子："烤肉和羊枣哪一种好吃？"

孟子说："当然是烤肉！"

公孙丑说："那么曾子为什么吃烤肉而不吃羊枣呢？"

孟子说："烤肉是人人都爱吃的，羊枣

也。讳名不讳姓，姓所同也，名所独也。"

却是个别人爱吃的。正像避讳时只讳名不讳姓一样，姓是很多人共有的，而名是一个人独有的。"

【导读】

曾晳是孔子的得意弟子曾参的父亲，非常爱吃羊枣。曾晳死后，曾子"水浆不入于口者七日"，极尽哀戚。因父亲爱吃羊枣，他一看见羊枣就会想起去世的父亲，心里很难过。因为睹物思亲的缘故，曾子才不忍心吃羊枣。

14.37　万章问曰："孔子在陈曰：'盍归乎来！吾党之小子狂简（志大），进取，不忘其初。'孔子在陈，何思鲁之狂士？"

孟子曰："孔子'不得中道而与之，必也狂狷（指洁身自好、性情耿直的人）乎！狂者进取，狷者有所不为也'。孔子岂不欲中道哉？不可必得，故思其次也。"

"敢问何如斯可谓狂矣？"

曰："如琴张、曾晳、牧皮者，孔子之所谓狂矣。"

"何以谓之狂也？"

曰："其志嘐嘐（xiāo，志向大而自满）然，曰：'古之人，古之人。'夷考其行，而不掩（合）焉者也。狂者又不可得，欲得不屑不絜之士

万章问孟子："孔子在陈国时说：'为什么不回去呢！我的那些弟子志大而狂放，进取而不忘本。'孔子在陈国，怎么会思念鲁国的那些狂士呢？"

孟子说："孔子认为'如果不能得到中正之士相交往，那就只能结交狂放或洁身自好、性情耿直的人。狂放的人积极进取，洁身自好、性情耿直的人有所不为'。孔子难道不想结交中正之士吗？因为不一定得到，所以取其次。"

万章又问："请问什么样的人可称为狂士呢？"

孟子说："比如琴张、曾晳、牧皮这一类人，就是孔子所说的狂士。"

万章又问："为什么说他们狂放呢？"

孟子说："他们志向大而自满，动不动就说：'古代圣贤如何，古代圣贤如何。'考察他们的行为，却发现他们不能践行自己所标榜的。狂放之士也结交不到，想结交那些不

而与之，是狷也，是又其次也。孔子曰：'过我门而不入我室，我不憾焉者，其惟乡原（指在乡里伪善欺世、博取好名的所谓好好先生）乎！乡原，德之贼也。'"

曰："何如斯可谓之乡原矣？"

曰："'何以是嘐嘐也？言不顾行，行不顾言，则曰，古之人，古之人。行何为踽踽凉凉（孤独凄清的样子）？生斯世也，为斯世也，善斯可矣。'阉然媚于世也者，是乡原也。"

万子曰："一乡皆称原人焉，无所往而不为原人，孔子以为德之贼，何哉？"

曰："非之无举也，刺（指责）之无刺也，同乎流俗，合乎污世，居之似忠信，行之似廉洁，众皆悦之，自以为是，而不可与入尧舜之道，故曰'德之贼'也。孔子曰：'恶似而非者：恶莠，恐其乱苗也；恶佞，恐其乱义也；恶利口，恐其乱信也；恶郑声（指淫乐），恐其乱乐也；恶紫，恐其乱朱也；恶乡原，恐其乱德也。'君子反经（正道）而

屑于同不洁之士做朋友的人，这些人就是洁身自好、性情耿直的人，这比狂士又差一等了。孔子说：'路过我家门口而不进我的屋子，我并不感到遗憾，因为这些人只是乡间不分是非善恶的老好人！老好人，是戕害道德的人。'"

万章又问："什么样的人被称为乡间老好人呢？"

孟子说："他们批评狂放之士：'好高骛远，言不顾行，行不符言，动不动就说古代圣贤如何，古代圣贤如何。'他们又批评洁身自好、性情耿直那一类人：'生在世上为什么会如此孤独寂寞呢？生在这个世界上，为这社会做事，只要过得去就可以了。'曲意逢迎献媚于世俗的人，就是乡间老好人。"

万章又问："全乡的人都说他是好人，所到之处无人不说他是好人，孔子却认为他是戕害道德的人，这是为什么呢？"

孟子说："说他不对却又找不出毛病，想斥责他又找不到理由，他与世俗同流，融合于污浊的社会，坐在那里好像是忠实诚信，办事好像很廉洁，大家都喜欢他，他也自以为是，但却不合于尧舜之道，所以说他是戕害道德的人。孔子说：'我厌恶似是而非的东西：厌恶莠草，害怕它们混淆了真正的禾苗；厌恶巧言令色的人，害怕他们混淆了真正的正义；厌恶尖酸刻薄、巧言善辩的人，害怕他们混淆了真正的诚信；也厌恶郑

已矣。经正，则庶民兴；庶民兴，斯无邪慝（罪恶）矣。"

国的淫乐，害怕它们搅乱了真正的雅乐；厌恶紫色，害怕它们抢夺了朱红色的地位；厌恶老好人，害怕他们戕害道德。'君子只要使一切回到正道上就行了。正道不被歪曲，那么百姓就会奋发有作为；百姓奋发有作为，也就不会有邪恶了。"

【导读】

"中道"就是中正之道，行为之"中道"乃德性之"中庸"的表征，如果找不到"中道"之人相交往，那就只能与"狂者""狷者"相交往。"狂者"是具有进取之志的人，"狷者"是不肯自污其身的人。狂者、狷者虽然各自问题都很突出，但一眼可以看出，没有迷惑性，并且他们也各有可取的一面。好好先生乍看什么问题也没有，也有不错的名声，因而具有极大的迷惑性，实际上他们是欺世盗名、戕害道德、危害社会的人。

14.38　孟子曰："由尧舜至于汤，五百有余岁，若禹、皋陶，则见而知之；若汤，则闻而知之。由汤至于文王，五百有余岁，若伊尹、莱朱，则见而知之；若文王，则闻而知之。由文王至于孔子，五百有余岁，若太公望、散宜生，则见而知之；若孔子，则闻而知之。由孔子而来至于今，百有余岁，去圣人之世若此其未远也，近圣人之居若此其甚也，然而无有乎尔，则亦无有乎尔。"

孟子说："从尧舜到商汤，经历了五百多年，像禹和皋陶，那是见到而且知晓尧舜治国之道的人；像商汤，则是通过传闻才知晓尧舜之道的人。从商汤到周文王，又经历了五百多年，像伊尹、莱朱，那是见到而且知晓商汤治国之道的人；像文王，则是通过传闻才知晓商汤治国之道的人。从文王到孔子，又经历了五百多年，像太公望、散宜生，那是见到而且知晓文王治国之道的人；像孔子，则是通过传闻才知晓文王治国之道的人。从孔子到现在，有一百多年，离圣人的时代还没有多远，距离圣人的故乡又这么近，如果还没有圣人的继承人，那就没有继承人了。"

【导读】

孟子曾言:"五百年必有王者兴,其间必有名世者。"在此孟子历述历史上具有里程碑性质的圣贤,彰显了一个世代相传的"道统"。孟子感叹孔子以来没有众望所归的继承者,担忧圣贤道统会中断。他以承续尧舜、孔子之道自任,对孔门圣道传承观念及其谱系做了系统的表述,是基于学术根源性的意识,同时孟子觉得承续道统具有迫切性,体现了孟子承续道统的自觉意识和担当精神。事实上,孟子一直致力于弘扬儒家学术,已经成为圣人事业的继承者,儒家"道统"的捍卫者。